山西省回国留学人员科研资助项目：山西黄河文化的数字化传播路径创新研究
（项目编号：2023-126）

新媒体与文化创新丛书

任占文 ◎ 主编

流动 与 连接

时尚传播的
文化场域形塑与建构

康 茜 ◎ 著

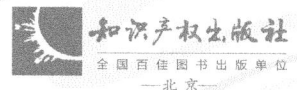

全国百佳图书出版单位
—北京—

图书在版编目（CIP）数据

流动与连接：时尚传播的文化场域形塑与建构 / 康茜著. —北京：知识产权出版社，2024.8. —（新媒体与文化创新丛书 / 任占文主编）. —ISBN 978-7-5130-9468-9

Ⅰ. G206

中国国家版本馆 CIP 数据核字第 20240XD902 号

内容提要

本书聚焦于社交媒体中时尚传播的文化场域建构过程及建构要素，从历史视角对时尚传播实践进行考察，呈现时尚传播的内涵重塑与场域逻辑。首先，本书论述了社交媒体中时尚传播基于意象解构、文化消解、身体展演与寻求认同的归因，形成了被重塑的时尚传播文化权力场域，实现传受双方传播意涵的再书写，共同建构时尚文化展演场域、消费社会传播场域与文化再生产权力关系场域；其次，本书从本质上将政治权力话语刻画下的时尚传播推进到文化权力关系镌刻的文化传播场域重构进程中。

本书适合新闻传播学研究者阅读。

责任编辑：李　婧　　　　　　　责任印制：孙婷婷

新媒体与文化创新丛书　　任占文　主编

流动与连接——时尚传播的文化场域形塑与建构

LIUDONG YU LIANJIE——SHISHANG CHUANBO DE WENHUA CHANGYU XINGSU YU JIANGOU

康　茜　著

出版发行：知识产权出版社有限责任公司		网　　址：http://www.ipph.cn	
电　　话：010-82004826			http://www.laichushu.com
社　　址：北京市海淀区气象路50号院		邮　　编：100081	
责编电话：010-82000860转8594		责编邮箱：laichushu@cnipr.com	
发行电话：010-82000860转8101		发行传真：010-82000893	
印　　刷：北京中献拓方科技发展有限公司		经　　销：新华书店、各大网上书店及相关专业书店	
开　　本：720mm×1000mm　1/16		印　　张：15	
版　　次：2024年8月第1版		印　　次：2024年8月第1次印刷	
字　　数：235千字		定　　价：79.80元	
ISBN 978-7-5130-9468-9			

出版权专有　侵权必究

如有印装质量问题，本社负责调换。

PREFACE
序 言

　　自20世纪80年代大众传播学被施拉姆引入中国以来，大众传播学研究一直是近40年来热度不减的显学，并在理论与实践的对冲磨合中不断丰富其现实的内涵、不断衍生新的概念体系、不断拓展其研究的边界，体现出与时俱进的发展态势和本土化的价值追求。作为物质财富增加、闲暇时间充裕、大众审美意识提升、品牌消费已成风向的消费生态变革的产物，近年来时尚传播已成为传播学学术研究传承本土文化、融通国际话语、提升品牌价值、传播中国形象的新的学术增长点。值得注意的是，在社交媒体这一全新的传播环境下，时尚传播已超越了消费者获知品牌信息和以消费格调进行社会分层的现象属性。时尚传播蕴含的丰富且独特的符号意义及具有代表性和影响力的文化表征，已成为推动时尚文化勃兴和社会深刻变迁的建构力量。在消费社会转型进化和社交媒体传播赋能的双重作用之下，时尚传播已逐步构筑起了拥有鲜明场域特质的时尚文化。鉴于此，康茜的《流动与连接——时尚传播的文化场域形塑与建构》一书，能够立足当下时尚传播的内涵演进和外延拓展的现实，聚焦深入剖析社交媒体中时尚传播的文化场域的构建进程以及相关构建要素的社会影响，对于理解时尚文化有着重要的学术研究价值。

　　理解时尚文化，首先要厘清时尚与传播的关系。何谓"时尚"？简言之，就是在一个特定时代，社会群体对某种观念、人或事物推崇、跟随的

流动与连接
时尚传播的文化场域形塑与建构

风尚、格调或取向。时尚就其存在的形态而言,具有社会性、观念性、物质性;从其发展演变的视角看,时尚具有阶段性、个体性和创新性。按照结构主义的分析框架,时尚不仅包括具体的外在形态构成的所指,而且包括品牌的特质、人赖以进行社会分层的选择行为和某种引发共鸣的观念。同时,时尚之所以能产生社会群体的推崇效应,还在于其内在文化内涵构成的所指。正如约翰·费斯克所说,在消费社会中所有的商品既有实用价值也有文化价值。……每一种消费行为,也都是一种文化生产行为,因为消费过程总是意义上的生产过程。从这个意义上来讲,社会群体追求时尚的目的不仅在于获得物质层面的满足感,还在于实现精神文化层面意义消费的达成度。而时尚正是通过对符号意义的"能指"内涵的深化和"所指"意义的延展,进而化有形至无形于消费社会的意义世界。

作为一种社会文化现象,时尚的生成不是一个静态累积的过程,而是一个动态的变化流动过程,而这种变化源于时尚消费群体趋同求异的社会心理因素。格奥尔格·齐美尔认为,时尚变化的动力在于人类顺从的趋向一致性和追求个性凸显的倾向性之间的张力。于是出现了弗留格尔在《时尚心理学》中所说的"时尚悖论"——每个人在同一时间都想变得和他人一样,又在同一时间想变得和他人不同。在全球化的背景下,时尚这种流动和变化的特征已经超越了自身流动性的意义,成为主体流动性的普遍化特征。需要指出的是,在时尚的流动变化过程中,传播是最具决定性的动力因素,构成了现实生活中"无传播不时尚"的消费景观。在媒介化社会中,传播已经全面渗透到人们的日常生活中,不仅型构着社会交往关系和行为模式,同时也构成了社会关系生成的新途径和新范式。从时尚传播实践者来看,诸如时尚买手、时尚摄影师、时尚模特及时尚媒体的记者编辑日益具有媒介化的特征,共同建构着时尚的日常实践和传播意义,时尚传播的过程实际是时尚消费实践者与消费者之间通过符号的编码与解码所进行的观点的对话和意义的交流,双方共同参与时尚符号和传播意义的再生产;从时尚传播的渠道和平台来说,信息传播技术的普及与升级,一方面形塑了被观看与被书写的传播景观和时尚的文化意涵,另一方面也改变了受众的时尚传播实践与时尚文化的生活形态,而时尚传播传受双方的边界消弭,也使得时尚传播的内容生产经历着从专业机构到个体用户的迁移,从线性的程序化呈现到超文本呈现的转换。随着时尚文化的视觉化发展和现代性的流动性连结,时尚传播的意义边界在重构和再造过程中,日渐显现出作为社会生活方式的消费层面的文化意义。

观察时尚传播实践不限于传播主体对这一社会文化现象的感知和体验,还需对其生成的社会文化环境进行系统化梳理和整体性把握。作为解读时尚传播文化场域的方法论,布尔迪厄的场域理论为此提供了有效的视角。作为符号意指,时尚是构成景观世界的主要社会结构,是形成文化传播景观的组成要素;作为传播景观,时尚是文化符号意义连接的系统,是实体与意像之间的架构,并衍生出多样化的意象;作为文化表征,时尚是文化信息的载体,时尚传播的过程在呈现文化表征的基本特性的同时,也体现出文化可视化的趋势。

作为注意力经济的重要组成部分,时尚传播经由社交媒体的赋能和赋权,其意义内涵变化也在其背后隐匿的文化权力场域中发生着具体的变革。同时,时尚传播者、符号生产者、内容解码者等主体的使用动机及其实践活动背后蕴含的文化权力特征也体现出不同的特点,从意象解构、文化消解、身体展演与寻求认同等方面进行归因,可以发现时尚传播文化权力场域的内在机理。本书的研究发现,时尚传播作为文化权力场域,在特定的语境下其权力本质经过文化消解进行重构,其权力制约受到阶层强化的束缚,其权力内涵在社交媒体的传播推动下实现拓展,并从三个方面体现其角色功能:时尚传播文化资本对时尚知识经济的推动力;时尚传播文化资本对个体身份认同的建构力;时尚传播文化资本对社交连接的提升力。由此,时尚传播的文化资本场域由时尚传播消费资本逻辑及时尚传播空间资本逻辑的形塑而得以重构。

由此,时尚传播被重构为流动的文化意义场域,这一文化场域建构是系统的、动态的、流动的过程,不论是决定着时尚传播文化场域内在逻辑重塑的文化权力,还是作为影响时尚传播文化场域外在机制重构的文化资本,以及作为连接文化权力与文化资本交互作用的时尚惯习,都不是单一而绝对地决定着时尚传播文化场域的建构机制与过程,事实上,这些社会

流动与连接
时尚传播的文化场域形塑与建构

要素之间互相制动相互影响，最终形成"驱动—转化—流动"的时尚传播理论发展进路。这对于突破经济资本高低与时尚权力掌控、教育资本差异与时尚资本获得之间的二元对立结构模式，对于打破横亘于时尚传播的阶层区隔与文化对抗之间、于经验层面获得的社会规定可见性与于规则塑造而成的社会实践延续性之间的区隔，兼具学理慎思与现实考量的意义。

近年来，健康传播、科技传播、环境传播等公共传播领域的研究蔚然成风，也涌现出诸多研究成果。相比之下时尚传播的研究还是一个有待开发的新的研究领域。随着社交媒体发展的日新月异、文化创意产业的兴盛扩张、学科和专业的跨界融合，时尚传播被赋予了新的内涵、不断拓展其原有的学科边界。本书的研究聚焦于时尚传播文化场域的构建过程及建构要素，呈现时尚传播的内涵重塑与场域逻辑，有其另辟蹊径的创新价值。但是也应该看到，时尚传播也有着鲜明的意识形态属性，政治权力对时尚的引领和规约依然是不可忽视的重要力量。即使从文化的范畴讲，任何时尚文化都有其鲜明的时代烙印，这不应成为时尚传播研究回避的现实问题。

暨南大学新闻与传播学院教授、博士生导师

CONTENTS
目录

绪　论 ………………………………………………………………… 1

第一章　作为文化场域的时尚传播 ………………………………… 37
　　第一节　时尚与传播的勾连关系 ……………………………… 39
　　第二节　时尚传播作为文化场域存在的理论基底 …………… 61
　　第三节　时尚传播文化场域的三维面向 ……………………… 77

第二章　文化权力生成——时尚传播文化场域的内在机理 …… 103
　　第一节　时尚传播缘起——西方国家时尚传播嬗变 ……… 105
　　第二节　媒介、权力与时尚：中国古代时尚传播的
　　　　　　历史考察 ……………………………………………… 110
　　第三节　近代媒体的诞生与时尚的飞速传播 ……………… 118

第三章　文化权力重塑——时尚传播文化场域的意义边界 …… 123
　　第一节　时尚传播文化权力场域关系呈现 ………………… 125
　　第二节　从束缚到拓延——时尚传播文化权力场域的
　　　　　　意义转向 ……………………………………………… 134
　　第三节　时尚传播文化权力场域的意义边界重塑 ………… 144

第四章	文化资本重构——时尚传播文化场域的逻辑表征	153
第一节	时尚传播文化资本"场域"的生成	155
第二节	时尚传播文化资本场域的内在作用	160
第三节	惯习重构——时尚传播文化资本场域的拓延	165

第五章	流动与连接——时尚传播文化场域建构的影响因素分析	173
第一节	时尚传播文化场域的建构因素分析	175
第二节	"驱动—转化—流动"——时尚传播文化场域模型阐释	189
第三节	再生产与再流动——时尚传播文化场域建构的理论路径	199

结语与反思 …… 204

参考文献 …… 212

附　录 …… 223
　附录一　深度访谈提纲 …… 223
　附录二　访谈名单 …… 225

后　记 …… 228

绪　论

一、问题提出与研究意义

（一）研究问题提出的现实语境——时尚传播的生态环境变革

随着现代社会的推进与消费社会的崛起，时尚传播逐渐落地为日常生活的每一种情境。在社会结构中，以其自身的传播机制、传播模式、传播形态、传播生态、传播效果的不断嬗变而成为影响个体身份归属与文化认同实现，乃至推动文化发展与社会进步的重要力量。脸书网旗下以照片共享和视频分享的社交共享网络 Instagram，拥有 2 亿多用户，大约 60% 的用户会每天访问。以图片分享为主的社交分享网络 Pinterest，每天大约 7000 万用户在其上发布有关时尚兴趣、业余爱好的照片、文章和视频。国内，以聚焦生活方式为主要内容的网络社区小红书，截至 2024 年 2 月 20 日，有 3 亿月活用户，男女比例达到 3∶7，"95 后"占比为 50%，"00 后"占比为 35%，一线、二线城市用户占比 50%。社区分享者超 8000 万，日均用户搜索渗透达到 60%，UGC 内容占比达 90%。2024 年 2 月 9 日，小红书在 2024 年中央广播电视总台春节联欢晚会演播厅隔壁搭建《大家的春晚》独家直播间，首创"陪伴式"直播带着观众沉浸感受春晚，陪大家一起看春晚、唠春晚。整场直播总曝光量超 10 亿，观看人数超 2700 万，直播间用户互动次数达 1.7 亿次。❶ 此外，成为中

---

❶ 小红书"陪伴式"直播沉浸感受春晚《大家的春晚》直播互动次数达 1.7 亿次［N/OL］.（2024-2-15）［2024-4-22］. https://baijiahao.baidu.com/s?id=1790939470677223038&wfr=baike.

国时尚自媒体打赏的微信公众号"黎贝卡的异想世界"等共同推动时尚传播的发展。可以说,时尚传播正经历着兴盛而巨大的传播变革,这与其所处的文化变迁和社会变革息息相关,具体而言,体现在以下几个方面。

1. 后消费时代的转型发展

经济社会逐步发展,进入加尔布雷德描述的"丰裕的社会",物质的丰盛与消费的升级推进着消费社会的转型发展,消费社会转型的实质,一方面是使人不断地社会化,另一方面则使得生产和再生产这两种社会关系的主导方式不断发生转变。

在消费社会的变革中,消费的意义发生着根本性变化,由一种必要性需求的满足活动变为一种具有普遍性符号生产和意义消费的文化指征活动。正如鲍德里亚所言:"消费者与物的关系发生着变化:消费者不会从特别用途上去看待物品,而是从它的全部意义上去看全套的物。"[1] 生产脱离消费的固化,形成二元模式,消费成为独立于生产,甚至于指导生产、凌驾于生产之上的组成。后消费时代的人们越来越注重对意义和象征符号的消费,越来越重视体验消费带来的愉悦感,不再只满足于商品的实用性,由此,后消费时代形成一种具有普遍意义的消费文化样式,反映着当下的文化心态与社会动态。因此,消费社会成为一个迥然异质于传统社会的社会形态。

2. 视觉传播的蓬勃兴盛

正如海德格尔所说:"世界被把握为图像"[2],当代社会传播图景越来越倾向于以视觉可视化的方式呈现,以图像生产和视频制作的内容呈现成为时尚传播的主要图景,这导致以视觉形象为基础的现实形成,时尚传播也越来越偏向于视觉化的生产、传播与消费,进而形成以时尚视觉为基础的视觉经济。人们时尚消费的行为越来越受视觉的控制,形成了视觉导向的时尚消费实践。在消费社会,视觉的消费不仅生产出对时尚形象的欲望,也生产着视觉的文化性,此种"视觉的文化性并不仅依赖于图像本身,而

---

[1] 鲍德里亚.消费社会[M].刘成富,全志钢,译.南京:南京大学出版社,2006:62-63.

[2] 海德格尔.世界图像时代[M]//孙周兴.海德格尔选集.上海:上海三联书店,1996:899.

是依赖于将存在加以图像化或视觉化的现代发展趋向"❶。在此意义上，不断更新的图像、视频作为时尚文化的承载体和消费品，推动了视觉文化与视觉传播的运转。

3. 受众需求的全面嬗变

消费是社会交往活动的一个阶段，洞悉受众的消费需求实际上要以掌握受众消费符码为前提。在消费文化与社交媒介的合力作用下，裹挟于其中的受众和消费对象在被消费与被塑造的规训过程中，由"实用消费"向"个性消费"、由"性能消费"向"情感消费"转变，更多受众通过消费活动寻找基于日常生活审美趣味而形构趣缘的群体，这也成为大众追随时尚风潮的内向驱动。此过程中，基于身份归属、阶层区隔与文化认同的归因，受众通过对意义的消费和对时尚的传播，不仅实现着身份区隔的连接功能，更承担着意义生产与文化传播的重要责任。

4. 时尚文化对社会的建构

时尚传播实质上是自我认同确认与社会认同意义实现的途径，一方面依赖于消费文化的打造，另一方面又通过趣味与格调的塑造和强化反作用于消费文化，而其中形成的趣味与格调便成为时尚文化的外在显现。有学者认为，文化与消费两者都在社会组织或社会组织之间起着更为关键的作用。时尚作为一定历史时期内社会生活的重要体现，像一面多棱镜从不同角度反映出当时社会的真实面貌。而时尚消费本质上是文化消费，在消费过程中，消费者不仅接受着文化的涵化与形塑，同时也通过对主体能动性的解读和重构，积极进行着意义和文化的建构。作为文化现象的时尚与消费紧密结合，使时尚文化中的符号化、建构作用与意义化指向作用更加凸显。

5. 社会化媒介的推动力量

未来学家约翰·奈斯比特认为当代社会是以信息的生产和分配为基础的信息社会❷，而在由社交媒体所建构的信息网络传播中，媒介成为承载时

---

❶ NICHOLAS M. An Introduction to Visual Culture[M]. London:Routledge,1999:6.
❷ 奈斯比特.大趋势[M].孙道章,译.北京:新华出版社,1984:28-29.

尚文化与时尚价值观的有形实体存在，正如尼葛洛庞帝所说："在数字技术下，媒介不是信息，而是信息的表现。"❶ 在时尚传播中，受众不仅满足于时尚传播的信息和内容获取，更积极主动地参与到时尚信息的传播中，以图片、视频、文字、直播相结合的形式作为内容呈现方式，并通过社交媒体的快速、广泛传播，成为时尚信息的整理者、传播者、评论者，乃至生产者、发布者。因此，时尚传播媒介不仅是载体与介质，更是参与时尚符号增值性生产的平台组合，受众获取与消费的也不只是时尚信息本身，而是作为视觉符号的时尚景观及其背后蕴含的时尚文化含义。

随着现代媒体技术的进步，社交媒体渗透于日常生活每一种情境中，并通过媒体力进行全面渗透与扩张，社交媒体已成为生活实践与社会关系勾连的主要介质。媒介将文化的符号意义进一步产业化、制度化、组织化，并在与经济资本的合力下，对意义生产与符号消费加以渲染，消费文化符号被大量复制与加强。与此同时，互联网的发展催生了一种新型的内容呈现形式，即文本表演（Textual Performance），而在社交媒体中，时尚文化作为格尔兹理解的"有意识建构的符号体系"以文本表演的形式向文化意义生成推进，逐渐使时尚传播媒介不仅成为信息制作者，同时成为时尚符号资本的消费者。

综上所述，时尚传播的生态环境发生着极大变化，这促使我们思考：社交媒体时代，时尚传播的基本生态、内涵生成、传播模式发生着怎样的变化？

（二）研究问题提出的理论张力：作为媒介的时尚传播与作为社会结构的时尚传播

进入现代社会，时尚与传播媒介作为社会结构要素中的构成部分，一直处于一种相互依存、彼此成就的复杂动态关系之中，并随着人类社会的变迁推进而共生共存。然而，长期以来，时尚的意义被学者们质疑，康德便认为时尚是"归在虚荣名下的，因为在这种动机里没有内在的价值；同时又归在愚蠢的名下，因为他同时有一种压力……"❷。显然，按照康德的

---

❶ 尼葛洛庞帝.数字化生存[M].胡泳,范海燕,译.海口:海南出版社,1997:90.
❷ 康德.实用人类学[M].邓晓芒,译.上海:上海人民出版社,2005:156-157.

理解，对个人与社会而言，时尚是无意义的，而无意义的时尚与具有传播意义的媒介，二者之间并不会产生交集。直至1904年，社会学家齐美尔终结了将时尚视作无意义的不理性行为的历史，开展了对时尚的严肃研究，并从符号学路径将时尚视作阶级分层的象征符号。正如戴维斯所言："齐美尔将时尚作为社会的服从与个人主义的对立，以及统一与区分的过程的副产品来加以分析。"❶ 作为符号意义与文化象征，时尚成为有闲阶级彰显其消费的一种需要❷，成为与性别建构有关联的符号❸，并常常与社会阶级、社会区隔、趣味形成等相提并论。

然而，随着时尚实践的演变与社会本身的发展，仅将时尚视作阶层区分的符号并不能从全部意义上来解读时尚。于是对时尚的认知逐渐向多元领域拓展，克兰描绘了19世纪至20世纪时尚所产生的变化，时尚成为被传播的符号，这种传播不仅关乎社会认同，也关乎个人认同。❹ 在20世纪的研究中，时尚的受众日益扩大，布鲁默、帕廷顿、坎贝尔遵循非符号的研究路径，将时尚归结为集体选择的过程、意义生成的过程、求新渴望驱动下的过程。❺ 显然，这些有关时尚的认知，开始逐渐具备社会结构的特征，探讨时尚的内在意义时，我们不难提炼出其作为建立社会结构划分与统合社会结构过程的意涵。

事实上，时尚传播并不等同于具体的媒介形式与传播符号，也不仅仅如巴纳德认为的，时尚是一个社会群体向其他社会群体表明身份的传播工具❻。显然，无论是将时尚作为传播形式，还是作为传播工具，或是作为生产时尚标签的体制，也就是时尚文化被生产的传播过程，都不足以阐释时

---

❶ DAVIS F. Fashion, Culture and Identity [M]. Chicago: University of Chicago Press, 1992: 23.

❷ 凡勃伦. 有闲阶级论[M]. 蔡受百,译. 北京:商务印书馆,2018:35-58.

❸ PAOLETTI B, CLAUDIA B. Men and Women: Dressing the Past [M]. Washington, DC: Smithsonian Institution, 1989: 158-161.

❹ CRANE D. Fashion and It's Social Agendas: Class, Gender and Identity in Clothing [M]. Chicago: University of Chicago, 2000: 65.

❺ 坎贝尔. 求新的渴望[M]//罗钢,王中忱. 消费文化读本. 北京:中国社会科学出版社,2003:283.

❻ BARNARD M. Fashion as Communication[M]. London: Routledge, 2002: 29.

尚传播的架构体系。在这个以"时尚作为传播"或"传播内容是时尚"的命题中，人们普遍将时尚视为传播的信息，将传播视为时尚的载体。这种认知造成了研究者将时尚与传播二者功能区分的二元对立认知，并由此涌现出一些对时尚传播中媒介功能、对媒体与时尚关系、对时尚传播机制、对时尚传播在新媒体中的形态，以及对时尚传播与社会生活建构关系的探讨与剖析。作为媒介的时尚传播与作为社会结构的时尚传播，二者皆为时尚传播系统结构中不可分割的关联存在，然而，将时尚传播视作社会结构中的完整架构体系、具有能动意义的主体存在，将其置于变化发展的社会情境中，对影响时尚传播的社会各要素加以呈现，此种将时尚传播学与社会学相结合的研究进路却被长期忽略。

由此，我们不得不思考，不管是将时尚传播视作时尚传播的媒介存在，还是视作与社会架构体系接合的机构存在，在系统的理论体系框架下，是否可将时尚传播视作具有主体能动性与内部逻辑规范的社会系统？如果具备将时尚传播视作整体的、系统的社会结构体系的理论，其内部的运作逻辑与影响要素又由哪些维度构成？这些要素之间是否会发生相互影响，又是基于何种理论模型来发生交互作用，进而影响与重塑时尚传播的整体运行？这些问题的探究，对在社交媒体作用下，作为社会结构能动要素的时尚传播文化场域意义生成与时尚传播文化场域逻辑重构而言，尤显重要。

（三）研究目的与研究意义

1. 研究目的

本书从社会学的场域理论出发，对时尚传播在消费文化与社会化媒介合力作用之下，基于何种动因、何种模式、何种实践意义与理论观照、受到何种影响与制约等问题加以研究，尤其从文化权力与文化资本的理论视角来审视时尚传播的内涵建构和外延扩展，进而对时尚传播的实践内涵加以解构，对文化场域建构中的实践逻辑与意义表征进行重构，以求发现时尚文化再生产在时尚传播生产与消费的传播模式建构中所起的作用和影响，从而打开理解时尚传播的新进路。具体而言，本书将以分析时尚传播意义内涵重建的"文化场域"为出发点，在梳理时尚传播的文化场域衍生与拓展的基础上，提出时尚传播文化场域中时尚文化权力与时尚文化资本的交互建构关系，并从以下两个层面对这一关系进行解析。其一，在时尚传播意义内涵嬗变的过程中，作为建构消费社会关系结构与权利生成构成要素的时尚传播，在移动传播和技术赋权所塑造的社交媒体网络中，其传播生态、传播体态、传播形态均在发生着变化，时尚传播生产景观也据此重构。本书对时尚传播媒介生产进行虚拟田野观察，对时尚传播主体的生产与消费景观变革基于身份归属、阶层区隔与文化认同归因的动态过程加以分析，并通过对时尚传播相关实践者与理论思考者进行深入访谈，试图对时尚传播生产与消费过程中，传受双方传播模式的循环流动与互动过程加以呈现，进而对构建时尚传播文化场域的过程进行全面阐释。其二，总体考量时尚传播生产模式与消费过程，通过对时尚传播文化场域中文化权力与文化资本的影响与作用进行深入剖析，以扎根理论为主要方法，对影响时尚传播文化场域的要素与理论模型加以建构，试图探讨时尚传播影响核心要素之间的交互关系，以期揭示时尚传播文化场域建构的文化再生产与文化再流动的理论进路。

2. 研究意义

关于本书的研究意义，将从以下三个方面加以说明。

（1）理论价值

对时尚的理论探讨一直是西方社会科学和人文科学的重要议题，对时尚的社会价值解读与美学意义阐释始终贯穿在西方社会学的理论演进过程中。基于时尚的新奇性与变化性，一直以来，对时尚特征与形态的认知伴随着社会变革与媒介形态演进，难以具象，因此，对社交媒体中时尚传播模式、传播生产与传播实践加以界定，使之成为时尚传播研究的具象文本，跳出长期以来以功能论与符号论研究时尚的局限性，将时尚传播生产与消费并置关联起来，进而审视时尚传播内涵意义与社会实践在文化场域建构中的意义解构与逻辑表征，依此揭示和把握时尚传播模式背后凸显的文化资本获得与文化权力拓展，进而呈现基于再生产与再传播形塑的时尚传播模式重构，揭示时尚文化在时尚传播再生产中的深刻作用。

根据法国社会学家布尔迪厄提出的"场域"与"惯习"理论来分析文

化符号生产者在社会系统中所扮演的角色,成为理解与勾连文化与社会结构关系的重要途径。具象于时尚传播,其特有的传播规则、传播逻辑、传播模式与传播意义,形塑着存在于社会结构之中的文化场域,并对时尚文化的生产与消费、意义与内涵进行着解构和重构的再生产、再传播。本书以布尔迪厄场域理论为理论观照,不局限于将时尚传播本身作为场域构成,具有其独特的惯习系统与逻辑表征,还涉及布尔迪厄研究体系的核心问题——文化在群体与社会再生产过程中的作用,本书试图对此做出时尚文化社会学与时尚传播学背景下的理论观照。本书对时尚传播的文化场域建构过程与影响因素研究,对文化场域中时尚文化意义生产与传播的模式研究,进而呈现文化权力与文化资本作用关系中时尚传播的文化场域建构意义与形成的现实图景有着重要价值。本书对时尚传播在时尚文化形成与文化场域建构中的作用与影响加以研究,从传播研究和文化研究视为共生互促的整体视角出发,会拓宽时尚传播学与文化社会学的研究视野。

(2) 现实意义

现代社会人们的衣食住行、艺术欣赏、家居日常、旅行游玩、所思所想,无一不是时尚传播的范畴与内容,尤其在信息化与技术化齐头并进的时代,时尚传播的生产机制、信息获取与解读消费,无一不在发生着翻天覆地的变化。显然,时尚传播本质上已成为文化现象的指征,成为文化传播的核心构成要素。在按照简单二分法划分的人类物质世界与文化世界,二者纵横交织而相互推进,时尚文化于其中勾连着个体的日常生活实践方式与社会交往形式,推进着文化传播的维度拓展与内涵深化。具体到个体维度,身份认同与身份建构成为转型社会中个体面临的新议题,在社交媒体造势下,文化权力的拥有与获得打破了原有的阶层区隔,正进行着新一轮的洗牌与重构,浸染于时尚传播中的个体被裹挟在流动且变革的圈层中,通过对时尚传播信息的获取与解读、生产与消费,对文化资本的转化与应用,不断重构着时尚传播的体系。

作为身份符号象征与社会意义区隔的时尚传播,与其所处社会结构中的经济资本、文化资本相互作用,直接导致了阶层区隔与统合的矛盾性;作为商品化符号的时尚传播,在个体生活方式选择与社交关系连接中均起着直接作用；作为象征性文化权力的时尚传播，于时尚文化与消费文化的话语权力建构更是起着不可逆转的推动作用。因此，学界长期以来认为，时尚传播造成意义符号的机械技术复制与盲目消费进而区分社会、区隔阶层的观点是片面的。事实上，时尚传播以其主观能动性的正向发挥，满足着个体品味格调趋向，促进了身份认同与社会归属感形成，并与其隐匿的文化资本和文化权力交互，影响着时尚传播场域中的意义再生产与文化再传播，进而促进了消费社会场域的理性建构和消费文化积极作用的发挥。

3. 学科意义

本书试图对时尚传播领域近二十年来的研究动态与议题分布等学科总体研究态势进行全面把握，对时尚传播进行整体性、趋势性的梳理，对国内外时尚传播的理论渊源、研究脉络及文化场域建构的意义流变与影响因素作进一步的脉络梳理。以期将时尚传播置于历史变革、学科与流派发展的维度中进行整体论述。将时尚传播与文化研究结合起来，不仅将其视作传播模式，即"生产—文本—消费""编码—解码""生产—信息—传播—制约—消费—作用力—再传播—再生产—再消费"的过程，更将其视作社会情境转向中发挥主体能动性的结构性因素。将时尚传播情境置于宏大的社会结构、权力力量、资本因素的背景中考量，将其置于社会学、传播学、心理学、符号学的视野中，力求寻求时尚传播学与文化研究结合的可能性，加速时尚传播学与文化社会学的耦合。

（四）研究对象界定

在对研究对象的界定中，本书选取社交媒体中的时尚传播作为研究对象，其中不仅囊括衣食住行等基本需求的微观层面的时尚实现，更涵盖欲求层面的中观层面时尚追求，乃至从高屋建瓴的思想、制度与艺术等宏观层面的时尚打造。具体而言，本书有关时尚传播的研究对象分为以下三个逐层递进与推进的层面。

首先，将时尚传播实践作为基础的研究对象。社交媒体中时尚传播的实践包括：时尚传播生产与消费的过程，以及二者间的异质同构与交互作用。经过社交媒体的边界消解与技术赋权，时尚传播在社交媒体中的实践经历着重塑与变革，由符号生产与意义消费的实践行为构成转变为时尚文化的价值输出与文化权力的重塑。

其次，将观念的时尚传播作为研究对象，借由时尚传播实践的主体能动性与功能结构性生成而建构的时尚传播文化场域，其中，承载着时尚观念的传播，在时尚文化推进中占据着重要作用。因此，对观念的时尚传播加以探究，有助于以此作为切入口，对时尚文化的形成与传播进行研究。

最后，将文化的时尚传播作为研究对象。文化意涵的重新生成与文化指称的重新塑造，具体体现为时尚传播文化权力结构变迁、时尚传播文化权力场域重构与时尚传播文化资本意义转化。而这不仅关系到时尚传播在场域理论视域中的实践意义与理论发展，更指涉文化传播在由媒体域与消费观合力作用中的内涵嬗变与意义深化。

总之，将凝聚了时尚传播实践、时尚传播观念与时尚传播文化为一体的时尚传播文化场域作为整体的、系统的研究对象来看待，打破了将时尚传播视作独立的、具体的实践问题来看待的单一思维，更跳出了微观的、片面的、断层的研究视野，有助于对时尚传播文化场域做出全面的、体系化的理论建构。

二、国内外研究现状——从时尚内涵到时尚传播认知

纵观时尚传播的研究文献，首先映入眼帘的便是犹如富矿的时尚理论研究，面纱在当代穆斯林身份认同中的作用、时尚杂志中女性的代表性、时尚博客的兴起、时装表演的起源及其对现代性定义的创造性、非洲时尚的全球化流通，这些只是日益增长的时尚学术研究中的几个议题。然而这些研究文本有一个共同点，即将时尚置于社会动因和文化动态中。时尚领域已经成为社会和文化研究的一个重要话题，众多研究均致力于理解时尚这个复杂竞技场。无论是从消费行为、生产实践到身份政治议题角度，还是从时尚学、社会学、传播学、营销学的学科视域角度，时尚为社会和文化研究提供了丰富的话题。

在对时尚的认知中，不同学者从不同视域入手：从时尚的意义入手，将时尚视作"新奇""变革""流动"的代名词；从社会学的角度看待，将时尚视作划分社会阶层、体现阶级制度的工具；从美学意义评判，认为时尚在全然无视美的基础上不断捏造着"美"，将时尚视作充满创造性思维的审美关注；从传播行为的进程整体把握，将时尚视作"社会沟通的过程"❶；从传播学视角出发，认为时尚即传播，时尚兴于传播亦死于传播。❷ 从传播与时尚的本质来看，时尚是传播的过程、现象和结果。从社会心理学的视角研究时尚，时尚被认为是人们试图在社会平等化倾向和个体差异魅力倾向之间相互妥协的特殊生活方式。❸ 时尚被视作"双面人"，既是快乐的来源，也是痛苦的源泉，既是表达的源泉，也是剥削的源泉。❹ 日本学者川村由仁夜将时尚的概念扩展至不仅涵盖服饰层面的意义，更是一种衣着习俗。思考时尚，就像思考文化进程和社会沟通一般，不能只将时尚看作独立的研究对象，而应将其置身于庞大的社会情境中，将其能动性和社会结构联系起来。因此，他将时尚看作物质文化和象征体系的集合。❺ 有研究者认为时尚研究的任务便是借助不同的隐喻，研究日常生活中通过装扮自己的外在和生活品味，从而形成愉悦的体验和权力关系的生成。

渐渐地，时尚研究成为涵盖了历史学、哲学、社会学、人类学等多学科，以及包含文化研究、女性研究和媒介研究等多领域的融合领域。时尚成为一种值得关注的社会现象，长期以来吸引着来自艺术、人文科学、社会科学等多领域理论家的关注。从唯物主义到结构主义的符号学，学术界逐渐形成了关于时尚的广泛理论架构。

社会学家对时尚研究的理论溯源与意义流变，兴起于19世纪晚期。社

---

❶ 苏珊·B.凯瑟.时尚与文化研究[M].郭平建,译.北京:中国轻工业出版社,2016:11.
❷ 孔令顺.时尚传播:身份的体认与学科的拓展[J].现代传播,2016(12):72-76.
❸ 齐美尔.时尚心理的社会学研究[M]//金钱、性别、现代生活风格.刘小枫,顾仁明,李猛,译.台北:联经出版事业公司,2001:95.
❹ WILSON E. Adorned in Dreams: Fashion and Modernity[M]. London: I. B. Tauris, 2003:13.
❺ 川村由仁夜.时尚学[M].陈逸如,译.台北:立绪文化事业有限公司,2009:72.

会学家从不同的学科视域与理论背景出发，将时尚涉及的符号学意义、社会学能动结构、消费心理学身份认同、经济学生产消费模式、政治经济学权力象征等多角度探究。归纳来看，时尚理论研究主要从以下几个维度进行。

（一）时尚本质的研究综述

1899年，美国经济社会学家索尔斯坦·凡勃伦最早从社会学视野出发，认为时尚本身是无关乎美或功能的，时尚之所以存在是因为时尚是阶层区分的一套符号，社会流动性是时尚变迁的主要诱导因素，他在《有闲阶级论》中提出：用"炫耀性消费"来揭示时尚的基本特征——时尚成为社会身份与社会地位划分的标记，成为阶级区分的重要标志，上层阶级为了表明区别化阶级身份，对生活方式、着装、配饰、休闲方式等行为加以特殊化，下层阶级则通过模仿上层阶级的行为对时尚进行模仿。"上层阶级必须知道如何以得体的方式进行消费，必须按照恰当的方式度过他的休闲生活。举止文雅、维持教养的生活方式，是遵守炫耀性有闲方式和炫耀性消费准则的具体体现。"❶ 此后，真正对时尚展开严肃学术研究的是德国社会学家奥尔格·齐美尔，他在1904年发表了《时尚》一文，突破了康德等哲学家将时尚归结为不理性行为的观点，认为正是社会心理学中趋同和求异的相互作用推动了时尚在现代社会中的不断变化。在齐美尔看来，时尚是社会各阶层间用于统合区分的一种工具，是较高社会阶层用于彰显其特殊性的符号。"一旦一种时尚被广泛地接受，我们就不能再把它叫作时尚了。"❷ 显然当时尚的个性和集体性结合起来时，通过个体对时尚个性的追求，从而实现集体认同。

时尚的本质特征之一便是其新奇性与流动性。齐美尔从哲学和社会学的角度出发，将时尚视作文明进程的一部分，认为时尚必须是新奇的，在对"新"的持续性追求中，时尚通过内容的改变以时装为展现形式，为每个个体提供一种标志，与昨日和明日的个体相区分。李波夫斯基将时尚界定

---

❶ 凡勃伦.有闲阶级论[M].蔡受百,译.北京:商务印书馆,2018:65-76.
❷ 齐美尔.时尚的哲学[M].费勇,译.北京:文化艺术出版社,2001:77.

为"短暂变化的永恒戏剧"[1],凸显了时尚是不断变化的、不具有持久性的,同时又是永恒的矛盾构成。与之不谋而合,雷纳多·波基利奥将时尚的主要特征界定为短期内非同寻常的或一时时兴的东西、强立为新的规则或规范,并很快就能接受,然后在它变成平庸物,即人人皆有之"物"之后,再次抛弃它。[2] 据此,时尚的任务便是保持一个不断的新奇化过程,把稀有之物变成广泛流行的东西,当不再稀罕之后,又用另一个稀罕新奇之物取而代之。时尚历史学家克里斯曼·坎贝尔也持有相同观点,将时尚的特征归纳为"季节性的、国际性的、公司化的、媒体驱动的,并且是不断变化的"[3]。

时尚的本质意义之二是其符号性与象征性。法国学者巴尔特将时尚的内涵与符号学相结合,将时尚视作符号所承担的表意功能及其意义构成,时尚从不固定意义但却保持意义的某种机制,它永远是落空的意义,但它本身便作为意义存在,时尚本身没有固定的、永恒的内容,却由此成为一种景象,时尚于是便呈现为一般表意行为的范例形式,也因此变成真正的人类符号。[4] 巴尔特指出了时尚作为一种独特的文化符号的二重性:时尚有意义,却又是落空了的意义,它以无意义来表意;它是不断变化的,却又总是标准化的。时尚具有符号性,时尚是区分阶层的一种符号,恰如戴维斯所言:"齐美尔是将时尚作为对社会的服从与个人主义的对立,以及统一与区分过程的副产品来加以分析的。"[5] 性别是与时尚符号意义相关的另一个重要面向,时尚是性别的建构及修正的符号,随着时尚的到来,男人与女人衣着基本一样的情况被打破,男女的性别有了表现的依托。[6]

---

[1] LIPOVETSKY G. The Empire of Fashion:Dressing Modern Democracy[M]. Princeton:Princeton University Press,1994:22.

[2] BURGER P. The Theory of the Avent-Grade[M]. Cambridge:Harvard University Press,1968:82.

[3] CHRISMAN-CAMPBELL K. From Baroque Elegancethe French Revolution(1700-1790)[M]//The Fashion Reader. New York:Berg Publishers,2007:6.

[4] 巴尔特. 符号学原理[M]. 李幼蒸,译. 北京:中国人民大学出版社,2008:79.

[5] DAVIS F. Fashion, Culture and Identity[M]. Chicago:University of Chicago Press,1992:23.

[6] ROUSE E. Understanding Fashion[M]. Oxford:BSP Professional Books,1989.

流动与连接
时尚传播的文化场域形塑与建构

时尚的本质特征之三是其消费性与价值性。法国哲学家鲍德里亚从符号政治经济学的视角出发，着重于符号交换和商品的交换价值，将时尚的循环特征视作时尚本身的内涵："时尚是任意的、变换的、循环的而且对个体内在品质毫无裨益。尽管如此，时尚仍具有某种深刻约束的特性，而其必然后果便是个体在社会上获得成功或遭到淘汰。"❶ 本雅明则从消费社会学的视域出发，将消费者与商品之间的拜物教关系视作定义时尚的核心要素，由此定义出发，时尚确定着人们爱恋商品的崇拜方式。由此可见，时尚与商品社会的生产、流通与消费过程息息相关。❷

除此之外，从人类学视角看待时尚的内涵更能凸显时尚的普遍化与社会化。人类学研究中关于时尚的观点认为，时尚是一种特定的方式，当这种方式本身所包含的意义与群体业已认同的观念一致时，其就有可能被群体选择并定义为时尚。❸ 20世纪80年代，英国女权主义时尚理论学家伊丽莎白·威尔森则从社会心理学角度切入，对时尚的研究融合了矛盾心理学的方法："我们对时尚既爱又恨，对于身体、身体和服装的关系研究充满了现代性、西方性与模糊性。"❹ 存在于社会日常实践中的时尚，本身成为被定义的矛盾。

历史上公认的时尚发源地包括古代的中国和希腊、文艺复兴时期的意大利、18世纪后的法国及当代的美国，它们左右了周边国家甚至整个世界的时尚潮流。始于19世纪末的国外时尚理论研究主要形成两种路径：一种是以齐美尔为代表的时尚社会分层及垂直流行论；另一种是以布鲁默为代表的时尚集体驱动及慢渗透流行论。

齐美尔提出时尚是缘于上层阶级的差异分化与下层阶级的趋同模仿，

---

❶ 让·鲍德里亚.消费社会[M].刘成富,全志钢,译.南京:南京大学出版社,2000:62-63.
❷ 瓦尔特·本雅明.发达资本主义时代的抒情诗人[M].张旭东,魏文生,译.北京:生活·读书·新知三联书店,1989:185.
❸ MOLNAR ANDREA K. Transformation in the Use of Traditional Textiles of Ngada: Commercialization, Fashion and Ethnicity [M]//Consuming Fashion: Adorning the Translation Body. Oxford: Berg Publishers,1998:39-55.
❹ 威尔逊.身体律动 & 灵魂时尚[M].重庆:重庆大学出版社,2020.

从而实现自上而下的流行路径。他认为消费是较高阶层不断推出新时尚的需要。"每一种时尚在本质上都是社会阶层的时尚,也就是说时尚通常象征着某个社会阶层的特征,以统一的外表表现其内在的统一性和对外区别于其他阶层的特性。"❶ 在齐美尔来看,时尚是"不安分的、迫切要求变化的阶层和个人,在时尚及变化不定、相对独立的生活形式中找到了折射出自身心理轨迹的一种步调"❷。而布鲁默却强调时尚是源于内在驱动的集体选择,且在这个集体选择过程中,公众品味是形成选择结果的关键,因此,时尚也可能是由下至上的扩散。❸ 显然,布鲁默的时尚理论更适合阶级结构模糊而大众文化与媒介发达的现代社会。

日本学者川村由仁夜对时尚的认识和判断综合了以上两位学者的看法,他提出的时尚学体系中时尚的概念不仅仅指简单的衣服,而是一种衣着习俗和习惯。时尚演变透露出社会思想的进行轨迹,时尚风格体现出阶级制度的区别与关联,时尚文化更是反映出人类文化的千差万别,时尚潮流是技术发展的助燃剂,让人类社会在科学运动中不断前行。❹ 英国社会学家米勒与他持有相同观点,"在个体层次上,时尚满足了个体分化的需求,同时又满足了社会的需要。在时尚中,个体得到他或她所喜欢的东西,同时获得个体感和归属感,而社会又可以同时收获经济利益。"❺

事实上,现代意义上的时尚与资本主义的发展相依相随,时尚是一种基于集体所创立的信仰和行动模式的社会事实,是普遍存在于特定社会,同时又独立于其在个体身上的表现而自主存在的行动方式。美国社会学家弗雷德·戴维斯认为时尚变迁与"文化符号化的"身份相关,"文化符号化的"身份包括性别、社会阶层和其他身份要素。❻

---

❶ 齐美尔.货币哲学[M].陈戎女等,译.北京:华夏出版社,2007:374.
❷ 梁振华.经典哲学的"时尚"表达——走进齐美尔[J].中国图书评论,2004(3):21.
❸ BLUMER H. Fashion:From Class Differentiation to Collective Selection[J]. The Sociology Quarterly,1969(10):286-287.
❹ 川村由仁夜.时尚学[M].陈逸如,译.台北:立绪文化事业有限公司,2009:90.
❺ MILES S. Consumerism:As a Way of Life[M]. London:Sage Publication,1998:52.
❻ DAVIS F. Fashion,Culture and Identity[M]. Chicago:University of Chicago Press,1992:23.

综上所述，凡勃伦对时尚的界定实将时尚视为消费行为，将其行为背后的社会阶级区隔力量加以呈现；齐美尔将时尚视作可以提升个体自我、推动社会发展的社会形式，分析其内在结构和运行逻辑与社会整体结构的不可分离；本雅明将时尚的意义置于商品社会的整体结构中，从生产到消费、从意义赋予到流通，将时尚视作个体与物品"崇拜与被崇拜、追随与被追随"的过程；巴尔特着重于时尚作为符号系统及其意义生产的构成，论述其具有符号意义表意活动的内涵特征。鲍德里亚从消费社会中物的丰盛与符号价值消费的背景出发，对时尚基于周而复始的变化形态构建而成的内在循环特性做出阐述。布尔迪厄通过对品味的研究，表达了社会区隔中个人的生活方式及品味起到重要作用的观点，品味也因此成为社会区隔的一种力量。对时尚的认知，西方国家的社会学者多从其社会功能和社会意义的实现出发。

我国学者对时尚本质的研究，始于20世纪40年代社会学家孙本文，他在《社会心理学》中对时尚本质的界定为："时尚即一时崇尚的式样，式样就是任何事物所表现的格式，只要社会上一时崇尚，任何有式样的事物，都可称为时尚。"❶《辞海》中将时尚界定为广义的"一种外表行为模式的流传现象，如在服饰、语言、文艺、宗教等方面的新奇事物往往迅速被人们采用、模仿和推广。属于人类行为的文化模式的范畴，可看作习俗的变动形态，习俗可看作时尚的固定形态"❷。学者周晓虹将时尚界定为"在大众内部产生的非常规的行为方式的流行现象，具体来说，时尚是指一个时期内相当多的人对特定趣味、语言、思想和行为等各种模型或标本的随从或追求"。❸ 学者郑也夫将"熟悉"与"新奇"这两重心理机制视作人们追求时尚的重要原因。

伴随着全球化进展和学术界的西学东渐风潮，中国学者对时尚的研究逐渐兴起，有研究者对国外社会学家的时尚思想进行分析：汤喜燕通过对齐美尔和布鲁默时尚观的对比，认为齐美尔将社会"统合和分化"看作时

---

❶ 孙本文.社会心理学[M].北京:商务印书馆,1946:334-335.
❷ 夏征农.辞海[M].上海:上海辞书出版社,2010:1707.
❸ 周晓虹.时尚现象的社会学研究[J].社会学研究,1995(3):35-46.

尚的驱动力，而布鲁默却认为时尚的驱动力是自我的"集体选择"。❶ 赵岚从审美现代性的角度分析了齐美尔时尚观中大众对于共同体的认同，齐美尔的时尚观是一种大众审美主义，时尚是现代人用来脱离或超越世俗平淡的审美救赎。❷ 赵高辉通过对齐美尔时尚思想的再审视，认为时尚传播的社会根源在于阶级差异带来的区隔和认同，其个体根源在于个体心理满足需求。❸ 有研究者对时尚本质的探究从多学科相结合的视角出发：罗刚、王中枕主编的《消费文化读本》将消费文化与时尚研究视角相结合，对西方学者关于消费文化的观点进行了分析总结，并在社会学、人类学、符号学的视域下，结合消费文化理论，对时尚的释义分析、购物的当代性质等现象进行了研究。

（二）时尚认知嬗变研究

时尚现象不断演变，社会快速发展，仅将时尚视作社会阶层区分的符号，显然并不能全面地阐释时尚现象。时尚的传播模式也不再是基于自上而下或自下而上的流动，而发生着基于本质要义的嬗变，因此，大量基于时尚内涵拓展的研究开始在其他向度上探寻时尚的深层解读。美国时尚与文化研究学者苏珊·B. 凯瑟认为在时尚研究领域中，"时尚由什么构成"这种古老的话题已经被摒弃，而新的与文化研究的互动更多被运用到时尚研究中。她对涵盖性别、种族、民族、性取向、阶级、国别、年龄、地点等多重意涵的时尚主体，基于性别、权力、阶层、国家主体、种族等维度，阐释在社会结构中主观能动性发挥的作用，并提出了基于莫比乌斯圈的"风格—时尚—装扮"回路模式。❹ 保莱蒂认为社会的性别是一个复杂的传播问题，不能简单地就时尚或服装变化加以解读。时尚或服装只是性别建

---

❶ 汤喜燕.布鲁默与齐美尔的时尚观比较[J].装饰,2012(10):5-6.
❷ 赵岚.时尚:在实际意义上是一种大众审美主义——解读齐美尔时尚的哲学的文化意义[J].新闻界,2010(2).
❸ 赵高辉.时尚传播变革的内在逻辑与社会动因[J].当代传播,2015(3):36-38.
❹ 苏珊·B.凯瑟.时尚与文化研究[M]郭平建,译.北京:中国轻工业出版社,2016:11-19.

构或表达的各类符号之一，并不是唯一的符号。❶

时尚的意义和内涵随着研究的多元化与时尚实践的变迁而逐渐深化与拓展。在一些学者的研究中，时尚与其承载物的服装或装饰是不加区分的，时尚和服装常被作为"fashion and clothes"词组的形式提及。戴维斯专门研究了服装的意思，将服装作为时尚最主要的体现物，而对服装的解读只能依循一套低符码（Under Code）的准则来进行，并非能如语言一般都被清楚地解读。他认为发展到资本主义较为发达的今天，时尚并不是齐美尔或其他学者所认为的那样，单一地关乎社会阶层或关乎性别，而是包括但不限于性别、阶层、身份的所有方面。戴维斯将时尚的内涵加以拓展，使其成为涵盖性别、阶层、身份等多元因素的一套符号体系。因此，时尚是指向社会认同所有方面的符号，并非单一的某一方面，这套符号的意义自身是矛盾的，该符号体系的能指与所指的关系并非如符号学里那般确定，而是不稳定的。❷ 坎贝尔梳理了时尚、消费、认同之间的关系，对时尚或服装的主体存在意义进行了界定，时尚承载着表达及建构的作用，体现为表达或建构的一种符号。因此，时尚或服装的意义不仅充满着矛盾，而且承担着多向度的表达及建构。❸

时尚意义的深化让学者看到了社会结构变化与时尚内涵拓展的关联性。克兰通过来自英国、法国、美国工人阶级纵向的衣服及家庭预算的变化，以及对时尚设计师的访谈，对19—20世纪时尚在社会结构中，基于各个阶层各个时段所呈现出的具体问题加以研究，以期分析时尚发生的变化及其归因，以及这些原因与现存时尚认知的适用性。克兰认为时尚在阶层结构清晰的社会中，并不全然是线性下传的，而是从单一的、标准的体系变化

---

❶ PAOLETTI B, CLAUDIA B. Men and Women: Dressing the Past [M]. Washington, DC: Smithsonian Institution, 1989: 158-161.

❷ DAVIS F. Fashion, Culture and Identity [M]. Chicago: University of Chicago Press, 1992: 46-68.

❸ CAMPBELL C. When the Meaning is not a Message: a Critique of the Consumption as Communication Thesis [M]//BARNARD M. Fashion Theory: a Reader. London, New York: Routledge, 2007: 121.

为多样的无标准体系。❶ 不同于戴维斯，克兰认为时尚是一种传播符号，但不仅关乎社会认同，也关乎个人认同。无论处于哪个阶层的个体，都会主动利用时尚符号来表达自我，而不是被动地一味遵循时尚体系的符号逻辑，因此，在不同社会群体间会产生不同的符号表达方式，各种社会关系会在此符号上角力协商，显然克兰将时尚的意义进一步扩大，时尚成为社会议程的符号体系。

鲍德里亚则将时尚的意义内涵扩大至消费主义盛行的社会中，他采纳符号学的视角，从能指与所指的关系来解读时尚符号体系，时尚的所指已渗入任何领域，其能指已无法确定某个参照的体系来生产其所指，从而最终无法再有明确的意义，但其意义也因此更为重大。而时尚也因此被看作是漫无目的的、漂浮的符号。❷

区别于上述学者的符号学研究路径，20世纪中期，布鲁默以"时尚事实上具有一种不理性或者更好地表达为非理性（non-rational）的维度"为研究角度，认为时尚之所以成为时尚，是无关乎太多的社会结构及外在的各种意义的，而是一种人们"要时尚"的意愿。布鲁默将时尚归结为一种过程，而对时尚的解读关键在于集体选择与共同选择的过程。"时尚不是由功利性或合理性考量引导的，哪里存有在竞争样式之间基于客观性与有性测试的选择，哪里便不会有时尚。"❸ 保罗·布卢姆伯格考察了诸如长发、背心、粗棉布工作服等反主流文化的流行装束在从下往上渗透的事实，得出了不同的结论：失去社会地位的、反文化的人群所制造的时尚也可能向上层阶级扩散。因此，时尚本身是一种用于形成社会秩序的中心机制，时尚之所以成为时尚，是因为人们通过"要时尚"的本源性愿望，产生了一种集体选择，在集体选择的过程中，不仅成就了时尚，而且特定社会的结构形态得以生产、维系或改变。由此看来，布鲁默认为时尚是一种集体选

---

❶ CRANE D. Fashion and it's Social Agendas: Class, Gender and Identity in Clothing [M]. Chicago: University of Chicago Press, 2000: 67.

❷ BAODRLLARD J. Fashion, or the Enchanting Spectacle of the Code [M]. Loundon: Routledge, 2007: 36.

❸ BLUMER H. Fashion: From Class Differentiation to Collective Selection [J]. The Sociology Quarterly, 1969: 286-287.

择的过程，这个过程因此成为社会赖以整合的一个中心机制。

然而基于对齐美尔、凡勃伦等学者的质疑，帕廷顿认为仅把时尚看作社会阶层的表达只是读取了时尚作为物品的意涵，却没有关注各阶层之间的关系，齐美尔、凡勃伦等学者的研究并不适合大众市场经济制度运作下的时尚。她考察了20世纪50年代劳工阶层的女性对于新形象（new look）与功能性装束的接纳程度后，认为在大众市场时代，较低的社会阶层并不是被动地、简单地、一味模仿较高的社会阶层的时尚，每个阶层在时尚的演进中，产生属于自己阶层的采纳技巧，并采纳某一种时尚风格，从而令该风格在此阶层中形成独特的意义。帕廷顿将时尚作为意义生产的过程，同时也是社会各集团各阶层冲突协调的场所，在时尚意义生产的过程中，时尚作为物品的意义被改变，而且与此时尚物品相关的各阶层、各集团的关系被重新加以协调。❶

从自我情感满足的角度来看，坎贝尔从自我陶醉的享乐主义角度出发，对时尚风行的原因加以探究。"自我陶醉的享乐主义代表了一种寻求快感的方式，将注意力集中于虚构的刺激物和刺激物带来的隐秘快感上，而且更多地依赖于情感而不是直接的感觉。"❷ 基于此，坎贝尔将时尚理解为人类求新的渴望驱动下出现的一个过程，"由白日梦、渴望、求新欲望、消费、和再生的欲望所构成的一个循环周期，是一个完全自主的、并不依赖于模仿与竞相效仿的过程。"❸ 时尚符号的大众化、高频次传播，使得追求时尚成为一种集体趋势，从而鼓励微观层面的社会个体去跟从效仿。当跟风成为群体习惯，在反复的实践过程中就会逐渐社会化为惯例，进而内化成为一种价值标准，对其他传统的价值标准产生排挤作用。阿多诺、鲍德里亚、

---

❶ PARTINGTO A. Popular Fashion and Working-Class Afflunce[M]//ASH J, WILSON E. Chic Thrills: A Fashion Reader. London: Pandora, 1992: 98.
❷ 坎贝尔. 求新的欲望[M]. 罗钢, 王中忱, 译. 北京: 中国社会科学出版社, 2003: 283.
❸ 坎贝尔. 求新的欲望[M]. 罗钢, 王中忱, 译. 北京: 中国社会科学出版社, 2003: 283.

罗兰·巴特❶等则指出时尚文化与资本和媒体结合，通过意义的生产和再生产作用于人的欲望，刺激个体产生幻影崇拜的心理需求和热衷符号消费的盲目行为。

汤喜燕总结了时尚研究的两种路径：符号面向和非符号面向。遵循符号的路径，时尚意义从作为阶层区分的符号扩大至各种认同建构的符号，直至渗透至任何体系，以致时尚的能指与所指已无可能一一对应，时尚本身再也没有具体的、清晰可循的意义，只是作为一个具备符号价值的符号。在非符号的路径中，时尚的意义被归结为某种无法言明的动机驱使下的社会过程。❷ 整体来看，对时尚的认知嬗变过程呈现出越来越扩大化、多元化面向的趋势。

（三）时尚能动作用发挥的研究

起源于19世纪的时尚，是随着城市化、工业化、消费化等现代化进程共同发展的社会现象与文化体系，现代化机械复制技术的兴起与大众媒介的蓬勃发展，促进提升时尚传播速度、扩展传播范围、深化传播影响。于此过程中，无论是时尚的主体能动性，还是其在社会系统中的作用发挥，均成为学者们密切关注的研究议题。

作为矛盾构成的时尚，一方面是阶级的时尚，阶级的时尚总是意味着既认同又区分。早期的文化学者，齐美尔、凡勃伦、布尔迪厄都将时尚看作社会区分和阶级化的重要杠杆。时尚被特定群体和文化所赋予看似具体明确的意义，实则被涵化为区别社会阶层或文化的符号，他们将时尚用以区分个体的格调、趣味、身份认同、文化特征、习性等。另一方面，时尚又是充满不确定性意味的流动循环过程，事实上，作为一种社会形式的复杂功能，既区分又整合的时尚实则是一种复杂的矛盾构成，不仅具有阶级区隔功能，而且具有使社会群体或阶层加强认同和团结的功能。"时尚一方面使既定的社会圈子和其他的圈子相互分离，另一方面，使既定的社会圈

---

❶ ROSE G. The Melancholy Science: An Introduction to the Thought of Theodor W Adorno[M]. London: Macmillan, 1978: 10.

❷ 汤喜燕. 布鲁默与齐美尔的时尚观比较[J]. 装饰, 2012(10): 5-6.

子更加紧密。"❶ 齐美尔认为时尚一方面具有社会区分的功能，成为社会阶级区分的标志，社会高层通过快速地引领时尚的创新性和前沿性来将自己与社会底层加以区分，另一方面时尚作为对特定模式的模仿现象，满足了个体适应社会以期获得社会认同的需求。美国社会学家凡勃伦在《有闲阶级论》中提到，社会生活中，个体为了将自身与他人区分，显示地位和阔气而进行炫耀性休闲（conspicuous leisure），并且伴随着商品经济的发展和消费能力的提升，炫耀性休闲开始呈现大众化的趋势，从而使最初由社会高层所追求的时尚成为社会群体的共享。费斯克认为时尚是社会关系的表演，人在社会活动中追求时装的外观形式是人性使然，通过重视和不断变化时装外观，各个阶级和阶层的人相互仿效以示区别。❷

社会学家格罗瑙认为"时尚的范围和社会影响力不断增大，社会中新的大众趣味产生和消失的速度越来越快。高雅趣味总是被另一个高雅趣味所取代。"❸ 这种流转速度加快的时尚，成为人们不断跨越出社会分层限制的社会流动方式，体现为社会分层的细化与层次流动中的时尚意义表征。批判学派学者对消费社会现代性的发展、观念、价值的流动所引起的商品化与时尚发展导致文化权力过于集中堪忧，时尚传播带来的时尚产业扩大化将文化控制力集中于少数的世界中心城市。而进入社交媒体时代，时尚电商化传播迅速得到普及化发展，这极有可能会带来城市的消融（the dissolution of the city），人们不再需要大城市的存在。地域意义上的划分将不再成为阻隔时尚传播的桎梏。

（四）时尚传播的研究取向

查阅以"时尚传播"（fashion communication）为书名的专著与相关刊物的论文可以发现，国外时尚传播的研究范围较广：涵盖性别与阶层、国家与民族、品牌与消费、视觉传播与视觉文化、社会化媒体与多媒体平台、

---

❶ 齐美尔.时尚心理的社会学研究[M]//金钱、性别、现代生活风格.刘小枫,顾仁明,李猛,译.台北:联经出版事业公司,2001:98-99.
❷ 费斯克.解读大众文化[M].杨全强,译.南京:南京大学出版社,2006:38.
❸ 格罗瑙.趣味社会学[M].向建华,译.南京:南京大学出版社,2002:95-96.

自我意识与阶层区分、身份归属与文化认同等,从时尚传播的生产、流通、到消费和使用的各个环节和层面,均有体现。帕廷顿从性别角度出发❶,哈瑞斯从女性时尚的变革过程论述,帕肯斯则从女性与时尚的关联关系及现代时尚中的性别文化加以论述。❷ 佩格从服装文化的角度切入,认为服饰对时尚传播起着塑造与推进作用。❸ 艾伦(Aindow)对19世纪英国的服饰文化与社会认同之间的关系加以分析、夏洛特对维多利亚时期珠宝的盛行与阶层的区隔关系加以探究、埃琳娜(Elena)对19世纪时尚和服饰文化的重要作用进行解释,对将时尚作为贬义的、肤浅的争论加以批判,时尚传播不仅仅作为隐喻与象征手法,事实上已成为值得关注的文化现象。❹ 卡塔里娜(Katarina)从符号学角度对美剧"欲望都市"作为当代社会沟通方式的时尚要素,尤其是在电视媒体中所扮演的推进作用进行分析,展示了时尚如何有助于整体性别角色观念发展,以及如何延续基于性别和文化的刻板印象作用。卡琳(Karin)从消费学视角研究时尚传播,揭示了时尚广告背后的不同动机,认为时尚传播需要更强的消费者导向,这对时尚的理解和沟通尤为重要。艾瑞克将时尚传播视作涵盖时装表演和时装秀场,以及以广告或视频或照片的形式发布在网络、电视、报纸、博客以及其他社交媒体中的视觉表达方式,而且包括作为传达个性或生活方式的意象符号,作为品牌与设计的重要构成部分,因此时尚传播具有使身份区隔可视化的重要功能。克里斯蒂娜将杰奎琳·肯尼迪的时尚展示作为传播与沟通的重要方式进行论述,不仅体现了美学的愉悦性,美学欣赏中更结合了社会地位与政治权力的力量。

学者王梅芳揭示了时尚传播由日常生活领域逐渐渗透进非日常生活领域中的转向,进入公共空间的时尚传播对政治、经济、文化、艺术等多元

---

❶ PARTINGTOR A. Popular Fashion and Working-Class Afflence[M]//ASH J,WILSON E A. Fashion Reader. London:Pandora,1992.

❷ PARKINS W. Introduction:Dressing Citizens[M]//In Fashion the Body Politic. Oxford:Berg Publishers,2002:1-17.

❸ PHELAN P. Unmarked:The Politics of Performance[M]. London:Routledge,1993:82.

❹ ELENA A. Postmodern Identity:Image, Fashion and New Technologies[J]. Journal of Media Research,2012(12):3-14.

价值的呈现作用日渐显著。❶ 学者张昆将时尚传播在中国的传播情境与传统文化结合,认为中国的时尚传播得益于传统文化的传承性,没有传统文化对特定群体形成的共识,时尚传播便会失去受众基础。❷ 黄小嫚认为时尚传播不能忽视由政治、经济、文化、制度等内容构成的"社会情境",除了受众的模仿和追求之外,社会情境成为影响时尚传播的重要变量。学者还分别从时尚传播的特征与模式、时尚传播在日常生活中的演变、时尚传播的内在逻辑与社会动因等不同维度加以探究。具体细分,时尚传播的研究多集中于以下几个维度。

1. 时尚传播中媒介的能动作用分析

在研究媒介对时尚传播所起的作用时,我国学者多从两个角度进行。首先,对作为时尚传播载体与平台的媒介研究:赵云泽对时尚传播媒介之一的中国时尚杂志的历史发展脉络加以梳理,认为中国时尚杂志在西学东渐的浪潮裹挟中,并未形成独特的传播理念与模式,相反却成为消费主义的附庸。❸ 张玲对"互联网+"时代时尚电视媒体发展,提出了基于"电网互动"与门户网站建设的转型途径。❹ 邓蕾对时尚传播的传播媒体载体加以研究,将其置于消费主义与消费社会视域中,选取网络媒体时尚频道作为研究对象,对其传播过程与传播转型加以分析。❺ 苏状、陈中雨从网络时尚传播的内容、传播的渠道、传播效果和传播速度四个方面进行分析,论述时尚传播的媒介功能,在时尚传播的现代公众集体的慢渗式流动中,大众

---

❶ 王梅芳,程沛.时尚传播的日常生活演变及未来[J].当代传播,2015(4):67-69.

❷ 张昆,陈雅莉.时尚传播与社会发展:问题与反思[M]//王梅芳.时尚传播与社会发展.上海:上海人民出版社,2015:32-37.

❸ 赵云泽.时尚传播与女性政治——中国时尚杂志历史发展的一点启示[J].国际新闻界,2008(10):46-49.

❹ 张玲."互联网+"时代我国时尚电视媒体的转型创新探索[J].现代传播(中国传媒大学学报),2016,38(7):93-97.

❺ 邓蕾.消费主义视野下网络媒体时尚频道研究——以新浪网时尚频道为例[D].重庆:四川外国语大学,2015.

媒介成为促进公众之间以及公众与精英品味互动生成的重要桥梁。❶ 而以微博、微信、微视频为主的微媒体成为时尚传播的主要阵地，随着时尚传播的品质提升与产业化发展，微时尚传播的整合作用应从资源整合与差异需求层面加强。❷

其次，对时尚传播主体自身的研究：赵春华对时尚传播加以广义和狭义的定义界定，并将时尚传播视作视觉传播的主要构成，从视觉影响、视觉构成以及受众视觉认知几个角度出发对平面媒体、电视、新媒体与移动媒体对时尚传播的促进与推动作用加以论述，大众媒体与人际传播结合，推动时尚传播向纵深发展。但在她的研究中，时尚被细化为"以时装、配饰等为主的与生活有关的时尚产品。"❸ 邬晶晶则选取个人微信公众号作为研究对象，对微信公众号成为时尚传播新模式的现象加以剖析，认为借助新的传播载体，时尚传播更加便捷、广泛、互动、平等，突破了不同阶层、不同群体之间的界限。❹ 宁晓从符号学标出性理论入手，推演了时尚生成的不同过程，从而得出时尚标新立异的归因。赵高辉认为时尚传播经历了工业社会的审美表达阶段与工业社会的集体选择阶段和当下的体制建构阶段，受到经济、社会和文化发展变化影响的时尚传播，其内在逻辑由追求美到追求地位，从追求实用到追求意义，从主观文化成为无意识参与的客观文化。而时尚传播是关于媒介、时尚信息、受众三者交叉学科的研究，其研究问题在三者相互作用与变化的社会情境中变化：时尚传播的组织研究、媒介与效果研究、社会情境与人际关系研究及其历史研究。❺

2. 时尚与传播二者间的关系

《新闻传播学大辞典》中对传播的定义界定为：人类信息的一种社会性

---

❶ 苏状,陈中雨.试论时尚传播中的媒介功能——以新媒介技术下的网络时尚传播为例[J].新闻爱好者,2014(6):36-41.
❷ 王宇.新媒体时代的微时尚传播[J].现代传播,2014(7):160-161.
❸ 赵春华.时尚传播—媒介的力量[M].北京:中国纺织出版社,2014.
❹ 邬晶晶.个人微信公众号的时尚传播模式[J].当代传播,2014(6):76-77.
❺ 马庆.时尚传播研究什么?——兼论时尚传播研究的五个方向[J].现代传播,2015(3):39-42.

流动与连接
时尚传播的文化场域形塑与建构

行为,是人与人之间、人与其所属的群体、组织和社会之间,通过有意义的符号所进行的信息传递、接受与反馈的行为的总称。就时尚而言,时尚理念、时尚指标和时尚行为及其效果的认同,对时尚行为及其物化的时尚产品的推广、展示、提倡,对非时尚、反时尚行为的否定与反对,时髦先锋族和时尚引领者所鼓动、创新的新时尚的呐喊和成长,每个环节都离不开传播,因此,传播是时尚产生、演变、发展中不可或缺的重要元素和必要环节。学者陆地将时尚与传播间的关系界定为更多元的交互:时尚需要传播,传播需要时尚,时尚是传播的对象,也是传播的载体。有研究者将时尚看作传播的过程和结果,将传播看作对时尚的追逐与创造,传播内容与传播媒介都成为时尚的重要部分。

3. 时尚传播与社会发展

对时尚传播在社会发展中的作用,应该以辩证的态度来看待:其一,作为身份符号的时尚之于社会结构,既容易造成社会区隔,又有助于促进个人身份的社会整合;其二,作为商品化符号的时尚之于生活方式,在催生消费主义和景观社会的同时,客观上刺激了物质创新和生活改善;其三,作为象征性文化权力的时尚之于文化话语权,既容易造成话语权集中于少数国际化都市,又为其他国家和城市提供了被赋权的可能;其四,作为都市化符号的时尚之于都市文化,在带来了城市景观同质性的同时,又是都市文化的特殊体验的重要构成。与媒体的合力作用下,时尚传播不仅实现着社会群体的认同,而且形塑着社会新群体。事实上,时尚传播研究视域,对社会某一群体或阶层、社群或迷群的研究方兴正艾。郭珊分析了由时尚、传媒与社会文化共同作用下构建出来的新人群"都市型男"的建构过程,对都市型男背后的符号意义和文化构成要素加以解读。❶ 布鲁克斯则观察到高学历的群体,受到布尔乔亚世俗成功意义的影响,同时又受到个性、独行的波希米亚精神追求的影响,逐步走出物质消费层面意义,转而追求品质与设计的精神意义,从而成为代表着消费与文化趋势的社会新阶层。❷

---

❶ 郭珊.都市型男:时尚传播中媒体对新人群的构建[J].新闻大学,2005(2):86-91.
❷ 布鲁克斯.布波族.一个社会新阶层的崛起[M].徐子超,译.北京:中国对外翻译出版社,2002.

显然，前人的研究将时尚传播视作独立的研究对象，多将其视作组织化、结构化的传播机构与传播形态，或将其视作社会结构性要素，以此为研究视角切入，对时尚传播作为结构要素所发挥的社会功能、作为媒介形态所发挥的媒介功能和作为主观能动性的作用发挥加以研究。但将时尚传播视为结构因素组成部分，对其身处的社会情境中，个人与群体、组织与社会、经济与文化间相互建构与影响关系的研究寥寥无几。

（五）时尚文化的研究维度

文化研究中，对人类生活或权力的研究并不只基于单一层面、单个轴心或一种解释框架。格罗斯伯格于时尚文化的研究中，呈现出多角度、多学科交叉的研究视野。❶ 法兰克福学派的阿多诺面对时尚文化这一欧洲普遍存在的文化现象，认为时尚文化的产生和发展源于商品中滋生出来的代用品及其不断产生的"次级"使用价值的进一步膨胀。显然，阿多诺最早揭示了时尚文化与媒体、广告宣传及日常生活中城市景观之间的密切关系，也最早揭示了流行文化的幻影崇拜本质。鲍德里亚在《物体系》中提出了时尚的文化生产论，主张打破生产与消费之间的边界，同时强调时尚商品符号价值的重要性，主张重视时尚商品符号价值的生产过程。鲍德里亚从符号学的话语体系中解读时尚文化，商品必须首先成为符号才能成为消费对象，因此时尚文化本质上是一种符号论体系，并表现为大量消费性商品的交换和更替。在符号意义的生产和再生产过程中，作为物品生产者与消费者之间中介因素的广告商的广告运作策略发挥了重要作用。弗雷德里克·詹姆逊对时尚文化的资本逻辑加以剖析，认为文化是消费社会自身的要素，没有哪一个社会像它这样被符号和信息填满。在消费资本主义中符号的无所不在意味着真实的优先性发生了颠倒，一切都以文化为中介。

对时尚文化的由来，日本学者川村由仁夜认为时尚文化是维系时尚信仰的体制，"在时尚体制中，每个个体（时尚界的人，包括设计师）都参与了体制的运作，他们有共同的时尚信仰，不但集体创造时尚理念，也打造

---

❶ GROSSBERG L. Cultural Studies in the Future Tense[M]. Durham, DC: Duck University Press, 2010: 26.

出借由持续时尚生产而存在的时尚文化。"❶ 由此可以看出，时尚是一种非理性的信仰，是生产"时尚"标签的体制。其中信仰是基于情感意愿的非符号要素，而体制则是赋予时尚抽象标签的符号，在此过程中，符号与非符号需要互相联结。

从时尚文化的生成来看，在时尚文化普及的现代社会，对时尚文化的追求成为个体获得归属感的一种方式：个体的行动符合时尚法则，则被视为 in，否则被认为是时间部落（a time of tribes）的 out-man。❷ 从时间坐标看，时尚文化具有明显的时代特征和历史方位，社会成员可以通过平衡时尚文化与传统文化之间的差异，实现个体在时代发展中的坐标感，实现个体对自身时间身份的认同。

保罗·福塞尔在《格调：社会等级与生活品味》中强调了品味和格调在社会阶层中的重要性，能让人超越于阶层混乱造成的压抑和焦虑。在深入观察和了解的基础上，他将社会阶层按照差异化于衣着、住宅、消费选择的品味与格调重新界定为九大阶层，分别为"看不见的顶层""上层""中上层""中产阶级""上层贫民""中层贫民""下层贫民""赤贫阶层""看不见的底层"。每一层的人都有属于自己生活的一套"格调"。当然，这里的格调包括财富、风范、品味和认知水平等方面，并由人的容貌、衣着、职业、住房、餐桌举止、休闲方式、谈吐等体现出来。❸ 显而易见，格调与品味便是时尚文化的构成要素，通过对不同阶层的消费特征与消费选择、外貌衣着与休闲方式等进行阐述，呈现出基于品味与格调的时尚文化及其折射出的社会阶层区隔。

社会学家孙本文认为文化的社会环境包括一切人所造的或利用的事物，无论其为有形具体的实物（如工具武器之类），或无形抽象的行为规则（如制度风俗之类），都是外界的客观存在而为社会所公认的。个人身处其中，

---

❶ 川村由仁夜.时尚学[M].陈逸如,译.台北:立绪文化事业有限公司,2009:77.

❷ MAFFESOLI M. The Time of Tribes: The Decline of Individualism in Mass Society [M]. London: Sage, 1995: 89.

❸ 保罗·福塞尔.格调:社会等级与生活品味[M].乐涛,石涛,译.北京:中国社会科学出版社,1998.

无时无地不受文化的影响。❶ 在文化的社会环境里，值得特别注意的是风俗、时尚、道德、法律、宗教等因素的作用。具体到国内学者的时尚文化研究中，学者周宪将时尚作为视觉传播转向中的视觉符号之一，将时尚界定为一种文化现象：首先，时尚是一种视觉消费现象，时尚的炫耀性决定了时尚的可视性；其次，时尚作为具有现代性意义的现代社会现象，承担着社会区分与整合功能，时尚具有社会分层细化与层次流动性；再次，时尚本身带有循环性，这些特征都通过时尚符号的表意实践实现。❷ 赵高辉通过对齐美尔社会文化"我们文化生活的所有直观内容都分解为各种风格，这瓦解了主体与客体尚未分离、和谐相处的时候文化内容与风格之间的原初关系，从而使我们面对一个由许多表达可能性构成的世界的解读，揭示时尚文化的事实所在：时尚主体与时尚本体不断分离，时尚文化本身成为可以自我发展的客观物，不再依赖于个体意志。作为文化的时尚，生产着时尚经验的个体，由时尚传媒、时尚产品制造者，以及各种构成时尚消费的中介服务提供者建构了一个生产"客观时尚文化"的文化体系。贺雪飞从文化角度研究时尚文化，将其视作大众文化的表征、社会文化的类型之一，体现着社会文化的诸多特征，又以其个性内涵丰富着社会文化。❸ 在多种因素合力作用下，时尚文化逐渐呈现出国际化、消费化、大众化与速变性的特征。刘清平从美学视角切入，对时尚文化的美学意蕴加以审视，阐明装饰类时尚、休闲类时尚、艺术类时尚所具有的既超越功利、又回归功利的美学特征与文化意涵。区别于传统美学的精英研究视域，时尚美学关注大众性的炫美需求、心理诉求、趣味喜好及文化意义。❹ 张辉则着眼于时尚文化的意义与特征，认为时尚文化的显著特征便是强烈商品化和消费化，在大众媒体的推波助澜中受到青少年的追捧。时尚文化的娱乐性、易变性与群体性、商业性特征则通过网络时尚、消费时尚表征，并随着大众媒体

---

❶ 孙本文.社会心理学[M].北京：商务印书馆,1946:284.
❷ 周宪.视觉文化的转向[M].北京：北京大学出版社,2017:205.
❸ 贺雪飞.论时尚文化的成因及其话语特征[J].当代传播,2007(3):21-25.
❹ 刘清平.论时尚文化的审美意蕴[J].学术论坛,2004(3):20-23.

的推进、时尚文化的发展、消费社会的动因,以及外来文化的渗透而逐渐风行。❶ 汪建新、吕小康对时尚消费的文化心理机制生产与成因进行分析,认为时尚消费的过程是在执行两种重要的文化心理功能即认同建构功能:创造、维持和改变自我形象,建立、维持和认同自我认同。❷ 这与格罗瑙论述的"时尚的本质在于制造差别。在形成自己的身份时,现代个体也可以自由地、理性地运用商品的标志语言来与他人作区别"❸。齐美尔认为时尚总成为社会中较高阶层用以表示阶层认同的工具,与成为阶级分野的产物的观点不谋而合。

在归纳这些已有对时尚传播的研究时,我们不难发现,尽管对时尚传播的研究面向已经扩大至各个不同领域与不同学科,时尚传播不仅成为个体追求美、向往认同的途径,而且形成文化体系与文化表征。然而,在媒介工具论和社会功能论的统摄下,人们研究时尚传播时多立于工具论、中介论的立场,将时尚传播视作一种连接时尚与人类交往活动的工具,却未将其视作社会建构过程中具有自主性和能动性的整体系统。这种认知造成了我们对时尚传播主体理解的局限,使我们无法将时尚传播视作社会构成要素主体的本质,进而关联地、动态地、系统地来探究时尚传播及其背后凸显的文化意蕴。那么,对时尚传播进行整体性的理论溯源与未来推进,将其与社会性结构要素之间的作用相关联来加以探究,有助于我们突破已有时尚传播研究的藩篱,而将时尚传播研究扩展至文化结构组成与社会构成要素的社会学想象力视域中。

三、基本思路、研究方法与创新点

(一) 本书的基本研究思路与主要内容

本书的结构逻辑为:以法国社会学皮埃尔·布尔迪厄"场域"理论体

---

❶ 张辉.论时尚文化的三个基本要素[J].沈阳师范大学学报,2007(2):174-176.
❷ 汪建新,吕小康.时尚消费的文化心理机制分析[J].山东大学学报,2005(2).
❸ 格罗瑙.趣味社会学[M].向建华,译.南京:南京大学出版社,2002:37.

系作为搭建理论框架和行文逻辑结构的基础,从时尚传播的象征体系(符号与意义)与时尚传播的实践过程(生产与消费)之间的构成关系出发,试图揭示在社交媒体与技术合力推动作用下,基于身份归属与文化认同、品味区隔与自我实现的主体关系生成,不断重构新的时尚传播文化场域与意义边界。其中,文化权力重塑了时尚传播文化场域的内在机理、文化资本重构了时尚传播文化场域的逻辑表征。这些结构要素在时尚传播文化场域中将个体实践与群体互动、社会能动联系起来,并作为影响时尚传播文化场域建构的重要因素,不断地进行交互,最终实现着时尚传播的文化场域中"驱动—转化—流动"的动态连接模型。

本书通过对媒介变迁中,中外时尚传播的嬗变加以历史考察,发现时尚传播的发展转向,即文化权力的主导作用逐渐兴起。在此基础上,对作为文化场域存在的时尚传播,加以符号意指、文化景观、文化表征三维度的理论阐释。对时尚由区隔求异、共同选择向社会沟通与社会结构构成的理论转向进行梳理和归纳,进而得出时尚传播实践过程中形成的文化场域建构。借由此,文化权力成为时尚传播文化场域的内在机理,文化资本成为其逻辑表征,时尚传播文化场域的惯习因此得以重构,而三者之间的关联与作用推动时尚传播文化场域的建构。在这一过程中,对文化权力、文化资本、文化惯习之间的关系,以及其对时尚传播文化场域的影响加以研究,分析文化场域建构中,时尚传播与文化权力、文化资本、文化惯习等要素之间的交互与主体建构,并试图揭示时尚传播文化场域建构的"驱动—转化—连接"理论模型。时尚传播依此将不同维度的连接关系建构指向为时尚传播文化意义再连接,进而实现时尚传播文化的再流动。

本书的主要内容:

第一章,首先对时尚与传播二者间的勾连关系加以理论阐释,对时尚的认知由阶级划分工具向作为社会结构存在的转向加以呈现,对时尚到时尚传播的理论研究进路加以揭示。在此基础上,梳理了时尚与传播之间的共生关系。接着,以布尔迪厄的"场域"理论体系作为方法论视角,对时尚传播的文化场域建构中场域形成的主要内容、理论源流加以知识社会学的分析,对其理论意义延展与现实演进加以剖析,依此作为看待时尚传播

的学术视域，着重探讨"场域"理论及其相关概念，论证了时尚传播作为文化场域存在的理论根源，最后从符号意指、传播景观、与文化表征三维面向，揭示了社交媒体中作为文化场域存在的时尚传播内涵。

第二章，通过对其他国家和中国时尚传播加以历时性的历史考察，发现古代时尚传播生发，以权力为主，尤其是政治权力为主导的权力场域中，然而随着社会变革和文化变迁，尤其是在技术发展和媒介推动下，其主导地位不断向以文化权力为中心的引导主体转移。

第三章，对社交媒体中时尚传播文化权力场域的意义重塑加以呈现。区别于历史考察中的研究发现，社交媒体中，时尚传播的意义内涵变化在其背后隐匿的文化权力场域中发生着具体的变革，体现于生产权力更迭、传播权力嬗变、阶级权力重组、身体权力再现、性别权力转移几个方面。依此，对社交媒体中时尚传播者、符号生产者、内容解码者的使用动机及其实践活动背后蕴含的文化权力特征与内涵加以剖析。最后，通过意象解构、文化消解、身体展演与寻求认同的归因，对时尚传播文化权力场域的内在机理——文化权力场域的意义加以重塑。

第四章，对时尚传播文化资本场域拓展生成的动因与生成机制加以论述实际上是对作为场域存在的时尚传播场域中文化资本的生成特征的呈现。基于文化资本的运作逻辑，本章对时尚传播文化资本场域受到惯习制约的逻辑表征，即时尚传播文化资本场域的生成机制和内在特征加以呈现，进而揭示了时尚传播消费资本逻辑场域及时尚传播空间资本逻辑场域对文化资本场域的重构。

第五章，对由文化权力与文化资本内涵拓展建构而成的文化场域中，时尚文化与时尚传播再生产的交互关系进行研究。基于扎根理论的"开放性编码—主轴编码—选择编码"的过程分析，从资本驱动、媒介力量、文化资本转化、文化权力生成、传播主体能动性等要素出发，对影响时尚传播文化场域建构模式的能动性因素加以类属化，并从要素间的关联与互动中提炼出理论建构，依此实现时尚传播文化场域运作理论模型建构。

本书最后"结语和反思"，根据前文所提出的时尚传播文化场域建构的影响因素与再生产理论模式，对时尚文化的意义再生产与时尚传播社交资本再连接，这二者之间的交互作用如何开展加以探讨。把在消费社会与媒介合力作用下生发的时尚文化，置于受到文化权力与文化资本、时尚惯习等因素影响与制约的时尚文化场域中，揭示了时尚传播参与性主体与社会结构的相关关系建构过程，以及时尚传播再生产与再实践的循环模式建构过程。试图对时尚传播文化场域中，文化意义再生产与文化意义再流动的发展进路加以理论化呈现。

（二）主要研究方法

本书主要采用深度访谈、网络民族志的质化研究方法，选取社交媒体中的时尚传播作为研究对象，借鉴扎根理论的范畴编码程序建构理论模型，对时尚传播影响要素及其相互作用与交互过程加以呈现。

第一，采用质性研究中深度访谈方法获取资料。综合地域、年龄、职业等因素，选取30名具有代表性的时尚传播从业者、时尚传播媒体使用者、时尚传播参与者进行半结构式访谈，通过访谈获悉社交媒体中关于时尚传播现象、时尚传播的本质和意义等方面的认知，以此来探究时尚传播实践的演变推进。

第二，运用文献梳理与历史考察相结合的方法，对中外时尚传播的历史发展脉络进行梳理，比较分析中外时尚传播实践，探讨时尚传播由政治权力为主导向文化权力为主导的话语转向，为本书核心论点提供了历时性佐证。

第三，运用扎根理论，建构时尚传播文化场域的理论模型，以揭示影响时尚传播文化场域建构的要素及其相互作用。扎根理论（grounded theory）作为一种方法论，于20世纪60年代由格拉泽和施特劳斯在《扎根理论之发现：质性研究的策略》一书中共同提出，其实质是一种区别于量化研究的方法论，基本研究思路：研究者从实际观察入手，不做任何理论假设，从直接观察获取的资料中归纳出概括资料数据，由此建构理论。扎根理论的目标在于产生中层理论，包括在某一特定情境下对某一现象的研究所获得的实质理论，以及在许多不同类型情境下对某一现象的研究所获得的形式理论。据此，本书通过访谈资料、参与式观察和虚拟民族志的记录，从

流动与连接
时尚传播的文化场域形塑与建构

访谈资料中而非预想的逻辑演绎假设中进行原始编码、主轴编码和选择性编码的分析,对时尚传播影响因素及其相互关系进行分析,尝试建构时尚传播文化场域中影响因素之间交互关系的理论模式。

具体而言,首先,将时尚传播现实图景与网络社群作为田野调查的对象,将线上田野调查与虚拟民族志相结合,线上线下深度访谈与体验观察相结合。初步选择具有典型性的个体进行深度访谈,对包括社交媒体中时尚传播实践者与时尚传播媒介使用者在内的30位人士进行40~60分钟的访谈。同时结合线上对虚拟民族志的观察,从消费社会学、媒介社会学、符号学、文化社会学等多角度对时尚传播的符号生成与意义消费进行深入研究。

其次,基于深访所获得的访谈资料,对原始资料进行类属编码、范畴聚合,以及类别甄别、范畴界定,最终从惯习生成、媒介体系、文化权力、文化资本、资本驱动、社交资本几方面因素着手,对影响时尚传播文化场域的建构机制进行分析,并对影响时尚传播文化场域形塑的各要素间交互作用加以呈现,依此建构时尚传播文化场域的理论模型。

(三) 创新点

本书在场域理论体系中,对文化场域建构过程中的时尚传播,进行了全面分析,对时尚传播如何在社交媒体影响下发生内涵与外延的变革,及受此影响如何建构文化场域,进而在文化场域中形塑文化权力与文化资本,并对文化场域中时尚文化权力、时尚文化资本与时尚传播的交互关系建构模式加以探索,力图在如下方面实现创新和突破。

第一,研究视域创新:本书试图将时尚传播置于多学科多领域交叉背景下,将时尚传播的实践审视与消费社会学、文化社会学、符号学、消费心理学等研究视域相结合,对其生产、消费、传播与再生产、再消费、再传播的过程加以剖析,从而为我们研究时尚文化乃至时尚社会学提供新的研究视域。

第二,研究理论创新:本书将布尔迪厄场域理论作为研究架构与研究结构的理论体系,从时尚传播文化场域建构的理论视角界定时尚传播的文化意涵，从实践体现、惯习呈现、逻辑表征维度切入，对文化权力场域的意义内涵加以呈现。在文化场域中，基于多元制约要素建构时尚传播的影响因素作用模式，进而实现时尚传播与文化研究的结合，并依此对布尔迪厄的场域理论体系进行理论观照与回应，期冀以此提出时尚传播场域在人类认知转向、社会交往、关系连结、群体认同及文化建构中所产生的影响与形塑作用。

第三，研究方法创新：本书以质化研究方法为主，采用虚拟民族志、深度访谈和案例研究相结合的方法。将历史资料收集与分析用于时尚传播的历时性分析中，将文化分析的研究路径运用于时尚传播的文化场域建构动力机制与演进逻辑中，将扎根理论作为方法论运用于时尚传播文化场域影响要素及其相互作用研究中。综合的研究视角与恰当的研究方法，呈现时尚传播的文化场域建构机理与逻辑表征。

第一章

作为文化场域的时尚传播

人类文明历史的核心是文化的源源不断的创新。随着我们的社会进入了消费社会的成熟期,并且视觉传播日益兴旺,时尚已经从一个普遍的文化现象,转变为生活方式、符号体系及价值观的标志。它塑造了一系列社会行为过程,从生产到流通,再到消费。时尚不仅推动了人们对世界的理解和态度的快速传播,而且是社会结构的重要组成部分。其实,随着媒体化和科技力量的驱动,时尚已经演变为一种传播结构和形式。在不断进步的社会化和现代化进程中,时尚与传播之间的联系在不断发展变化。

简单地从时尚与社会结构的关系来探讨时尚传播,已经无法满足社交媒体塑造的媒体化社会发展的理论深度和进路变更的需要。因此,我们将在此章节中探讨时尚与传播的动态关联过程和逻辑衍变,并将其置入更为宏大的社会发展与文化传播的总体历史背景中。我们试图通过社会学的视野,揭示时尚作为社会结构方式,在媒体化社会中经历的新变化,形成具有独特场域特性的文化习惯。在社交媒体大发展的现代社会,理解时尚内涵与时尚传播的演化过程,将是我们首先要解决的问题。

第一节　时尚与传播的勾连关系

在探究时尚所发生的基于社会结构演变过程时，对于时尚的认知成为首先需要梳理的脉络，总体来看，人们对时尚的认知，大致经过了以下几个转向：其一，社会功能论视角下，认为时尚成为阶级分层的工具与标准；其二，符号学视角下，认为时尚是具有表意功能的象征性符号与指征；其三，非符号视角下，认为时尚是人们基于意愿而形成的集体追随与选择；其四，现代化意义视角下，认为时尚是基于共同信仰的社会事实，并在时尚与社会关系维度中看待时尚，将其定位为一种人类社会特定存在的现象，以及一种符号化的文化习俗。事实上，不论是作为名词化的主观实体存在，还是作为形容词指称意义的存在，在媒介化社会中，时尚同时扮演传播主体和传播客体两个角色，二者构成统一系统。我们不能停留于时尚功能的单一思维层面，而应当以独立于社会结构中的直观对象，即成为体系的时尚，围绕着时尚与传播、时尚与社会结构的关系，探究时尚形态的演变与内涵的变革，这将成为理解时尚与传播之间勾连关系的首要前提。

一、时尚形态的演变概述

历史唯物主义认为，社会变化是由社会的思想矛盾、生活的物质条件和劳动的组织方式引起的，对所有制、生产及其产品的控制是资本主义社会的主要矛盾，它创造了独特的群体，即资产阶级与无产阶级。某种程度上，劳动的行为改变着农业社会以来根深蒂固的社会结构和人的价值观，人们通过劳动与物质世界进行沟通，并通过阶级互动重塑着意识形态，同时，通过物质生产和交往活动，推动着社会的发展，尤其是处于第三次工业革命时期的今天，网络化、信息化和去界化将人们置身于大变革的社会中。正如黑格尔所预言的："社会在形成和发展思想的过程中，经历着不同的阶段，从一种社会类型到另一种社会类型的任何变化都不是逐渐发生的，而是通过断裂和对立来实现的。"❶ 这种断裂和对立根植于人们对世界的理解中，时尚的发展亦包括其中，时尚演变揭示了社会文化和思想的断裂与不断变化，正如瓦莱丽·斯蒂尔所认为的，时尚"具有它自己的一种内在动力，在宽泛的文化语境中，这种内在的动力受到社会变化的影响。"❷ 总体而言，伴随着社会变革，时尚发展形态经历了几次重大转变：第一次是在工业社会，时尚消费与维系着社会基本运转、推动社会发展的生产逐渐分离，成为阶级划分的显著工具。第二次是在消费社会，在资本的组织与运作下，时尚与生活场景相结合，内化为日常生活中的方方面面，成为意义消费与符号消费的重要内容。第三次则是在媒介化社会，时尚不仅是信息传播与符号消费的内容与载体，更成为信息传播与文化建构的重要组成部分，个体的活动与时尚价值息息相关，更是成为主导时尚信息的产销者。

在工业社会，生产与消费之间的界限清晰可见，占据绝对地位的生产引导着消费的风向，时尚是皇室、贵族、上层阶级的专属。拥有时尚商品、休闲方式和时尚生活体验成为供人们获取社会地位、身份认同与维持等级的符号象征。上层阶级对生活方式、着装、配饰、闲暇时间的聚会、运动方式等行为加以特殊化和形式化呈现，与其他阶层进行区分。中世纪和文艺复兴时期的宫廷社会具有显著影响力，正如埃利亚斯所指出的："宫廷中的人，为了确保举足轻重的地位，避免名誉扫地，就必须按照宫廷中的衡量标准，来约束他的举止和言行。他必须穿一定质料的衣服，一定款式的鞋子，他的举手投足都必须符合宫廷社会人士的身份，甚至他的笑容都必须按照宫廷的礼节来绽放。"❸ 而新兴社会阶层的出现与城市的地域结构扩张使"14世纪以降，无论在欧洲的王室还是在市井生活中，都出现了标榜

---

❶ 黑格尔. 法哲学原理[M]. 范扬，张企泰，译. 北京：商务印书馆，1961.
❷ STEELE V. Fashion and Eroticism: Ideals of Feminine Beauty from the Victorian Age to the Jazz Age[M]. Oxford: Oxford University Press, 1985: 5.
❸ 恩特韦斯特尔. 时髦的身体：时尚、衣着和现代社会理论[M]. 郜元宝，译. 桂林：广西师范大学出版社，2005: 106.

时尚的不可阻挡的运动。"❶ 封建制度的式微与世界范围内的贸易兴起，更是激发了时尚的广泛流行，城邦结构的社会发展使时尚的传播成为可能，推动着时尚以宫廷为发源中心向社会新阶层推进的传播变革。

进入消费社会，消费取代生产，日常生活中少有不被消费过程与实践影响或者与之无关的区块❷，借由消费社会的推进而成为一种生活方式的时尚，逐渐成为与日常活动相结合的消费实践。在两次世界大战期间，美国便已出现消费社会中时尚与日常生活实践相结合的迹象：广告和电影中的时尚元素，时尚服装和化妆品的规模生产，交相传阅的大众小报、杂志和拥有无数观众的体育运动，使众多的新品味、新秉性、新体验和新思想广泛传播开来。❸ 消费社会中，资本通过大众媒介的传播，将基于消费主义的符号价值进行符号意义赋予的转化，打破了生产与消费的二维运作机制，对符号的消费塑造了以消费者为支配主体的消费引导生产模式。正如巴特认为的，消费社会中隐藏的规定和法则，由当权者即拥有资本权力的阶级将其意义转化为面向大众的普遍意义，并成为整个社会的共同意义。时尚传播正是通过对媒介和技术力量的把控，对符号价值的"能指"进行意义扩大、内涵深化，并加以延展，使其背负着"所指"的衍生意义，这种"被消费"与"被赋予"的时尚传播实践活跃于消费社会之中，渗入日常生活的方方面面，勾勒出消费社会的意义。与此同时，消费社会改变了时尚传播的性质，在持续化的快速城市化进程，以及伴随财富重新分配而来的阶级重组中，时尚传播在消费主义的意义赋予中，激发了大众借助时尚庇护与时尚魅力凸显个体在现代社会中的新的自我意识，并成为保护个体身份特征的有力屏障。

进入信息社会，人们不再处于纯粹的、分离的商品生产或使用过程中，消费的意义也不局限于对身份和地位的阶层区隔，对时尚的消费、使用与

---

❶ STEELE V. Paris Fashion: A Cultural History [M]. Oxford: Oxford University Press, 1988:19.

❷ EDWARDS T. Contradictions of Consumption: Concepts, Practices, and Politics in Consumer Society [M]. Philadelphia, PA: Open University Press, 2000:5.

❸ 费瑟斯通. 消费文化与后现代主义 [M] // 消费文化与全球失序. 刘精明，译. 南京：译林出版社，2000.

流动与连接
时尚传播的文化场域形塑与建构

传播成为日常生活的组成部分,在此过程中,涌现出大批作为关键意见消费者 KOC (key opinion consumer) 和引领时尚的关键意见领袖 KOL (key opinion leader),其不再局限于掌握有经济权力和政治权力的话语领导者,更增添了文化权力的权重,时尚背后不仅包含经济权力的赋权,更被赋予文化价值的意义。这首先得益于社交媒体与技术发展给社会带来的巨大变革,早在 1980 年,阿尔温·托夫勒的著作《第三次浪潮》中就探讨了人类未来生产与消费的新形式,提出了"产消合一者"(prosumer)的概念;2006 年托夫勒又在其著作《财富的革命》一书中突出了"产消合一"一词,意在强调生产和消费同时进行,甚至将消费的重要性等同于生产,认为生产即消费。与此同时,伴随着现代性的推进,个体从传统社会体制与阶级关系中逐渐"去传统化",社会地位与阶级隶属、性别差异与社会束缚等范畴对个体的影响日益弱化,个体深入地寻求和期望着主观个体化的自我解放意义实现。具象于对时尚的消费与传播中,生产与消费的界限消弭,社交媒体的万物互联使得个体均积极充当时尚实践的制作者、传播者和消费者,并通过参与建构时尚的意义生产与表征解读,进行自我展现与文化价值追求,时尚因此成为建构媒介信息传播与社会文化生成的重要内容。消费社会人们生产符号、消费符号,并通过生产和消费符号来彰显自我,媒介化社会中,人们更多的是参与符号多元意义的形成,解读符号的多维功能,转化符号的文化价值,并赋予符号更丰富的文化意涵,使之成为个体日常生活实践中不可或缺的部分。

二、时尚内涵的文化学转向

自从时尚进入社会学家的研究视野,对时尚内涵的探究与理解可谓纷繁各异。究其词源意义,Fashion 一词源于拉丁语 facere,字面意思为"制作"❶,用来表示各种各样的价值观,包含了诸如一致性和社会联系、反叛和古怪、社会愿望和地位、诱惑和欺骗这些差异巨大的概念。从术语解释

---

❶ BARNARD M. Fashion as Communication[M]. London:Routledge,2002:29.

层面出发，时尚是一种在当下广为流行的风格（style），或是一系列广为受众所接受的趋势（trend）。费斯克指出，风格是文化认同与社会定位得以协商表达的方法手段。❶ 而趋势则意味着不断变化革新的风向。《牛津大学英语词典》将时尚定义为："当今流行的风俗习惯、当下的使用方法；特指一个具体地点或时期的某个特征，或是时下社会所采用的着装方式、礼仪、家具和说话方式。"❷ 尽管时尚的概念被社会学家视为描述当代西方资本主义的夸张说法，但其广泛的意涵范围可适用于概括集体和个人认同与分化的行为。现代工业的时尚是人类通过服饰表达崇拜与建立归属关系的途径，社会学家对时尚的认知开始转变，不仅将时尚视为特殊人群的特权，还将其视为富有创造性社交活动的表现场。然而，时尚绝非一个简单的术语所能描述的，时尚是社会形成与发展过程中的物质实践与文化惯习，是与人类心理、社会结构、文化传播及经济发展密切相关的复杂现象。

（一）反映社会现象和群体认知的时尚意义

定义时尚的内涵意味着我们不得不面对其长期存在的极具争议性的二元性，如时尚的引擎是模仿和创新双重目标的实现，追求时尚的目的是渴望融入与脱颖而出，时尚是追随指引与异于他人的矛盾体。早期的时尚界定，多与服饰相关。服饰的选择展示了个体风格，同时，也有助于展示公共形象，以适应他人的期待与所处的社会情形。19世纪至20世纪初的贵族和上流社会人士的装扮配饰、餐饮习惯、休闲娱乐、出行兴趣皆与众不同，目的是通过引领时尚而成为凡勃伦在《有闲阶级论》中提出的"炫耀性消费者"，在这种认知实践中，时尚是建构社会身份和地位的标记。上层阶级通过占有和展示表明身份的生活方式、休闲方式、奢华的装饰，以此与其他阶级区分，下层阶级则通过追随和模仿对时尚加以传播。因此，一方面时尚追随者通过普遍化和统一性来获得群体归属感，另一方面时尚的人又与非时尚、反时尚的人区分开来，进而凸显个性和与众不同的一面。显然，

---

❶ 约翰·费斯克.理解大众文化[M].王晓珏,宋伟杰,译.北京:中央编译出版社,2001:14.

❷ 牛津大学英语词典[M].上海:上海译文出版社,2005.

反映社会现象和群体心理的时尚，其要旨在于被展示、被看见和被模仿。除了对时尚的认知以外，二元对立性存在于对时尚的消费过程中，这种对立作用于时尚各元素之间、时尚产业与消费者之间，使模糊不清的风格与广泛的追随被时尚化，进而被大众所接受。❶ 这个对立过程具有认知上的挑战，反映于时尚是任意的、变换的、循环的，同时循环往复的时尚要求个体对消费的物品、时装、餐饮、休闲方式紧跟潮流并进行再循环。❷ 显然，对时尚的获得与消费皆具有情感唤起的作用，人们通过对时尚所具有的社会区分性产生的心理认同，来对时尚的象征意义做出积极或消极的反应。❸ 一方面在心理上减轻长期以来受到宗教信仰压抑的审美伦理和消费责任感，另一方面在心理上逐渐形成自我意识和主体认知。

（二）体现流行文化的时尚

时尚是一种流动的、变化的社会现象，是特定社会群体或阶层加强认同与加以区隔的文化意义上的产物，被一定数量的社会公众所追随和接纳的时尚通常以流动的流行形式出现，因此定义时尚内涵需要在流行文化领域内运作。与美术、古典音乐、文学作品等高雅文化不同，流行文化琐碎而短暂，每一种流行文化在形成或传播之初往往容易招致大众的怀疑。基于同样的原因，早期的学者们很难严肃地对待时尚，"时尚的改变从来不是固定模式，但是丑陋的事物有时也会流行"。❹ 显然，时尚作为实践的社会文化现象，从不固定意义，却保持意义的机制机能；时尚没有内容，却成为人类赋予自己的权力；时尚是落空了的意义，却呈现出一般表意行为的

---

❶ KAISER SUSAN B, HUNN K. Fashioning Innocence and Anxiety: Clothing, Gender, and Symbolic Childhood[M]//In Symbolic Childhood, ed. Daniel Thomas Cook. New York: Peter Lang, 2002: 183-208.

❷ 鲍德里亚. 消费社会[M]. 刘成富, 全志钢, 译. 南京: 南京大学出版社, 2006: 101.

❸ BRANNON E L. Affect and cognition in appearance management[C]//A review In S. LENON J, BURNS L D. Social science aspects of dress: New directions. Monument CO: International Textile and Apparel Association, 1993: 82-92.

❹ LAVER J. Taste and fashion[M]. New York: Harrap, 1937: 21.

第一章 作为文化场域的时尚传播

范例形式，成为真正的符号。❶ 那么，如此看待时尚是否意味着时尚作为一种文化形象是无意义的？这仅仅是时尚作为文化的象征意义，还是时尚作为文化终结的解释？现代社会中，大多数人把时间、金钱、兴趣花费在流行文化上，花费在无表意的时尚消费上，这个悖论已经引起了学界的关注。一些人类学家、心理学家和社会学家都试图将作为文化的时尚理论化与机制化。"时尚提供了一种个人性的引人注目"❷，因而时尚在生产、流通、消费的过程中，一直被视作大众实体注目与实在感受的流行文化，被看见、被追随、被模仿、被消费。

（三）展示变化的时尚

如果说，时尚就是流行的形式，那我们也必须把重心放在我们使用这个术语时经常联想到的"变化"的意义上。❸ 兴盛于19世纪工业化进程发展的时尚，在消费社会中其变化速度、传播范围与影响均远超于其他传统社会。伴随着充满动态性与流动性的社会变迁和媒体变革，时尚内涵区别于固定不变的用于区分社会地位与阶层分化的工具，处于日新月异的动态发展中。时尚不仅体现在外观可见的服饰、装饰等表象，还体现在广泛的汽车和建筑设计、烹饪流行、技术发展上，时尚是不断为变化而流行循环的。"时尚的范围和社会影响力逐渐增加，新的大众趣味产生和消失的速度越来越快，高雅趣味总是被另一种新的高雅趣味所取代，因此一个不断个性化和审美化的现代社会逐渐形成基于流转速度越来越快的时尚新潮，而时尚流转越快，它就越具有活力和魅力。"❹ 由此可见，时尚自身的内涵便具有流动性和变化性，与此同时，置身于商品和消费的全球化流动进程中的时尚传播超出了自体流动性的意义，超越了地域和国别的界限，成为主体流动性的全球化现象。在当今急速发展变革的社会中，变化已成为常态，

---

❶ MARK P. The Mode of Information: Post—structualism and Social Context[M]. Chicago: University of Chicago Press, 1990: 59.
❷ 齐美尔. 时尚的哲学[M]. 费勇, 译. 北京: 文化艺术出版社, 2001: 92-93.
❸ DAVIS F. Fashion, Culture and Identity[M]. Chicago: Chicago University Press, 1992: 14.
❹ 格罗瑙. 趣味社会学[M]. 向建华, 译. 南京: 南京大学出版社, 2002: 95.

因此，从时尚存在的特定社会情境与文化语境来看，变化已然成为时尚的必要特征。无论是衣食住行，还是闲暇娱乐，变化的时尚成为布尔迪厄所说的"感知方式"，时尚的变化并非自发的、无意识的、规律的行为过程，而是受到情境赋予与文化作用的影响，是充满变化的、动态的机能。正如威尔逊所说："时尚的关键特征，在于作为衣着系统时时能得以迅速而持续地变化，这种意义上来看，时尚就是变化。"❶

（四）揭示意义转移的时尚

正如德国哲学家恩斯特·卡西尔直接指出的那般：人与其说是"理性的动物"，不如说是"符号的动物"。❷ 人们对外在世界的探索通常是通过所创造的符号来进行的。被作为主体的人所创造而成的时尚，实质上是一种文化符号，承担着表意功能及其意义构成。时尚话语是由符号构成的，符号的物质表象和符号的意义是辩证统一的，意义在符号之中，符号之外无意义。❸ 而意义生发于文化环境中，从文化的历史形态变迁来看，从古典文化到当代文化，从现代文化到后现代文化，文化环境经历着从整合向分化的转变，时尚以其多种形式在不断变化的文化环境中进行持续的意义转移，正如齐美尔在20世纪初所言："时尚的本质要求它只能由特定群体的一部分人在某一时刻进行，并不断发生着变化，绝大多数人只是在采用它和追随变化的道路上。"❹ 显然，时尚的生产与消费对象并非作为实体存在的物品与价值，而是不断被赋予的意义和意义转移的符号。时尚设计师、时尚媒体从业者、品牌营销者等时尚传播实践者生成意义并传播给消费者，消费者以商品的形式从中获取意义，并以此构建自己的个人世界。❺ 其中，时尚实践者作为意义的生成主体，时尚内容作为意义的载体，消费者及其解读活动则成为意义的发现和阐释。那么，时尚的话语构成首先便是符号的

---

❶ WILSON E. Adorned in Dreams:Fashion and Modernity[M]. London:Virago,1985:3.
❷ 卡西尔.符号形式的哲学[M].李彬彬,译.北京:中国人民大学出版社,2022.
❸ 周宪.文化表征与文化研究[M].上海:上海人民出版社,2015:103.
❹ SIMMEL G. Fashion[J]. International Quarterly,1904(10):130.
❺ MCCRAKEN G. Meaning manufacture and movement in the world of good[M]//Culture and Consumption. Bloomington:Indiana University Press,1988:69-89.

能指和所指关系，而意义便成为时尚的指涉物，这便形成了作为独立结构存在的时尚与社会系统之间的复杂关系。在这种关系中，"能指—所指—指涉物"的不同联系构成了时尚的不同形态和特征，同时也在"时尚实践—时尚符号—意义"的动态过程中形成了时尚与外部世界的联系。

（五）呈现经济刺激的时尚

时尚不仅是一个抽象概念，还作为经济实体存在于社会体系中，被消费与被生产的时尚，其产业化的大规模生产组成了时尚产业内部与外部之间的协调。对于时尚能够加速经济刺激的能动性，《纽约客》上的一篇文章阐释了其原因："如果不能指望衣服穿得足够快，就必须找到能更快穿坏的衣服，这就是我们所说的时尚。"❶ 由此可以判断，如果只注重日常生活中时尚物品的实用性和可用性，穿到坏的衣服和穿不喜欢的衣服之间的隔阂便会越来越明显，而对新服饰和新外观所带来的愉悦感和新奇感，也会因此消失。那么，时尚作为经济实体的存在，其生产、运输与消费的链条便会失衡。

伴随着居民可支配收入和社会消费品零售总额的日益增长，时尚产业的总体规模逐渐扩大，时尚不仅是社会分层的标准，而且成为刺激经济的重要因素。首先，时尚消费行为的升级体现于居民消费结构中，时尚产业的消费比重和层次不断上升，对时尚产品的消费由量的积累转向质的提升，由以生存需求为主的衣食住行类消费转向追求休闲享乐型时尚消费。据统计，中国 2023 年社会消费品零售总额达到 47.1 万亿元，比上年增长 7.2%，最终消费支出拉动经济增长 4.3%，对经济增长的贡献率是 82.5%。❷ 其次，消费升级催生时尚消费的变革与时尚业态的革新，时尚产品消费的主体不断扩大，尤其是拥有新时尚消费观念的年轻一代，他们对时尚的追求建立在求新和求变基础上，这为时尚的经济发展引擎提供了动力。最后，时尚产业的发展促进传统产业的融合转型，进而推动产业结构整体优化和时尚

---

❶ GOPNIK A. What it all means[J]. The New Yorker,1994(15-16).
❷ 2023 年我国社会消费品零售总额超 47 万亿元[EB/OL].（2024-1-18）[2024-3-15］. https://www.gov.cn/lianbo/bumen/202401/content_6926700.htm.

消费结构的调整，这对经济结构的转型起着重要作用。在时尚消费升级的过程中，时尚产业的发展激发了潜在消费的生成，时尚产业发展对消费行为产生着正向反馈机制❶，并通过时尚理念的注入、时尚创新的实践与时尚生态的形成而激活消费，促进现实消费，刺激经济。

（六）体现性别文化的时尚

威尔逊曾说："时尚与性别紧密相连，它一次又一次划定着性别的界限。"❷ 就时尚而言，男性和女性并没有在同一领域内竞争，从 19 世纪早期开始，男性的服饰呈现出极大的统一性，且缺乏装饰性。男性拒绝服装的社会特性，更注重服饰的裁剪、比例和设计。女性的社会地位与男性相比较弱，她们把时尚作为一个她们可以使自己个体突出（individual prominence）和个性凸显（personal conspicuousness）的场域。20 世纪 30 年代，时尚研究者逐渐注意到社会等级制度的瓦解和女性日益社会化的现象❸，这些社会学家开始质疑，随着女性生活方式和经济地位的改变，她们是否会像男性一样，导致时尚竞争的减少。从反映社会结构方式的性别角度来看待时尚，长期以来，人们就对性别有着约定俗成的认知：男人就应该穿的看上去像男人，女人应该穿的看上去像女人，男人的时尚体现于男性的男子气概，而女人的时尚则通过女人味来体现。

时尚潜移默化地赋予了性别界限，并赋予性别以文化含义，作为文化的一个方面，时尚在造就性别文化差异的过程中起着至关重要的作用，这是因为时尚弱化了自然意义上的性别，而强化了作为社会化结果的性别意义，并且将自然的事物引入文化的范畴。时尚的内涵被赋予文化意义，体现性别特征。首先，时尚被用来划分性别的界限，尽管时尚的象征意义随着时尚的变化而变化，但是性别的自然生成却保持不变，难以借助时尚的文化意蕴为性别增加多余的意义。其次，时尚是解释性别差异的方式。如

---

❶ 马胜杰. 中国时尚产业发展蓝皮书[M]. 北京：经济管理出版社，2019：49.

❷ WILSON E. Adorned in Dreams：Fashion and Modernity[M]. London：Virago，1985：117.

❸ FEITELBERG R. Girls will be boys：Unisex Looks[J]. Women's Wear Daily，1996（2）：22.

前所述,时尚传达着社会地位分层的信息,维多利亚时期,上层阶级女性的衣着装饰和生活方式象征着她们所属的夫家身份和男性地位,也因此使女性成为男性社会地位表征的象征。而男性要想在社会性和政治性的世界里生存,便更容易受到来自社会的影响,他们通过时尚反映性别的优势,以最基本的、最自然的精神动力,即自我表现欲的实现将他们从被动展现转换到主动窥视的地位。❶ 例如,男性通过穿着有垫肩的西服来展现男子气质与职业性气质。这使性别差异成为可见的展示。

从20世纪30年代阿米莉娅·埃尔哈特提出的运动风格裤装,到今天盛行的中性风格,时尚使男性和女性之间的界限越来越模糊。时尚通过对性别的模糊和边界的消融,展现出由文化所界定的多元性别,时尚对性别的主流构设是通过性别支配范式和组织性别结构的调整性结构来实现的。❷ 虽然我们处于性别二元对立模式被打破的现代社会中,但时尚的意涵及文化习俗的社会性坚持将性别加以区分,并逐渐丰富,所谓"中性化风格""男朋友风""御女范"的时尚现象由此而生。

三、从时尚到时尚传播的理论研究进路

在时尚研究早期,社会学家们将时尚的研究视域界定为服装和服饰领域,认为服饰是一种塑造社会身份的形象或印象,并在社会中成为使个体个性化的象征力量。❸ 这时的研究对时尚的审美功能近乎忽略,而将其视为身份展示的符号,是社会身份与社会地位的标记。"对于某些个体而言,时尚是一座真正的乐园,展示了一些与众不同、引人注目的东西。时尚也提高了默默无闻者的地位,使他成为整体的代表,而他也感觉到自己负载着一种整体精神。"❹ 人们对于时尚的追求,是基于个体追求被整体肯定与认

---

❶ FLUGEL J C. The Psychology of Clothes[M]. London:Hogarth Press,1930:118.
❷ BUTLER J. Gender Trouble:Feminism and Subversion of Identity[M]. London:Routledge,1990:106.
❸ MARX E. Thinking Though Fashion—A guide to Key Theorists[M]//Agnes Rocamora,Anneke Smelik I. B. Tauris & Co. Ltd:London,1973:84.
❹ 齐美尔.时尚的哲学[M].费勇,译.广州:广州花城出版社,2017.

流动与连接
时尚传播的文化场域形塑与建构

可的期待。20世纪初，各个领域的时尚领导者均由有财富、有社会地位的群体担当，他们所引领的时尚在社会结构中缓慢向下蔓延，但却不会延续到每个阶层。因为下层阶级没有足够的收入，也没有足够的途径可以自由地遵循时尚的传播轨迹。时尚研究者们注意到时尚依然局限于阶级结构的顶端，即局限于富人和社会精英之中。此时，工业革命使人们可以通过拥有时尚的物品（包括服饰、珠宝、家居、家具、艺术品和手工时装）来展示巨额财富，这一时期大约是20世纪初，法国被称为"美好年代"（la bella epoque in france），在英国被称为"爱德华时代"，在美国被称为"镀金时代"（gilded age）。这一时期的女性，不论是在社交场合还是日常生活中，都穿着奢华，装扮精致。经济学家托斯丹·凡勃伦将这些代表着社会系统的上层描述为有闲阶层（leisure class），有闲阶级的成员通过炫耀有闲和炫耀消费两种独特的方式来展示财富。这些人不需要工作谋生，而是以旅游、娱乐、追求愉悦的炫耀性活动与有闲生活方式来享受奢侈的生活。他们热衷于慈善事业、艺术品收藏、购置房屋和家具，时常穿着高级时装，参加不同场合的宴会，而这些都是炫耀性消费。在这种模式中，不容忽视的是财富是作为时代标志的时尚背景。

在时尚研究中期阶段，学者们认定时尚本质上是阶层划分的产物。每一种时尚风潮都来源于上层阶级的引领，在引发大范围的关注后，而逐渐被其他群体和阶层所接受和追捧。这一时期以社会学家齐美尔为代表的时尚社会分层及垂直流行论为时尚理论研究之典型：在一个社会中，上层阶级为了和下层阶级相区分而发起一些表示阶级差异的行为，即示差行为，当下层阶级识别这种行为后，便会通过模仿来寻求一致。一旦这种模仿消除两者差异之后，上层阶级便会寻求新的时尚风潮。这种行为通常表现为时尚的阶层化，通过消费商品和文化品味的不同来区分地位差异。在当时的社会中，时尚以其新奇与模仿的方式和逻辑重构着社会结构，在不断地模仿后时尚得以同化，同化之后又形成新的阶层分化，循环往复的过程中时尚成为一种工具，一种身份象征与阶层跨越的有效途径。20世纪中期，有研究者认为对时尚的研究一直被社会学家所忽视："对时尚的考虑可以显示出它既是个人的也是社会的、既是主动的也是结构性的、既是创造性的也是受到其他因素控制的现象,这具有社会学层面的重要意义:总之,时尚是我们研究社会结构与社会活动的最好例子。"❶ 的确,正如前文时尚内涵所呈现的那般,此时的时尚在日常生活中的社会性呈现方面发挥着主要的结构性影响,已成为具有深远经济意义与文化意义的重要产业。

时尚研究的后期,社会学家从不同视角对时尚加以研究和批判,从符号政治经济学、消费社会学、人类学、社会心理学等角度切入。20世纪晚期,对时尚的批判集中于时尚与虚荣、时尚与浪费之间的关联,正如贝尔和麦克道尔所指:"时尚竟会附带如此多的道德含义,这本身就是时尚在社会中极具权力和深意的证据。"❷ 这一时期,时尚成为个体与社会有关的创造力的表现,同时时尚自身又是一种被建构的现象❸。此时时尚研究开始分析社会情境塑造时尚的方式,即时尚系统、社会地位、阶级、收入、性别、种族、宗教和职业等因素在建构日常生活中的时尚所发挥的作用。

纵观以上时尚研究理论的发展过程,时尚研究的理论进路大致分为三种:或是向下传播,或是向上传播,或是横向呈渗透状至各个消费群体中。这些理论在20世纪不同时期被提出,它们不仅反映了对时尚动态的一般化理解,而且反映了当时特定社会时期的时尚发展。这些揭示时尚潮流变化的方向性理论有助于确定影响时尚的要素,比如,时尚创新的起点、引领者、跟随者,时尚在社会中的传播速度,以及一种流行风格或趋势何时会不再流行,也有助于我们从总体上探视时尚的传播轨迹,以及由此生发出来的时尚与传播之间的勾连关系。

齐美尔认为时尚变化的动力在于人类趋向的一致性和追求个性之间的张力。正如弗留格尔所说,"时尚的悖论在于,每个人都在同一时间想变得和他人一样,又在同一时间想变得和他人不同。"❹ 显然,社会生活的任何方面都不能同时满足这两个对立原则,然而社会和时尚为差异化需求的实

---

❶ EDWARDS T. Men in the Mirror:Men's Fashions and Consumer Society[M]. London:Cassell,1997:13.

❷ BELL Q. On Human Finery[M]. London:Hogarth Press,1976:15.

❸ EDWARDS T. Men in the Mirror:Men's Fashions and Consumer Society[M]. London:Cassell,1997:36.

❹ MAIR C. The psychology of fashion[M]. London:Hogarth,1930:72.

流动与连接
时尚传播的文化场域形塑与建构

现提供了完美的舞台。当一个人一方面追求模仿，另一方面追寻差异性时，这种看似对立的矛盾却得以在个体身上实现。当一个人的风格趋于模仿，而另一个人的风格趋于差异化，那么就会表现为双重倾向。追求差异化的人不断地尝试新事物，他们在很大程度上依赖于个人信念。这种双重驱动力也可以在社会群体中发挥作用，因为在社会群体中，时尚既是区分阶级的手段，也是群体统一的标志，在这些群体中，时尚同时作为一种阶级区分的手段和群体一致性的标志。

齐美尔观察到时尚在传播过程中经历着三个阶段：其一，精英阶层通过时尚来区分自己；其二，相邻的下层阶级模仿造型；其三，精英阶层采用了新的时尚试图保持差异性。这些阶段会体现在社会形态、服饰装扮、审美判断和整个人类表达的整体风格中，进而使得人们的时尚实践和生活方式不断处于变化之中。追求融入和脱颖而出的动机，永远不会得到最终认可，时尚变化无论是对个体还是对社会群体都是不可避免的。对此，齐美尔解释，在时尚的早期阶段，新奇性所赋予的独特性会因其传播给模仿者而被破坏，直至时尚褪去和消亡。根据齐美尔的观点，我们可以得出结论：时尚的魅力就在于它的新奇和短暂的本质。

凡勃伦和齐美尔的观点构成了时尚变化的涓滴理论框架。该理论确定了：来源于炫耀性消费的时尚，经由上层阶级与社会精英的引领，由精英阶层下行传播至下一个相邻阶层，下层阶层经由追求差异化和模仿的双重动力，通过对时尚的观看、获得和复制来引领时尚变化。

然而，20世纪下半叶，时尚研究者认为时尚涓滴理论是存在缺陷的。主要的批评集中于大规模的生产和大众传播出现之后，精英阶层却未能始终如一地确立时尚风格。❶ 麦克拉肯指出，该理论过分简化了社会体系。社会体系并不是只有两三个阶层，实际上社会是由许多阶层组成的，并同时参与时尚分化和模仿的行为过程。麦克拉肯还质疑，这一过程之所以被定义为涓滴式，是因为变化的动力来自下层阶级，他们在寻找上层阶级的身份认同。他认为应该用追逐和飞行模式来取代涓滴模式，追逐是因为时尚

---

❶ BANNER L W. American Beauty[M]. Chicago: University of Chicago Press, 1983: 55.

变化是由模仿者推动的，他们追逐精英阶层的身份标志，以此推动社会向上发展；飞行是指精英阶层通过制造新的时尚趋势，以形成新的分化形式来应对模仿行为。❶ 伴随着批评而来的是对该理论的修改建议：多萝西·贝林提出了一个全新的、更显现的上层阶级，这个阶级是由那些在商业、政治和媒体中占有权力地位的人组成的。她指出："他们是凡勃伦口中新的炫耀性消费者……在特定情况下，时尚从他们身上向下流动。"❷

涓滴理论强调了人类对模仿和差异化两种基本倾向的自我循环。值得我们深思的是，涓滴理论在今天的时尚理论研究中还能发挥作用吗？齐美尔的研究只规定了追求差异化的精英阶层和模仿精英阶层的下层阶级，然而，20世纪以来人们的生活水平不断提高，消费能力大幅提升，社会体系中的社会阶层数目不断增加。每一个阶级都为了模仿和追求差异性而进行时尚改变，上层阶级只关心差异化，底层阶级只关心模仿，而中层阶级在模仿上层阶级的同时又追求与下层阶级的差异化。事实上，无论身处哪个世纪，人们参与时尚的动机在本质上依旧未曾变化。涓滴理论强调的是一种自我延续的循环，这种循环基于人们对模仿与差异化的人性本质倾向，即他们必须重新适应自己在社会结构中的位置和规则。人们在寻求自我个性肯定的同时，依然觉得自我的圈层越来越小。与此同时，对在社会结构中不断调整自我位置，适应规则，与在狭窄圈层中寻找自我个性的认同实现的二者而言，时尚场域依旧是一个绝佳的战场。

20世纪60年代，时尚的大规模生产已经初具条件，大规模生产为人们在众多时尚资源中进行个性化选择提供了可能。此时，大众传播时代已然到来，电视媒体及广告的传播形式对消费者的行为产生了巨大影响。在此背景下，查尔斯·金提出了时尚变化的泛流理论，他认为，时尚信息在一个社会阶层内是横向流动，而不是在阶层中纵向流动（如图1-1所示）。

---

❶ MCCRACKEN G. Meaning manufacture and movement in the world of good[J]. Culture an Consumption, 1988:69-89.

❷ BEHLING D. Fashion change and demographics: A model[J]. Clothing and Textiles Research Journal, 1985, 4(1):18-23.

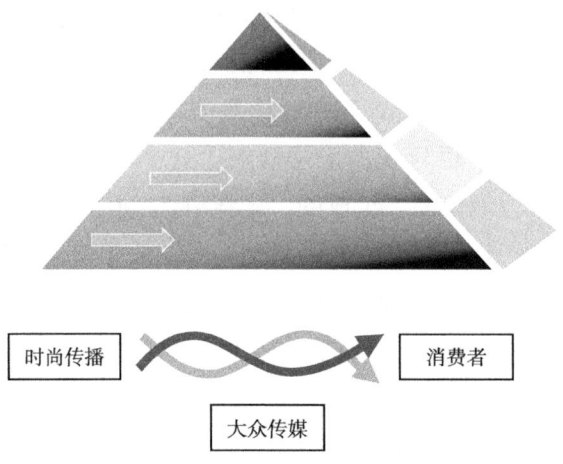

图 1-1 时尚变化泛流理论

资料来源：EVELYN L，LORYNN D. Fashion Forecasting [M]. New York：Bloomsbury Fairchild Books，2015：74.

根据查尔斯·金的观点，并不是精英阶层将时尚理念引入了社会，而是由每个社会阶层和每个社会群体内部的引领者将时尚理念引入大众中。据其所述，个人影响力在时尚信息的传递过程中起着关键作用，其中时尚创新者成为时尚的传播者。与涓滴理论不同的是，泛流理论体系中时尚把关者，由富裕阶层与社会精英转变为时尚传播记者、时尚产品制造者。快时尚品牌诸如 Zara、H&M、Forever 21、Mango 等时尚零售店的出现恰好属于泛流理论所描述的理想状态，这些快时尚品牌店遵循当下的最新潮流，售卖的商品价格亲民，款式却紧跟时尚步伐，它们快速进入市场，售卖的商品更新节奏快，广泛使用大众媒体技术传播，并实现了大规模生产技术，而这两点正是泛流理论的基础。然而，由于时尚的大规模生产与时尚工业的机械复制，时尚信息传播与时尚实践产制中涌现出大量的仿效和抄袭现象，对于这些现象，泛流理论已经不能完全解释。

20世纪后期，大众媒体的兴盛使公共空间与个人空间不断分离，这在本质上改变了时尚的传播结构。公共空间因为个人空间的侵入与扩建而被不断蚕食，同时，个人空间又不断地要保持独立的距离。在此背景下，乔治·菲尔德提出了一种新的时尚变革理论，他称之为向上渗透理论，拥有更高地位的阶层模仿了地位较低的阶层，时尚传播状态标记沿着地位金字塔向上漂浮，而不是向下或穿过金字塔（如图1-2所示）。

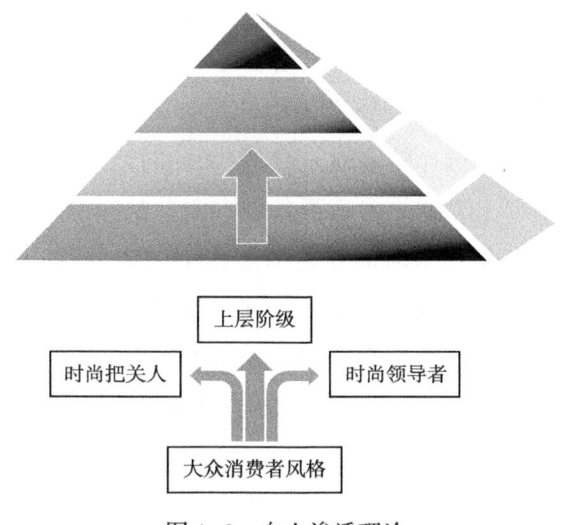

图1-2　向上渗透理论

资料来源：EVELYN L, LORYNN D. Fashion Forecasting［M］. New York：Bloomsbury：Fairchild Books，2015：77.

根据乔治·菲尔德的阐释，时尚传播的方向受到消费者喜好的风格和亚文化群体的影响，向社会上层阶级逆流渗透而来。时尚把关人对时尚潮流的敏感度越强，亚文化群体的影响力越大，时尚向上渗透的速度越快、范围越广。风靡全世界的牛仔裤的流行便最好地诠释了向上渗透理论，这种服饰起源于19世纪淘金热时期，因其布料结实耐磨而受到工人青睐。流行初始是因为其防风性与便于劳作的耐磨性，后来因美国经典电影《驿马车》中男主角穿着牛仔裤，凸显了象征自由奔放的西部牛仔气质而变成时尚流行，并逐渐经历了美国历史中数次大事件，诸如世界大战、经济大萧条、婴儿潮、嬉皮士运动等，并由西部牛仔小说之父欧文·维斯特的小说《弗吉尼亚人——平原骑手》中塑造的穿着牛仔裤的彪悍豪放、勇敢自由的淘金者，从此成为风靡全球的时尚象征，并衍生出许多不同的形态，诸如破洞牛仔裤、铆钉牛仔裤、喇叭牛仔裤等。

综上所述，时尚灵感来源多样，既可以源于不接地气的走秀台，逐渐向大众普及；也可以生发于街头小巷中，逆流向上，渗透至时尚高端群体。涓滴理论揭示了时尚潮流如何通过炫耀性消费和炫耀性休闲从精英阶层向下传播。但随后，其他理论家相继提出，时尚只在同一社会阶层中传播，并不会跨阶级传播，且社会下层阶级的喜好和潮流同样可以启迪时尚灵感。布鲁默也强调时尚是源于内在驱动的集体选择，而在这个集体选择的过程中，公众的品味是形成选择结果的关键。❶ 无论时尚的传播轨迹是像涓滴自上而下，还是自下而上，或是渗透至各个方向，都具有传播的特质和属性。不同的时尚研究进路阐释着时尚在传播过程中的能动性和主体性，时尚传播被理解为涵盖在生产和组织过程中，兼具历史因素、地理因素、文化因素的特殊系统，而这一系统是由异常复杂的生产消费与分配关系所组成的，并由此成为当今社会现代性出现和发展的基本特征。在现代性的影响下，时尚曾被认为是新兴资产阶级用来挑战贵族权威和社会名流的工具之一，更是皇室贵族为了维持身份与体面而积极主动地接受乃至刻意追随的目标。❷ 无论是涓滴式传播，还是向上渗透传播的"竞相仿效"，时尚传播的路径构成，成为时尚传播形塑社会文化的促进因素，并因此使之成为社会整体结构方式的存在。

时尚传播成为具有社会关系的系统与结构，并于其中生成特殊的生产和消费关系，形成具有一定之规的系统变化逻辑，并借此形塑着社会构成。

纵观以上由时尚到时尚传播的理论研究进路，我们不难发现，对时尚的研究一直以来都沿着时尚如何传播、时尚传播运动的方向及时尚传播的形式进行的。从这个层面来讲，时尚生发于社会结构中，以其独立于社会结构要素之中的意涵形成，再造了一个传播行为过程和文化生发情境，乃至成为影响人们社会生活中所体验的一切方面：从认知形塑到文化形成、从形态变化到意义转移、从经济刺激到性别呈现。可见，时尚已经同社会生活世界同延，并构成了人类生存、活动和认知的基本场域，在此过程中，

---

❶ BLUMER H. Fashion: From Class Differentiation to Collective Selection[J]. The Sociology Quarterly,1969(10):275-291.

❷ SIMMEL G,LEVINE D. Fashion On Individuality and Social Forms[M]. London: University of Chicago Press,1971:68.

不论是其理论研究进路，还是其社会结构方式构成，时尚均已不再是单一的社会现象，而成为与传播相融相生的整体系统。

四、时尚与传播共生共融

探究当今媒介化社会的发展模式和运行状态，我们不难发现，传播已经全面渗透到人们的日常实践中，不仅形构着人们的交往关系和行为模式，同时也构成了社会关系生成的新途径与新范式。作为媒介化社会结构体系之一的时尚，在其发展过程中不断受到传播重构的推动。时尚与传播相互作用相互融合，形成一个整体的、能动的、动态的社会结构形态，并成为人们与外部世界产生交互作用的渠道，成为人们认知时尚文化的场域。这不免引发我们思考，时尚的传播性在社会化媒介中产生了何种变化，或者说传播如何赋予了时尚主体实践与传播行为的关联性，二者的关系经历了怎样的演变历程呢？

（一）时尚主体的传播性转向

欲探寻答案，首先便要对时尚实践主体的传播性转向加以探究。时尚主体的实践与传播行为密不可分，有研究者认为时尚主体是以文化中间人的属性存在的❶，诸如时尚买手、时尚摄影师、时尚模特、时尚记者、时尚编辑等都成为文化中间人，参与着时尚实践的输入产出。有研究者认为时尚主体具有连接中介的属性，诸如时尚品牌策划者、时尚展演者、时尚媒介等都作为时尚中介来开展时尚传播。学者冯应谦通过对抖音平台中的内容生产者工作状态、收入情况、职业满意度、生活质量、生活变化等方面进行参与式观察，认为内容生产者均为"创意劳工"，区别于传统行业的从业者，创意劳工通过自身的内容创作，影响着文化创意产业的各个领域，并不断创造着社会价值，他们代表着一种新人类的出现，他们拥有新的生

---

❶ ENTWISTLE J. The Aesthetic Economy of Fashion：Markets and Values in Clothing and modelling[J]. Sociologic Review, 2010, 11(6)：32.

活形态、审美趣味、价值观及社会认知。❶ 显然，这与传统时尚的组织化生产模式截然不同，无论是文化中间人、时尚中介，还是时尚创意工作者，他们共同建构时尚的日常实践与意义传播，（这些文化中间人、时尚中介及时尚创意工作者们）将作为权力象征的时尚实践与作为文化权力表征的意义传播结合起来，使其主体意义在社会存在中成为不同的传播结构与传播组织。

其一，时尚传播实践者是作为时尚预测者与时尚观察者存在的时尚主体。在对时尚加以预测时，时尚传播是一个充满动态变更的过程，其中包括对时尚内容的解读、对时尚风格变化的分析、对人们生活方式的贴近、对消费者购买心理与行为变化的掌控，以及时尚传播的运营方式与传播模式的判断，此过程，实则是将时尚传播的内容产制、传播模式链条及时尚传播消费机制结合起来，并对其加以整体结构认知的能动分析。显然，时尚观察者与时尚传播者二者不可分割来看，对其整体把握从而将时尚传播作为整体的能动过程，将其置于整体的社会情境中进行产制与传播，使得时尚传播与社会文化、经济、政治产生关联，进而推动时尚文化的形成。

其二，时尚传播实践者是作为消费者与研究者存在的时尚主体。时尚的传播过程实际上是时尚实践者和消费者之间通过符号的编码和解码过程所进行的意义对话，作为时尚传播的主体，"如果尚未知晓大众所需，如果大众还没有做好准备，那么在时尚界就不会有任何成功的东西。"❷ 按照人口统计学的划分，在特定时期出生决定着一代人的身份认同与时尚偏好，具有偏好和人口统计特征的消费者群体被称为群组，这些群组正是消费者研究的基本单位。时尚市场细分可以通过多种方式进行，职业女性作为一个群体可以按照职业、年龄、婚姻状况、养育儿童数量及种族来进行划分，这些特征都可以与时尚服装价格制定、时尚品牌投放、购物行为及时尚偏好相对应。在对消费者加以研究时，往往会借助于依附于时尚工业链条形成过程的时尚制造者与传播者，尼葛洛庞帝曾说："在数字技术下，媒介不

---

❶ 何威,冯应谦.工作、福祉与获得感：短视频平台上的创意劳动者研究[J].新闻与传播研究,2020(6):39-57.

❷ NEIL J. Forecasting—Fact or fiction[J]. Textile Horizons,1989(9):26.

只是信息,而是信息的表现。"❶ 时尚的传播,不仅是时尚信息的传递与交流,而且是在传播中参与时尚符号与意义的增值性生产,受众接收与消费的也不仅是时尚信息,还是作为符号意涵的时尚景观。

最后,时尚传播实践者是作为文化感知者存在的时尚主体。对休闲生活方式的推崇和消费文化的推行,使携带着属于某个民族、某个群体、某个国家文化密码的时尚逐渐深入人心。同文化一般,时尚代表着一种内在的、逻辑的、规则的意义,对于社会的影响和改变不言而喻,不仅成为物质性的符号,更大程度上代表着一种文化逻辑和社会架构。时尚建构着个体的身份,这种身份是基于文化认同意义之上的自我认知与他者审视;时尚是与他人建立连接的重要方式,这种连接是基于文化共鸣之上的文化对话。因此,时尚是文化传播的核心部分。时尚传播实践者通过对时尚信息的捕捉,对日常生活中基于文化消费与文化体验的时尚行为,加以文化感知与文化意义解读。

(二) 时尚与传播的共生关系

"自文艺复兴以来,时尚是西方文明中影响最深远的现象之一,现代人越来越多的活动领域已被时尚征服,而且时尚几乎已经成为文明的'第二本性',理解时尚有助于理解文明自身以及我们的行为方式。"❷ 那么,欲理解作为社会结构组成部分的时尚,首先要从符号意义的角度来看待时尚,时尚系统特殊动力的进路便是从结构主义和符号学中产生的,而其中,对现代与后现代时期时尚的出现,以及时尚在现代社会中所占据的角色地位的探讨亦成为社会学研究的着眼点。在探讨现代社会中时尚的社会学结构意义时,社会学家认为人类有通过符号来进行交流的本性。❸ 所有人类社会都通过一定形式和特定物品来修饰、改变人的形体、样貌与外观呈现,服

---

❶ 尼葛洛庞帝.数字化生存[M].胡泳,范海燕,译.海口:海南出版社,1997:90.
❷ 史文德森.时尚的哲学[M].李漫,译.北京:北京大学出版社,2010:3.
❸ 恩特韦斯特尔.时髦的身体:时尚、衣着和现代社会理论[M].郜元宝,译.桂林:广西师范大学出版社,2005:79.

流动与连接
时尚传播的文化场域形塑与建构

饰装扮被视作人类交流思想传播观念的一种方式。❶ 对这种观点，威尔逊、波尔希默斯等理论家达成共识，认为其可以解释现代社会中时尚的目的。时尚体现了人类文化中的自我表达和意义交流，时尚也是一定族群的文化表达。作为传播方式的承载，时尚具有语言所具有的"语法"和"词汇"，比口头语言的意义更为宽泛，并可扩展至时尚的每一个细节。❷ 戴维斯不仅从字面意义上将语言的传播运用于时尚中，而且认为时尚具有的隐喻意义，是"人们互相理解的基础连接纽带，它包含话语自身及相关的社会运用。"❸ 时尚话语的传播意义在于对时尚符号意义的隐喻、唤醒与展示，时尚符号通过差异性符号来获得身份区隔。时尚传播是一个社会系统与结构方式并存的整体，而不是时尚所呈现的日常表征。传播的内容也不仅是时尚文本，而是时尚实践与文化过程。罗兰·巴特在《时尚体系》中集中对时尚文本进行了意义系统重建："只被从意义的角度来组建的时尚，只能传达某种信息。"❹ 而时尚日常实践中的传播体系形成才是时尚能动作用发挥中最重要的意义，因此，不论是传播过程，还是传播内涵，时尚与传播二者之间具有同源的结构要素。

另外，理解时尚需要理解传播，同为社会结构要素的时尚与传播，二者之间的关系正如一位受访者所言：

> 时尚和传播之间的联系太明显了，传播就是传递信息，时尚的内容就是这些被传递的信息，不同的文化下会有不同的时尚信息被传播。❺

人类学家爱德华·萨丕尔指出："每一种文化模式，每一个社会行为都涉及交流，都与传播有或明或暗的关系。"❻ 而时尚正是"在大众内部产生

---

❶ DAVIS F. Fashion, Culture and Identity[M]. Chicago: Chicago University Press, 1992.
❷ LURIE A. The Language of Clothes[M]. New York: Random House, 1981: 38.
❸ DAVIS F. Fashion, Culture and Identity[M]. Chicago: Chicago University Press, 1992: 5.
❹ 巴特. 流行体系[M]. 敖军, 译. 上海: 上海人民出版社, 2016: 9.
❺ 受访者 F1, 受访时间 2019 年 10 月 20 日, 受访地点: 广州。
❻ 施拉姆, 波特. 传播学概论[M]. 何道宽, 译. 北京: 中国人民大学出版社, 2010: 3-4.

的一种非常规的行为方式的流行现象,是一个时期内相当多的人对特定的趣味、语言、思想和行为方式等各种模型或标本的顺从和追求。"❶ 根据此定义,我们可以判断,时尚是特定的行为方式和文化现象,时尚与传播的关系密不可分。查尔斯·金认为,大众媒体带来了时尚意识的加速传播,大众传播以杂志、报纸、电视和电影的形式,让所有人同时获得有关时尚风格的信息。时尚自身的鲜明特质及其所产生的巨大社会影响,均与时尚传播过程中各要素及要素间的交互规律有关。时尚信息从发布到接收各个要素之间的相互作用力实现与传播过程中有意图地通过信息传播与信息交流的互动过程紧密相关。就时尚而言,时尚信息、时尚行为及时尚效果认同对时尚行为的呈现与传播,均离不开传播,传播是时尚产生、演变、发展中不可或缺的重要元素和必要环节。据此可知,时尚与传播之间互为影响,互为交互与共生。

探究时尚与文化的关联时,不容小觑的是传播所起的作用,探究时尚与传播的关联时,更不可忽视文化于其中的勾连作用。由此可见,时尚不仅是一种传播形态,而且是一种充满文化蕴涵的传播活动,在时尚的传播实践中,人类创造出极为丰富的文化意涵,并推动着社会文化、经济与日常生活实践的兴盛发展。

第二节 时尚传播作为文化场域存在的理论基底

在布尔迪厄的理论体系中,无论是从结构到场域(field),从规范和规则到惯习(habitus),从语言和文化到符号权力,还是从超越经验的科学理性到历史主义的科学理性,都被广泛用来分析涵盖农业、艺术、教育、法律、科学、文学等专业化的研究领域,涉及人类学、社会学、教育学、历

---

❶ 周晓虹.时尚现象的社会学研究[J].社会学研究,1995(3).

流动与连接
时尚传播的文化场域形塑与建构

史学、语言学、政治科学、哲学、美学及文学等多学科，布尔迪厄通过系统地发展一种社会学的方法来研究存在于初级的客观性（objectivity of the first order）和次级的客观性（objectivity of the second order）中，构成社会宇宙的各种不同的社会世界中那些掩藏最深的结构，同时揭示那些确保这些结构得以再生产转化的机制。❶ 其理论继承自韦伯（Webber）和迪尔凯姆（Durkheim），通过场域、惯习、资本与权力的概念构建，推动着面向社会实践理论与社会研究方法的形成。其中，"场域"被用来定义拥有自身逻辑和规律的社会小世界，"作为分析性概念，一个场域可以被定义为在各种位置之间存在的客观关系的一个网络（network），或一个构置（configuration）"❷。在这个意义上来看，作为一种传播体系，时尚传播自身的传播逻辑和传播规律虽然不断受到思想变革与社会变迁的影响，同时也成为导致这些变革的原动力，因此，时尚传播自身便成为场域存在的社会构置。时尚传播不仅可以作为传播载体与传播方式的形式存在，还伴随着大众消费文化的推进，经过文化符号生产、审美日常体验和时尚实践活动的重新组织，而获得了意义边界的拓展，具备了文化性，具有了文化场域的逻辑和规律。

一、"场域"理论的脉络与理论进路

不同于二元论视角所体现出的社会系统与社会结构的对立，或是符号性分析与物质性分析的分离，追溯布尔迪厄对人类交往方式及社会实践的关注，我们首先要保持与他一致的理论视角，并非仅停留于二元论的视角，也并非仅停留于将其作为社会现象看待的层面，而是对其所蕴含的社会空间加以考察，这是场域理论的提出前提。在布尔迪厄看来，社会空间被设想为一个以其法则分化而自治的小世界，这种认知事实上将场域视作空间，其中场域的行为规则理性化，并拥有自身所属的清晰可见的"实践的逻辑"。迈克尔·格伦菲尔将场域及其规则比喻为科幻小说中的力场和橄榄球

---

❶ 布尔迪厄,华康德.反思社会学导引[M].李猛,李康,译.北京:商务印书馆,2015:6.
❷ 格伦菲尔.布尔迪厄:关键概念[M].林云柯,译.重庆:重庆大学出版社,2014:84.

场，场域之间具有同源性（homologics），并存在有交互的作用关系，他们既有"内部的分割，又有外部的边界，其中的位置也是被事先标定好了的"❶。

据此，在这些场域内或场域之间，占据了特定位置的社会实践者通过掌握规则来理解场域中的活动。因此，布尔迪厄将场域（field）看作一个相对独立的空间，是围绕着特定资本类型和资本组合而产生的斗争场所，场域是斗争的场域，而不是"总体化的机构""意识形态的国家机器""规训秩序"❷，于此意义而言，整个社会是一个大场域，高度分化的世界里具有相对自主的社会小世界便是子场域，社会大场域由许多子场域构成。不同的场域有不同的逻辑，实践者一旦进入一个场域，便获得了场域所特有的规则、符号和代码。

> 场域是位置之间客观关系的网络或构型（configuration），这些位置存在和它们加诸于占据特定位置的实践者或机构之上的决定性因素之中，都是通过其在各种权力（或资本）的分布结构中的情境客观地界定的，也是通过与其他位置之间的客观关系（支配关系、屈从关系、结构上的对应关系）而得到界定的。❸

对"场域"的理论脉络加以分析，便要对涉及其中的内在关联环节进行探究。场域是一个强调场域空间内充满竞争性角斗的概念，场域中的社会实践者通过运用不同的策略来获得位置、改变位置、抢占位置，这种策略便成为权力的拥有与获得。当实践者占据了某一个具有逻辑和规则的社会空间时，比如，布尔迪厄所分析的教育场域、艺术场域、文学场域等，他们构成了布尔迪厄所明确提出的多元构成的权力场。因此，与权力场域相对应的场域位置，成为分析场域理论的首要基础，"场域"是实践者进行社会实践的社会空间，是一个拥有自己规则的相对自治的结构，其间充满

---

❶ 格伦菲尔,布尔迪厄.关键概念[M].林云柯,译.重庆:重庆大学出版社,2014:85.
❷ BOURDIEU P,WACCQUANT L. An Invitation to Reflexive Sociology[M]. Cambridge: polity,1992:102.
❸ 布尔迪厄,华康德.反思社会学导引[M].李猛,李康,译.北京:商务印书馆,2015:123.

各种权力和争斗,实践者根据自己在权力结构中的地位,为了不同目的,以不同方式相互对抗争夺有利资源以巩固自己的位置,从而维持或改变场域原有的权力格局状态。其次,实践者或机构所占据的位置,以及位置与位置之间的客观关系结构,其存在往往强加于占据特定位置的实践者或机构之上的决定性因素中,并据此位置得到了客观的界定,不同类型的权力或资本,一旦占据了关键位置,便成为把持着在这一场域中利害攸关的专门利益的得益者。显然,场域不是平衡的,而是斗争的空间,占据一定位置的实践者根据自己拥有的资本数量和结构,采取不同的行动策略展开争斗,他们围绕着何为关键资本、何为场域行动规则等问题展开争斗,争斗的焦点则是符号的正当性问题。最后,对于实践者的场域分析,关乎千差万别的性情倾向系统,这被布尔迪厄称为"惯习",为了阐释社会结构和个体关系的基础,以及回答社会结构与个体能动性是如何被调和的问题,布尔迪厄构想了一种关于实践的结构理论,他提出了"惯习"这一概念,将文化、结构、权力联系起来,惯习被定义为涵盖了个体、团体、机构的社会行动及其特质,其中已完备的完型结构与被建构形成的生成结构往往被描述为结构化的结构,这些结构化的结构组织着实践行为,并对实践进行着基于惯习衡量的感知。其中"完型结构"即为个体的家庭出身,或是当下的处境,或为受到的教育经验。而"建构中的结构"则为个体惯习所塑造的当下与未来的实践。❶ 惯习既是由实践者的物质条件所带来的完型结构,同时也依据其自身的结构生成实践、信仰、感知、性情系统、鉴别力。❷ 由此可见,惯习是社会塑造个人行为的方法,个体的秉性(predisposition)、假设、判断和行为都是长期社会化的结果。因此,惯习的概念突破了传统的关于主观主义与客观主义的二元对立,而是着眼于行为与结构的当下关系,作为生成小社会的场域,则通过将个体、群体及机构定位于被惯习所形塑的更大的结构关系中。

布尔迪厄赋予了惯习新的意义:"是一种贯穿实践者内外、既指导施为者之行动过程,又显示其行为风格和气质;既具有历史结构的性质,又在

---

❶ 格伦菲尔.布尔迪厄:关键概念[M].林云柯,译.重庆:重庆大学出版社,2014:63.
❷ BOURDIEU P. The Logic of Practice[M]. Cambridge:Policy,1990:14-25.

不同场合中推动创新；既表达实践者个人的个性和秉性，又渗透着他所属的社会群体的阶层性质；既作为社会结构长期内在化的结果而以感情心理系统呈现出来，又同时地主动外在化而影响着生活和行动过程，并不断再产生和创造新的社会结构"。是一种同时具有"建构的结构"和"结构的建构"双重性质和功能的"持续的可转换的秉性系统"。❶ 为了阐释实践者在场域中的结构和个体关系形成的内在分析优先性，布尔迪厄将文化、结构与权力联系起来，形成了"惯习"这一概念，通过惯习来组织实践并对实践进行感知，有研究者将惯习看作除了"习惯"之外，是描述人的仪表、穿着状态及生存样态的"生存心态"，某人之为某人，某物之为某物，某一状态之为某一状态，都由其当时当地所表现的基本样态所决定。❷

事实上，惯习构成了个体与社会之间的联系，连接了主观性与客观性的联系，勾连了结构与实践者之间的联系，惯习成为个体与结构的特定内容，同时也被一系列的结构所塑造，这些社会性结构包含社会阶级、性别、文化、教育程度、职业、宗教信仰、国家意识等。显然，惯习成为一种"主观性的社会化"及"社会性的具体化"❸，换言之，惯习将外在的内在性及内在的外在性之间辩证地统一在一起。❹ 惯习作为一种连接，将显现于社会结构外在的内在构成因素，与内隐于社会结构内部的外在呈现，统一而辩证地连接为一体。这种一体性构成了场域的外在逻辑与内在表征。

布尔迪厄的"场域"理论体系中，场域被视作一个围绕特定的资本类型或资本组合而组织的结构化空间❺，显然，资本与权力成为极重要却颇具争议的概念。一般意义上的资本通常与经济、货币的概念息息相关，而布尔迪厄不只从经济学理论的层面上来理解资本，他用资本以指称积累的劳

---

❶ BOURDIEU P, WACCQUANT L. An Invitation to Reflexive Sociology[M]. Cambridge: polity, 1992: 117.

❷ 高宣扬. 布尔迪厄社会理论[M]. 上海: 同济大学出版社, 2004: 3.

❸ BOURDIEU P, WACCQUANT L. An Invitation to Reflexive Sociology[M]. Cambridge: polity, 1992: 127-128.

❹ 格伦菲尔. 布尔迪厄: 关键概念[M]. 林云柯, 译. 重庆: 重庆大学出版社, 2014: 67.

❺ BOURDIEU P. The Forms of Capital[M]//LAUDER H, HALSEY A. Education, Globalization and Social Change. Oxford: Oxford University Press, 2006: 136.

动，当这种劳动在私人性，即排他的基础上，被实践者或实践者小团体占有时，这种劳动就能够使他们以具体化的或活的劳动形式占有社会资源。在布尔迪厄看来，资本成为物质的形式，也就是那些最严格意义上的经济资本，表现为文化资本或社会资本的非物质形式，反之亦然。❶

由此可见，布尔迪厄的资本观是被拓展至用于复杂场域中，以及不同场域之间所进行的转化和交换作用中，资本的概念也相应扩展到所有的权力形式中，纵观布尔迪厄的资本观，资本涵盖了四种基本形态：经济资本（货币与财产）、文化资本（教育文凭在内的文化商品和服务）、社会资本（熟人与关系网络）、符号资本（正当性）。其中，物质资本指的是经济的资本类型，而非物质资本则指文化与社会资本类型。经济资本体现为被制度化的财产权，文化资本是被制度化的教育资格，社会资本是被制度化的某种高贵头衔。其中，社会资本作为资本的基本形态之一，在本质上既不同于经济资本，也不同于文化资本，而是一种以社会联系或社会义务形式出现的非经济资本形态。这种非经济资本形态，是"实际的或潜在的资源的集合体"❷。

这些资源的集合体与某种持久性体制化关系的社会网络有着密不可分的关系。当它们作为有价值的资源而变成争夺对象时，布尔迪厄便将其理论化为社会权力关系发挥作用的资本，"特定实践者占有的社会资本的数量，依赖于实践者可以有效加以运用的联系网络的规模大小，依赖于和他有联系的每个人以自己的权力所占有的（经济的、文化的、象征的）资本数量的多少。"❸ 从布尔迪厄对资本的描述性论述来看，他把资本视作以能体现的劳动量差异为基础而形成的权力关系。资本的实质就是一种可能转化为经济资本或社会资本的社会网络关系资源，即特定者的社会关系资源。

---

❶ BOURDIEU P. The Forms of Capital[M]//LAUDER H, HALSEY A. Education, Globalization and Social Change. Oxford: Oxford University Press, 2006: 105-106.

❷ 斯沃茨. 文化与权力：布尔迪厄的社会学[M]. 陶东风, 译. 上海：上海译文出版社, 2006: 86.

❸ BOURDIEU P. Changes in Social Structure and Changes in the Demand for Education[M]//GINER S. In Contemporary Europe: Social Structures and Cultural Patterns. London: Routledge and Kegan Paul, 1977: 178.

在充满持续争斗的场域中，存在着至关重要的两种权力，即布尔迪厄所提出的经济资本和文化资本。不论是物质的、文化的、社会的，还是符号的，经济资本和文化资本对于场域中的实践者而言，是具有重要意义的资源，以及作为争夺对象的客体，而被理解为资本。

对于场域中的实践者而言，具有重要意义的资源、能够成为争夺对象的客体都可以被理解为资本。通过对法国教育体系的学术研究，布尔迪厄意识到文化是拥有强大符号权力的"双刃剑"，他将经济学中的资本、市场、利益等概念引入文化研究中，认为资本与场域息息相关，资本通过生成不同形式的权力，成为场域位置争夺的评判标准和控制物，进而通过控制生产或再生产，成为物质化与具体化的工具，建构着场域的结构。通过控制生产或再生产的物质化与具体化的工具，建构着场域的内部体系。

布尔迪厄提出文化资本表明文化可以变成一种权力资本，他用文化资本来研究不同阶级的孩子在受教育的情况中所受到的影响，后来布尔迪厄将文化资本的研究领域扩大到整个社会结构和阶级结构的研究中，以此来观察资本主义社会的运行逻辑。具体到文化资本的状态，布尔迪厄将其表述为三种存在状态：具体的状态、客观的状态、体制的状态。首先，具体的状态以精神和身体的持久性为存在形式，被个体通过社会化再加以内化而成，并构成了意义理解的文化消费行为。在此基础上，文化资本依托于与身体联系而存在的场域中，并在身体预先性的基础上通过文化、教育、修养的具体状态而实现积累。其次，文化资本的客观的状态以一种涉及客体的形式存在，文化资本以其客观化的状态呈现出一个自主连贯的世界所有的表象，这个世界却不能简化为体现在每个实践者或实践者的集合体之中的文化资本，文化资本也因此被用作斗争武器，并在文化产品场域和社会阶级场域中绵延不绝。最后，文化资本以机构化的形式存在，这种机构化的形式实则为教育体系制度，这种形式对社会阶级的结构化重塑与再生产起着决定性作用，其中更包括了资本的转化形式。文化资本成为越来越重要的社会分层的基础。❶

---

❶ BOURDIEU P. Changes in Social Structure and Changes in the Demand for Education [M]//GINER S. In Contemporary Europe:Social Structures and Cultural Patterns. London:Routledge and Kegan Paul,1977:33.

无论是作为权力形式体现的资本,还是作为资本可以转换而成的权力,它们都是体现社会关系的场域中不可或缺的部分,尽管场域被看作具有包含机构、组织、群体与个体的特定要素的结构性空间,但场域是通过其内在发展机制,即权力和资本的相互作用、转化机制来加以构建的。文化资本、社会资本、经济资本与符号资本同时存在于特定的场域中,并受到场域中规则的制约,各资本得以生成举足轻重的权力关系,并且可以相互转化。然而,经济资本更容易转化为文化资本和社会资本,文化资本与社会资本之间的联系也更紧密。戴维·斯沃茨质疑布尔迪厄文化资本的客观化和制度化意义,当文化资本的概念具体体现在多元文化的国家语境中时,是否仍然能够发挥强大的权力制约作用与修辞力量?他认为文化资本家的形象更适合于媒体、艺术及学术领域的某些专家❶,他们于这些特定的场域中,掌握着有价值的文化资源,更能较为容易地将其转化为经济资本。

对于布尔迪厄而言,权力不是一个孤立的研究领域,而是位于所有社会生活的核心。❷ 在权力研究领域,多集中于政治学的角度,对能够直接引起人们行为变化的权力手段与形式的研究一直以来都是哲学、社会学、政治学等领域普遍关注的问题。伯特兰·罗素将权力解释为若干预期结果的产生,因此,权力被视作为量的概念。❸ 丹尼斯·朗在所著的《权力论》中强调,权力一直是人人使用而无须适当定义的字眼,它被视为个人、群体或更大社会结构拥有的一种品质或属性。❹ 帕森斯把权力视作集体资源,安东尼·吉登斯认为权力是"产生效果或结果的高度一体化的能力"❺。福柯首次引入"权力认知""权力的话语统治""权力的形式""规训权力""权力的技术""全景主义"等概念,认为权力是一股双向力,无论朝哪个方

---

❶ 斯沃茨.文化与权力:布尔迪厄的社会学[M].陶东风,译.上海:上海译文出版社,2006:95.

❷ SULKUNEN P. Society Made Visible:On the Cultural Sociology of Pierre Bourdieu,Acta Sociologica[J].1982,25(2):105.

❸ 伯特兰·罗素.权力论——权威与个人[M].北京:商务印书馆,2012:48.

❹ 魏燕.权力与权力的对话——米歇尔·福柯与丹尼斯·朗权力观之比较[J].改革与开放,2011(1):53.

❺ 郭忠华.权力、结构与社会再生产——安东尼·吉登斯专访[J].国际社会科学杂志,2009(2):68-73.

向，它都必然在对立中运作，在《规训与惩罚》中，他围绕"全景监狱"展开论述，将权力看作一种机制或技术。福柯认为当代社会权力已经与统治者的意志相分离，已独立于国家机构之外，因此不能将权力关系置于诸如经济关系、知识关系等关系之外，而应统合于这些关系中进行探究。❶ 如上所述，与布尔迪厄的资本概念提出相一致，权力是权力主体利用某些资源，对客体实行一定形式的控制，从而改变客体的情感、态度、信念乃至行为，以实现主体意志、目标或利益的一种社会结构性力量。

然而，美国经济学家加尔布雷斯指出，在人类不同社会发展的不同历史阶段，不同的权力手段所产生的作用截然不同，在人类社会早期，强制性的惩罚是行使权力的主要手段，在封建社会甚至是早期资本主义阶段，通过经济奖酬来使他人服从自己的意志成为当时最主要的方式。而发展至现代社会，通过影响人们的价值观、信念、信仰来使其主动服从于他人意志的操控则成为最广泛、最有影响力的权力手段，在加尔布雷斯看来，这便是文化权力的作用。❷ 费斯克将权力分为两种：一种为符号权力，它与建立意义、快乐和身份有关，另一种是社会权力，它关乎建立社会经济体系的过程。❸ 显然，文化研究中的权力便是费斯克所认为的符号权力，布尔迪厄所关注的文化研究本质上是与权力、资本、政治相关联的产物。霍尔对文化权力研究做出了深刻细致的系统阐述："在美国的文化研究领域，我们无论从哪个方面总是能够对权力做出深刻细致、无休无止的系统阐述——政治、种族、阶级、以及性别、征服、统治、排斥、边缘化等。很多种方法将权力简单描绘成一种浮标，使权力的原始行使和权力与文化之间的关系完全空泛地失去了意义。"❹ 托尼·宾内特曾指出文化研究主要用一系列理论和政治观点，从它们与权力之间的复杂关系及权力内部复杂结构的角度审视文化行为。❺

---

❶ 韩平.微观权力分析——读米歇尔·福柯的《规训与惩罚》[J].河北法学,2006,24(11):2-8.
❷ 帕克.加尔布雷斯传[M].郭路,译.北京:中信出版社,2010:48.
❸ 石雯.理想大众与约翰·费斯克的大众文化理论[D].上海:华中师范大学,1997.
❹ 霍尔.文化研究及其理论遗产[J].孟迎登,译.上海文化,2015(2):48-62.
❺ TONY B. Useful Culture[J]. Cultural Studies,1992(3):23.

关于文化权力的理论探讨，安东尼奥·葛兰西用"文化领导权"这一概念来表述20世纪20年代背景下的非暴力文化成为意识形态的控制手段。❶ 葛兰西把文化、道德、知识因素放入领导权的概念中，从文化政治学入手对阶级、文化和权力之间的关系进行了论述，认为无产阶级的"文化领导权"理论强调了非暴力的文化，即意识形态的控制手段。经济斗争在一定历史条件下具有相对局限性，而作为一种道德的和哲学的文化领导权，能够形成非常强大的革命力量。米歇尔·福柯则把权力、知识和主体作为研究对象，将权力置于知识层次来看待，在权力关系、思维方式和理解自我与他者间建立起了勾连，研究文化资源、实践与结构及其交互作用的发挥，以便个体与群体长久地维持他们的特权和地位。❷ 不同于葛兰西和福柯，布尔迪厄将资本与权力的概念连接，认为文化符号与实践，通过资本与权力的连接和转换，将个体、群体及机构之间的权力关系生成，集中体现为强化社会区隔的功能，因此，布尔迪厄的权力概念包含了各种物质、象征、文化与社会权力形式。

霍克海默和阿多诺通过"文化工业"的概念来揭示资本逻辑与技术发展对文化领域的控制和支配，以此来对文化权力加以理论批判。❸ 在现代资本主义社会，文化工业把一切艺术作品变成大规模统一生产的流水线商品，同时，人与人之间的交往和社会关系也不断被商品化。文化工业，这个原本被马克思用来形容工人在整个生产消费体系中被自己的劳动产品所统治的概念，加深了人的异化（alienation）。通过对文化工业作为当代资本主义社会控制的新形式的剖析和批判，霍克海默和阿多诺证明资本主义正是由此建立起自己的文化霸权，使大众文化成为维护资产阶级统治的"社会水泥"。❹ 人类学家认为，人类社会总是依赖大量的文化符号和符号象征，将符号作为物体、行动、观念或语言形式，并以特定的行为模式出现来发展

---

❶ 吕瑞.葛兰西的文化领导权理论及其意义[D].开封:河南大学,2010:34.

❷ 徐俊.知识、权力与当代知识分子的角色定位——简析米歇尔·福柯微观权力视野下的后现代科学知识观[J].南京理工大学学报(社会科学版),2007(2):82-86.

❸ 韩红艳.批判与革命:马克思主义文化理论的内涵[D].上海:复旦大学,2012:65.

❹ 管锦绣.西方马克思主义的文化批判之内在逻辑——以霍克海默、阿多诺的工具理性批判为例[J].华中科技大学学报(社会科学版),2013(4):28-32.

和维系社会秩序。正如德国哲学家恩斯特·卡西尔直接指出的：与其说人是"理性的动物"，不如说是"符号的动物"。❶

安东尼奥·葛兰西将文化的能动性、道德、知识因素等加入对领导权的阐释中，霍克海默和阿多诺则认为大众文化工业的文化权力主要表现为逐渐侵蚀消费大众独立自主的判断能力、批评意识的模式。与上述认识不同，对文化权力生成的符号权力，布尔迪厄认为"诉诸人的视界原则和区分原则，通过作用于人对于时间、空间、因果等感觉、知觉或认识范畴乃至分类系统，从而建立符号秩序，并昭示人们事物的法定意义是什么"❷。布尔迪厄通过强烈的批判精神，揭示了文化权力的内涵，文化权力并不是孤立的研究领域，他从文化权力的符号特征和隐蔽性运作方式入手展开论述，提出"符号权力"深刻揭示了文化符号潜移默化地对人们实行的"软暴力"统治。文化权力形塑着个体对现实的理解和交流，个体与群体又将如何通过竞争获得有价值的资本，并将资本通过符号的意义折射到利益获得上，文化权力不自觉地再生着社会的分层秩序，于此过程中，个体必需将自身置于群体的文化体系中，获得自我价值实现与认同。

综上所述，当我们将布尔迪厄的实践理论体系加以系统化分析时，我们了解到，作为揭示独立于个体意识和个人意志而存在的客观社会关系的场域，其中不同类型的权力或资本，决定着场域中的不同参与主体能否把持场域中专门位置占据的决议权。显然，场域中充满着权力斗争，正如布尔迪厄用游戏来类比场域，一般将场域视作一个特定空间，根源于其中的各种特殊力量之间的差异与要素角力，制造着场域中至关重要的差异性。换言之，即场域对特定的资本和权力力量的形成起着决定性作用，资本赋予了支配场域运行的权力与关系，并赋予了体现于物质与身体上的生产或再生产工具，这些工具的分配就构成了场域结构本身的权力，并赋予了确保场域运作的规则。

---

❶ 张敏.论卡西尔文化批判的人性观[D].南宁：广西大学，2008：54.
❷ 朱国华.权力的文化逻辑[M].上海：上海三联书店，2004：108.

二、作为方法论的场域理论

根据上文所阐述的理论进路，作为以关系性的理论推论模式为基础的概念建构，场域理论是对关系性的社会实践活动进行研究，并在系统性的实践经验研究中发挥作用的。场域理论与它之前所有的社会学理论相比，其最根本区别就在于布尔迪厄对各种形式的主观主义与客观主义加以区分，开辟了一种新的文化社会学理论路径。不同于强调系统内部结构不是它们的起源或与外部因素关系的结构主义方法，也不同于阿尔都塞强调上层建筑与经济基础的二元对立的方法论，场域的相对自主性原则促使布尔迪厄赋予其"内在分析以优先性"的基本方法论原则。❶

显然，布尔迪厄所要探讨的是一种互相依赖又互相作用于一体的方法论的存在，这种方法论由场域、惯习与资本、权力组成，其中每一种作用力都成为我们探讨人类活动研究不可或缺的组成部分，可以说，场域理论与惯习、资本一起，为社会生活具体的历史性的理解提供了认识论和方法论。❷ 在布尔迪厄场域理论的核心概念中，"权力""资本""惯习""文化再生产""文化资本"等概念在中国和西方的社会科学领域中常常被作为指导具体实践和理论研究的方法而得到较为普遍的应用。

戴维·斯沃茨对布尔迪厄的社会学理论体系加以整体意义的解读，围绕布尔迪厄理论的核心主体，即文化与权力之间的关系而展开探讨。在综合了涂尔干、马克思、韦伯的社会学理论，布尔迪厄发展出区别于帕森斯传统的系统理论家的方法论和总体性的实践科学。不论是从实用的经验研究中与相互对立的知识观论争中揭示社会运行原则，还是揭示体现着权力关系的文化，布尔迪厄对于涵盖着信仰、价值、语言与符号系统的文化，不仅通过将个体和群体联系于机构化逻辑化的场域中，而且通过倾向、客体和系统的形式，调节着为了区分而进行斗争的社会实践。布尔迪厄认为

---

❶ 斯沃茨.文化与权力：布尔迪厄的社会学[M].陶东风，译.上海：上海译文出版社，2006：148.

❷ 格伦菲尔.布迪厄：关键概念[M].林云柯，译.重庆：重庆大学出版社，2018：102.

专业化的文化生产者和传播者在建构机构化的社会关系生成中,发挥着核心作用。毛格(Mauger)在看待布尔迪厄的理论体系时,认为其理论体系被主观主义者视作"客观主义",被结构主义者定义为"人道主义",被经验主义者划分为"理论主义",并被历史哲学家视作"实证主义",这表明布尔迪厄的理论体系已成为具有标准意义的经验研究参考。其中,菲利普·布儒瓦用布尔迪厄的文化资本理论考察了纽约哈莱姆东区的毒品贩子如何在毒品经济中左右逢源,支撑着"恐怖文化"的形成,揭示了贫民所受的暴力文化的创伤。刘小枫在《个体信仰和文化理论》中论述了文化资本理论体现于阶级斗争中的意义。❶ 周宪在《文化工业——公共领域收视率:布尔迪厄的媒体批判理论》中从大众文化批判的角度对布尔迪厄文化理论在媒体批判中的适用性加以探究。❷ 张意在《文化与符号权力:布尔迪厄的文化社会学导论》中,对布尔迪厄的实践理论逻辑与文化理论构成做了基于社会学的分析,介绍了布尔迪厄的文化理论的基本内容。❸ 朱国华在《权力的文化逻辑》中介绍了布尔迪厄理论中文化与权力之间的关系。❹

布尔迪厄理论体系的难能可贵之处在于,它不仅具有强大的实践指向性,而且其理论性效果与日常生活的密切程度之深尤为惊人,他将科学研究和社会批判相结合,成为揭示社会现象与文化研究的重要方法论。这体现在大量研究者集中对布尔迪厄理论体系中的场域、资本、惯习与文化概念进行深入解读与剖析。陈治国将布尔迪厄理论中的重要概念——文化资本置于马克思主义基本立场与体系中看待,将文化视作不同于经济资本和社会关系的资本形式,借由文化资本再生产带来了决定性的统治秩序力量。❺ 有研究者裴仁伟、朱国华、张广力对布尔迪厄理论体系中"惯习"

---

❶ 刘小枫.个体信仰与文化理论[M].成都:四川人民出版社,1997:11.
❷ 周宪.文化工业—公共领域收视率:布尔迪厄的媒体批判理论[J].国外社会科学,1999(2):3-5.
❸ 张意.文化与符号权力:布尔迪厄的文化社会学导论[M].北京:中国社会科学出版社,2005:7.
❹ 朱国华.经济资本与文学:文学场的符号斗争[J].社会科学,2004(9):113-121.
❺ 陈治国.布尔迪厄文化资本理论研究[D].北京:首都师范大学,2011.

"资本""场域"的概念合理性与理论延展性加以剖析❶,刘晖将布尔迪厄的整体理论体系置于社会学宏观发展的视角中把握❷,张艳对布尔迪厄理论提出的社会情境背景进行分析❸,戴圣鹏对"场域"理论的资本、张艳对"实践"、何少娴对"惯习"❹、刘晖对"区隔"❺、黄俊对"文化再生产"在中国的社会科学领域研究实践中的适用性加以探究。❻

将布尔迪厄的理论体系作为方法论整体,将广泛的社会学科研究作为例证的研究也层出不穷,其中,由附着于某种权力与资本形式的不同位置之间的客观关系所构成的场域理论,被广泛运用于翻译社会学、教育学、社会学、新闻学、法学等不同领域中。罗德尼·本森与艾瑞克·内维尔主编的《布尔迪厄与新闻场域》中将空间隐喻用于新闻分类中,认为《纽约时报》《华尔街日报》这些主导场域的组织或个人不仅拥有社会资本,而且通过主导合法化的方式拥有了"象征资本",因此具备了作为场域存在的基本特质,而新闻场更被视为权力场域的一部分,独具自主性地身处文化生产的支配性场域中。帕特里克·尚帕涅通过法国新闻场的特定环境界定,对法国新闻场的一般运作方式,例如新闻转载(story pick-up)过程,揭示出新闻场受到政治和市场双重规制作用,在权力场域中不断被消解进而变得更脆弱的结果。在国内的场域理论研究实践中,邓玮、董云丽用布尔迪厄场域理论研究法学的规制❼,黄俊基、董小玉于"场域"理论对教育社会

---

❶ 裴仁伟.走近"习性"、"资本"和"场"——读《布尔迪厄访谈录》[J].贵州师范大学学报(社会科学版),2001(1):32-35.

❷ 刘晖.从趣味分析到阶级构建:布尔迪厄的"区分"理论[J].外国文学评论,2017(4):48-67.

❸ 张艳.阶层化与休闲体育方式层化根源之研究——基于布尔迪厄实践理论的探讨[J].赣南师范学院学报,2018,39(3):121-126.

❹ 何少娴,尤泽顺.建构、场域及符号权力:布尔迪厄对批评话语分析的影响[J].东南学术,2017(6):231-237.

❺ 刘晖.从趣味分析到阶级构建:布尔迪厄的"区分"理论[J].外国文学评论,2017(4):48-67.

❻ 黄俊,董小玉.布尔迪厄文化再生产理论的教育社会学解读[J].外国文学评论,2017(4):48-67.

❼ 邓玮,董丽云.布迪厄:用场域理论研究法律[J].学术探索,2005(5):69-72.

学解读❶，贺昌盛、王涛基于布尔迪厄理论中惯习、阶层、区隔的意义，对西方理论概念翻译时加入翻译社会学阐释❷。陶东风在《文化资本的争夺与知识分子的分化》一文中，将布尔迪厄对知识分子与资本及利益的思考，引入当代中国知识分子社会位置和角色及其变迁的考查之中。

具体到新闻传播学领域，2003 年，韩纲翻译了罗德尼·本森的《比较语境中的场域理论：媒介研究的新范式》论文，首次系统地介绍了布尔迪厄媒介场域研究的路径取向。刘海龙分析了当代媒介场域的构型❸；于德山对布尔迪厄新闻场域理论的现实意义加以剖析❹；张斌对布尔迪厄"场域"理论在媒介研究中的运用分析，并形成"新闻"场域；宋丽芳、仇亚东基于"场域"理论对数字鸿沟的作用与影响进行研究❺；杨雅舒基于"场域"理论对"新闻场"引入"学术场"的博弈作用机制进行研究❻；廖媌婧透过经济场、政治场和专业场的力量在东方卫视电视生产场域内的资本互动，探讨了体制化的空间运作及资本对电视的控制，将媒介生产实践看作是由关系和力量的争夺构成的场域。❼布尔迪厄以电视为例，认为新闻场受到来自政治场、经济场、社会场、文化场及科学场等多个场域的控制和影响。新闻场不仅对政治生活和民主生活带来危险，而且这种危险也存在于艺术、文学、哲学、科学、法律等文化生产的诸领域。周娟讨论了媒介权力场域中消费精英空间生成，认为以广告、影视剧、时尚生活类传媒等型构而成

---

❶ 黄俊,董小玉.布尔迪厄文化再生产理论的教育社会学解读[J].高教探索,2017(12):35-40.

❷ 贺昌盛,王涛.后现代语境中西文理论术语的"汉译"及其界定——以布尔迪厄《区隔》中的 classe、jugement 和 habitus 为例[J].厦门大学学报(哲学社会科学版):2017(3):150-156.

❸ 刘海龙.当代媒介场研究导论[J].国际新闻界,2005(2):53-59.

❹ 于德山.布尔迪厄的新闻场域理论及其现代意义[J].新闻知识,2005(5):36-38.

❺ 宋丽芳,仇亚东.基于"习性,场,资本"理论浅析我国的数字鸿沟[J].中国教育技术装备,2015(2):163-164.

❻ 杨雅舒.从布尔迪厄的"场"论看"新闻场"与"学术场"的互动[J].新闻世界,2015,000(1):157-158.

❼ 廖媌婧."场域"理论视角下的东方卫视节目生产研究[D].上海:上海大学,2015.

的媒介拟态环境受到权力场域的"他律级"与"自主级"结构动因推进，进而生成具象化于景观文化与视觉修辞的空间生产。

综上所述，场域理论为不同学科、不同领域的研究提供了可以在多元层次上分析社会实践的普遍框架与方法论，场域理论用以揭示社会因素与社会结构、社会位置与国家机构、市场机制与文化生产场域之间的关系，场域自身作为具有专业实践逻辑，穿插在不同架构形态与社会实践之中，呈现着组织性、差异性与约束性。

三、时尚传播的文化场域特质

在布尔迪厄看来，场域的形成首先要在高度分化的世界中具有相对的自主性，而时尚传播便是存在于被媒介化与技术化发展所高度分化的现实世界中，并因其主体能动作用的发挥而成为具有相对自主性的存在。其次，布尔迪厄认为不同场域具有不同的逻辑，借由时尚传播自身的传播实践与过程的结构性与文化性，显然具有其内在逻辑表征与外在意义呈现的特征。最后，布尔迪厄认为实践者一旦进入场域中，便获得了场域所特有的规则、符号和代码，具象于时尚传播，其符号意义表征和符号生成的天然属性，使时尚传播的规则与其文化意义构成不可分离。时尚传播借由此建构而成的具有文化特质的场域，成为推动时尚文化生成的场域，成为推动时尚传播实践发展的文化场域。

具体来看，正如布尔迪厄所认为的，场域中的参与者，都不断竭尽所能来使自身与充满竞争关系的对手区分开来，减少竞争，从而建立对场域内某个特定位置或特定局部的垄断。正如文化的实践者都以刻意寻求区隔为出发点，时尚传播的时尚文化促进者与推动者均刻意在时尚传播文化场域中制造差异，凸显自我。在布尔迪厄的理论体系中，所有的文化符号与实践，不论是艺术趣味、服饰风格、饮食习惯，还是精神层面的信仰，以及语言本身，都体现着强化社会区隔的利益与功能。为了社会区隔所进行的斗争，是所有社会生活的基本维度，因此，个体、群体及机构之间的权力关系问题便成为所有社会生活的核心，社会性的所有表达和符号再现都不能离开其建构的权力关系。显现于时尚传播场域中，时尚传播实践者通过在场域中的实践活动来获取基于权力获取的场域位置，形成区别于其他群体的特殊符号与文化意义。

最后，场域中的惯习这一概念来源于亚里士多德提出的素性（hexis）概念，被布尔迪厄视作被建构的性情系统，同时又倾向于以被建构的结构在社会结构中发挥作用，正是在这些作用机制下，实践和表征得以形成。结合来看，显现于文化实践活动和文化意义表征的时尚传播，不仅被不同的社会结构因素所建构，同时又在被建构的过程中发挥着主体能动性，并通过这些作用的发挥影响和改变着社会情境中的其他要素规则和运作逻辑。显然，惯习系统作为一整套感知、评判和行动区分的性情系统，根植于人们内心并表象于日常生活实践与精神形塑过程中，而时尚传播即为一种惯习的呈现与表征，是在社会结构塑造下所形成的个人行为，并逐渐形成一整套评判时尚引领力和时尚接近度的性情系统，以区分为目的为依据对个体时尚传播实践加以区分和感知。时尚传播会受到社会情境的变化而进行存在形式的内在化与外在力的连续表征与改变。

综上，时尚传播自身携带着自主性、结构性、文化性、规则性的特质，并通过斗争性、差异性所强化实现的区隔性来重塑符号意义和生成文化意涵。在此过程中，时尚传播经受着惯习的实践引导和系统评判，在规则指引下确立传播逻辑，最终使时尚符号意义和文化意涵能够在明确的资源条件环境与行为模式中进行，进而形成具有特定惯习体系的时尚文化场域。那么，时尚传播作为文化场域而存在，又是基于哪些文化呈现与表征而实现的呢？下面进行具体分析。

第三节 时尚传播文化场域的三维面向

具体而言，时尚传播基于以下三个层面的文化呈现：首先，作为文化景观存在的象征体与建构体，时尚是构成景观世界的主要社会结构，是形

流动与连接
时尚传播的文化场域形塑与建构

成文化传播景观的组成要素，是影响人们理解景观社会的有力途径；其次，作为文化实践活动的传播体，时尚是文化符号意义联结的系统体系，是真实与意象之间的架构，是意象转型的衍生；作为文化信息的承载体与激励体，时尚实践与传播过程充满了文化表征，呈现出文化可视化的趋势。

一、作为文化景观的时尚传播

"消费社会近来发展之快，以至于使食品超市和书店也按照景观的原则来进行组织陈列，货品的陈列令消费者目不暇接。"❶ 显然，"在现代生产条件占统治地位的各个社会中，整个社会生活显示为一种巨大的景观的无穷积累，直接经历过的一切都转向了表征。"❷ 这两位学者的论述将商品转化为景观来阐释当代资本主义，资本主义的商品生产、流通和消费，已经呈现为对景象的生产、流通和消费，景象的出现存在于当今世界中，被商品控制着生活的方方面面。依据居伊·德波的阐释，时尚便处于这样一个被物品和意义所控制的世界中，伴随后现代社会的推进，经历着深刻转变的时尚产品生产和消费的重要性已经由意义消费和社交关系所取代，过去不曾受到时尚产品制约的社会生活和文化实践在后现代社会中，一方面受到时尚的文化意义影响，物质产品的生产和使用充满了符号化的过程，不仅体现了实用价值，而且还充当着"沟通者"的角色进行时尚的文化传播与意义转移；另一方面受到时尚的经济性意涵影响，与时尚的变化性、流动性、文化性和社会性相结合，作用于日常生活方式场域之中。

无论是遍布购物商场，琳琅满目的布满视觉性的橱窗设计、快时尚品牌的零售店陈列、人头攒动排着长队的各种网红奶茶店，还是城市中随处可见的视觉广告屏幕、极具审美性的建筑设计、艺术画廊、博物馆展览，都成为当今时尚传播的组成元素。居伊·德波认为"世界已经被拍摄"，发达资本主义社会已经进入影像物品生产与物品影像消费为主的景观社会，而景观本质上是"以影像为中介的人们之间的社会关系"。根据这种解释，

---

❶ STEVEN B, DOUGLAS K. The Postmodern Turn[M]. New York: Guilford, 1997: 86.
❷ 德波. 景观社会[M]. 张新木, 译. 南京: 南京大学出版社, 2017: 3.

时尚即景观，时尚成为可视化的景观传播，对社会结构中不同层级、不同种族、不同性别、不同国别、不同信仰、不同社会地位的人们加以社交连接或阶级区隔的作用力，使每个人都浸染于"可被看见"与"可以看见"的社会情境中，不自觉地去接收信息和传播信息。走近身边的朋友同事，不难发现他们的手机 App 里挂着微信、抖音、小红书等几个界面并随时随地翻阅。以抖音为例，截至 2023 年 9 月，抖音的注册用户超过 10 亿，抖音去重活跃用户规模达 10.88 亿，日活跃用户超过 7.5 亿。❶ 在小红书，每天都有超过 1 万套全新的穿搭展示被呈现，小红书举办的线下大型粉丝见面活动"living inspired"活动从北京开展到洛杉矶，"内容创作者"活动则由内容创作者对自己的创作经历进行演讲分享与粉丝线下互动。显然，社交媒体成为传播与主宰流行时尚的最大载体，并激励个体积极参与其中，成为源源不断的内容供应者与制造者。借由时尚信息的传播与消费，建立起庞大而繁盛的传播景观体系，并因此影响和改变着人们的消费观和文化观，时尚传播景观也在时尚文化的浸润中得到重塑。

费斯克认为："看制造意义，通过观看与展示，成为一种进入社会关系的方式，另一种将自己嵌入总的社会秩序的手段，一种控制个人特定社会关系的手段。"❷ 在服装设计师亚历山大·麦昆（McQueen）1993 年的一场时尚秀中，展示了一组互动装置：由一位身着一条白色裙子的芭蕾舞演员与两台机器人手臂进行互动，由机器人手臂对白色裙子进行随意自动的喷绘，来展示在世纪之交身处机械化自动化工业化进程中的人类身体以及人与机械、技术之间的关系。显然，这种通过展示可观看的时尚行为实践，将时尚传播对象转变为融合观看者和消费者身份为一体的角色，将时尚生产和消费活动统一为景观的实践活动。事实上，建构了传播景观的时尚不仅进行着物质层面的消费，而且展示和占有了景观的文化意涵，并将观看者和消费者转化为实践者。

---

❶ QuestMobile2023 年新媒体生态洞察：行业用户规模 10.88 亿，用户流转、分流进入新阶段，平台以两大途径谋增长、冲变现[EB/OL].（2023-11-21）[2024-1-15]. https://www.questmobile.com.cn/research/report/1726888249161519105.

❷ 菲斯克.解读大众文化[M].南京：南京大学出版社，2001：38.

据《中国互联网络发展状况统计报告》显示,截至2023年12月,我国网络视频用户规模达10.92亿人,较2022年12月增长2480万人,互联网普及率达77.5%。❶ 短视频、图像、vlog等更直观更具象的视觉可视化传播形式成为时尚传播的主要呈现方式。据索福瑞媒介研究(CSM)报告显示,28.2%的用户会参与制作视频,同时进行上传与编辑活动,既是内容消费者,又是内容制作者。而用户参与内容生产的两大主要驱动因素分别是"个人爱好"(60.9%)和"记录生活"(60.8%)。❷

数据可直观显示出,景观可视化的外在呈现方式与内在技术发展逻辑相结合,共同形成了以平台驱动下的景观生产与技术融合为主要趋势的传播景观。一方面,遵循外在形象与内在意义的时尚,以景观的方式组织媒介的力量和消费文化的作用,以此形成当代社会中的组织体制;另一方面,时尚以各种形象和传播的聚合,通过景观而构成人们的社会关系,并通过人们对时尚的消费和由此建构的交往关系来建构复杂的时尚传播景观社会。可以说,既是现存生产方式结果的景观,也是该生产方式生成的景观,以时尚媒体、时尚实践者、时尚广告等直接传播和消费的形式,构成了社会中占主导地位的时尚传播模式,并成为现存社会时尚体系中"持续在场"(presence permanent)的证明。❸

二、作为符号意涵的时尚传播

当我们认知时尚传播时,实际上是对附着于时尚传播行为之上的意义加以解读,并赋予时尚以丰富的能指(signifier)和所指(signified)来构建时尚传播意义系统的模式。正如对时尚进行消费时,要给时尚事物罩上一

---

❶ 第53次《中国互联网络发展状况统计报告》发布互联网激发经济社会向"新"力[N/OL].(2024-3-25)[2024-4-15].https://www.cac.gov.cn/2024-03/25/c_1713038218396702.htm.

❷ 2018-2019短视频用户价值研究报告.CSM媒介研究:Useit知识库[EB/OL].(2019-2-21)[2024-4-15].https://www.useit.com.cn/thread-22305-1-1.html.

❸ 德波.景观社会[M].张新木,译.南京:南京大学出版社,2017:4.

层"意象的、理性的、意义的面纱"❶。而这种成为真实物体虚像的中介便是符号,从这个意义来看,符号成为时尚的涵指,这意味着我们要在符号的形态、结构和规则的变化中寻找时尚意义变化的架构。

(一) 时尚传播的符号涵指意义

尽管戴维斯曾论述道:"人们所穿着的服饰不过是陈词滥调",然而,我们的穿着和服饰本身并不会从衣橱里跳出来发声,会"发声"的是穿着和服饰背后的符号涵指意义。所谓涵指是一个包含着能指、所指和把二者结合于一起的过程,即意指作用。❷ 戴维斯将时尚视为非语言传播的形式之一,然而,衣着服饰与语言文字息息相关,例如品牌的名称或者是商品的标志,都离不开语言的语用含义和指称意义。以城市中的购物商场为例,长久以来在社会结构中扮演着两种角色:一种是成为活跃于社会中的经济体,另一种是以指称意义成为愉悦大众满足大众的场域。进入商场中,人们感受到的并不仅是商品交换与物质陈列,而是通过营造景观庆典的气氛,呈现商品背后的文化价值与意义。❸ 商场中提供的可供观展式的意象,汇集了有声语言与无声语言,彼此融合,这其中包括声音、光线、颜色、陈列、动作、意象、人物、动物与物品的交错,吸引人们控制身体与情绪,从而把商场中的涵指意义视作迷恋、向往与渴望的来源。❹ 在此过程中,时尚的存在体被介于充满符号的情境中,依靠符号意象转型(transforme)的作用,由表象过渡至意象,由符码转移到表征。其中,涵指项(connotateurs)是由直指的系统诸如记号(被结合的能指与所指)所构成,而涵指的所指则是意识形态的一部分。具象于时尚传播中,对时尚传播这个所指进行意涵解析,会发现其符号涵指与社会情境、文化、历史、知识、技术密切相通,

---

❶ 巴特.流行体系[M].敖军,译.上海:上海人民出版社,2016:3.
❷ 巴尔特.符号学原理[M].李幼蒸,译.北京:中国人民大学出版社,2008:79.
❸ STALLYBRASS P, WHITE A. The Politics and Poetics of Transgression[M]. London: Methuen, 1986:62.
❹ MERCER C. A Poverty of Desire: Pleasure and Popular Politics[M]//BENNETT T. Fonnations of Pleasure. London: Routledge & Kegan Paul, 1983:109.

因此时尚传播的外在表征下才能渗入意涵系统中❶，由此，时尚便成为被赋予符号涵指的传播实践。

不同于物质生产的内在过程，时尚实践的生成遵循着与之相反的路径，在以生产为主导的物质生产过程中，生产的目的与信息的传播是以满足人类日常基本生活需求为目标，而在以符号涵指为主导的时尚实践生产过程中，人的需求依托于时尚物品的涵指，尤其是时尚物品的意指作用与文化意义，人与时尚物品的关系在逐步异化的过程中，通过对时尚物品的消费来建构人的社会系统，由此，时尚实践的生产过程实则是对时尚物品符号涵指和文化意义的生产与消费。恰如受访者坦言：

> 我有次搭高铁从香港到广州，遇到一位漂亮的女乘务员，她一直面无表情地提供着服务，却在我起身准备下车时绽放了一个特别灿烂的笑容，说"你的包包真好看，你为这个包包买了不少配货吧？"她指着我的爱马仕鳄鱼 lindy 包追问道，"一定很难买到吧？"❷

在对作为时尚物品的奢侈品品牌包的认知中，涉及的不仅是其意指作用的意义关系，而且涉及社会系统中的其他决定性因素，并不断注入社会地位、身份象征等因素的判断。对时尚物品使用和消费时，"交换和流通的不是财富，而是意义、快乐和社会身份……消费者在相似的物品中选择时，通常看重的是其文化价值"❸。正如一位受访者所言：

> 奢侈品是时尚的代表，奢侈品的设计走在时尚的前沿，我喜欢奢侈品，也会买一些奢侈品，我很享受拥有奢侈品的快乐感和满足感。❹

显然，奢侈品是一个极为典型的例子，它"说着"物品的意指作用，却并不提供直指的话语。赋予奢侈品之上的符号涵指，便是一个结合能指和所指的意指作用过程，将被直指的符号诸记号结合起来形成一个涵指项，

---

❶ 巴尔特.符号学原理[M].李幼蒸,译.北京:中国人民大学出版社,2008:79.
❷ 受访者 F2,受访时间 2018 年 5 月 6 日,受访地点:广州。
❸ 菲斯克.电视文化[M].周宪,许钧,译.北京:商务印书馆,2010:448-449.
❹ 受访者 F6,受访时间 2019 年 11 月 18 日,线上访谈。

第一章 作为文化场域的时尚传播

例如,作为使用物品的消费意义和作为象征物品的经济意义相结合,并将所得到的涵指项,置于社会、文化、阶级、历史等社会结构因素中,最终得到对奢侈品符号意涵的完整的、整体的复杂系统。

在时尚传播符号涵指的系统结构形成中,时尚传播认知的对象系统是基于符号学的元语言被意指的,元语言即将作为被研究的系统的对象语言当作第二系统的分析要素。❶ 那么,是什么社会因素发挥着如同元语言一般的作用呢?作为传播涵指的时尚实践,通过其超越视听感官的符号意义解读,直接作用于信息传播的每一个环节,并通过时尚文化的潜移默化,改造着个体的主体性和社会的现代性。在象征互动论学派的研究中,布鲁默认为人们展现行为的基础是他们赋予物体和情境的意义,意义是人们在互动中衍生出来的,而且这个意义在互动的诠释过程中会进一步得到转化。❷ 的确,在访谈中,笔者发现展示特定行为与对物体意义的解读均不能脱离人们所处的社会互动情境,正如一位受访者所说:

> 前不久,我戴着一根宝格丽项链去理发店洗头发,那个女生洗完后问我:"这项链蛮好看的,几百块一条啊?"当时我就感觉很生气。我花了几千块买的项链,却被她拉低了价格,那一刻感觉很受挫。❸

此处,作为时尚物品的宝格丽项链本身不提供作为对象的直接语言,却在特定的社会情境中,被赋予意义的元语言解读,而这种赋予本身就是对涵指过程的介入。符号涵指的系统结构如图1-3所示。

除了社会情境之外,社会层级的划分与区隔力量也不容忽视。通过对符号涵指意义的主体性解读,时尚个体的时尚文本生成逐渐成为社会分层的有力表达,置身于不同分众市场的个体,通过分层信息的获取,在无意识的不自觉符号意义诠释中强化各归各位的社会层级。对奢侈品的态度与购买行为恰如其分地证明了这一点:

---

❶ 巴尔特.符号学原理[M].李幼蒸,译.北京:中国人民大学出版社,2008:71.
❷ 胡幼慧.质性研究:理论、方法及本土女性研究实例[M].台北:巨流图书公司,2002:129.
❸ 受访者F13,受访时间2020年8月21日,线上访谈。

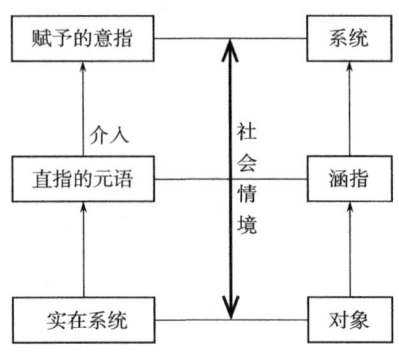

图1-3 符号涵指的系统结构

多数人购买奢侈品时只为满足我拥有的需求，当你发现拥有同款的人到处都是时，你心里就不会那么爽了，会有挫败感，其实你渴望的是从财富上接近使用奢侈品的那群人，因此，很多奢侈品品牌才会出限量版、定制版，就是为了满足拥有这样心理需求的顾客。❶

朱德庸曾写过一个橱窗人的隐喻：有一种人，他穿时尚的衣服是为了让别人看，他从事的工作也是为了让别人看，他一切的一切都是为了让别人看到自己的品味和格调，所思所想皆以别人的眼光为唯一标准。朱德庸将这种人谓为"橱窗人"。❷ 显然，通过拥有和使用奢侈品这一极具符号意义涵指的象征物，来获取实现社会分层的有力捷径，已经成为普遍存在的现象。

然而，借由社会影响因素的自体变化，诸如社交媒体的赋权与时尚意识的提升，时尚与之前"成为贵族阶层玩耍工具"的定位大为不同，更多地向下沉化轨迹发展，并逐渐实现平权化，伴随着后消费时代的盛行与后现代社会的来临，时尚成为人人皆可享有、非特权化的意义涵指。衣食住行的时尚新潮化成为被普遍关注的对象，比如人们有时间、有机会能吃好每顿饭，这就是一种时尚需求；每个人都能把自己的生活变得更精致一些，

---

❶ 受访者F3,受访时间2019年12月22日,受访地点：太原。
❷ 朱德庸.你我都是"橱窗人"[J/OL].(2014-11)[2023-1-18].意林·作文素材. http://www.92yilin.com/ycb_2014_11/index.html.

既有玉树临风、把酒言欢的追求,又能传递信达雅的观念,这就是每个时尚个体的应有之义。由此转向来看,时尚的符号涵指意义也在发生着由与现实产生关联向自身逻辑表征的转向。时尚符号的意义价值不仅显现于商品使用价值的完成和实现,更成为"符号交换意义的备份、转换和延伸。"❶ 因此,时尚的符号涵指意义不能以物质实践来简单界定,也不能以时尚形象和信息的视觉本质来界定,而是要由将所有时尚实践作为表意本质的组织界定,在此意义上,正如鲍德里亚提出的:将消费视作符号运作的系统活动,时尚是符号涵指意义运作的系统活动。

(二) 时尚传播的符号文本意义:文化意义再生产

霍尔将传播分为生产、流通、分配或消费、再生产四个阶段,依此分析在每个阶段的条件与权力关系下符码与意义的生产。不论是后现代社会、后工业社会,还是消费社会,其共同点是文化再生产在当代整个社会实践总体中占据着决定性的地位,整个社会的基本运动动力便是文化实践及其不断再生产。❷ 时尚以其符号文本意义生成文化再生产,与此同时,以其视觉性与传播性作为文化符码与生产意义而存在,时尚的意义指征便符合文化再生产的运作逻辑。

当今,非组织化资本主义的经济正由生产实物走向生产符号和标志,消费社会经历了一个影响和图像的转向,意义性成为引导消费的主要因素。与此同时,被不同时尚个体所生成的时尚文本不仅可以作为分层的指标,而且可以细分受众信息库,进而成为拉动社会变迁的浮动符号与象征。❸ 由此,中国的时尚个体无论是对风行于欧美时尚美学的模仿与再造,还是对时尚文化进行再符号化的文化再生产,均对中国的时尚文化产生影响,形成了具有本土化符号意义再生产的塑造形式。

按照布尔迪厄的诠释,文化再生产并非文化复制与模仿的重复活动,

---

❶ 罗钢,王中忱.消费文化读本[M].北京:中国社会科学出版社,2003:34-35.
❷ 高宣扬.布迪厄的社会理论[M].上海:同济大学出版社,2004:14.
❸ 马杰伟,张潇潇.媒体现代——传播学与社会学的对话[M].上海:复旦大学出版社,2011:229.

流动与连接
时尚传播的文化场域形塑与建构

而在于通过再生产,"与原有生产基础结构之间发生作用,并揭示再生产过程中多元因素共时互动的复杂性"❶,这体现了时尚传播符号文本的文化再生产,与当代社会中不断变化的因素发生作用,进而呈现出复杂的意指过程。

首先,呈现于时尚的文化再生产过程中的结构模式,与传统时尚文本生成符号意涵的组织化、规模化、指称化极为不同,社交媒体时代,时尚文本生成的逻辑发生着基于技术赋权和文化意义再生成的新变化,已经与传统媒体时代中的时尚文化再生产迥然不同。如一位受访者所言:

> 谈到我是如何打造自己的自媒体平台,成为所谓的时尚达人的,首先我会结合自己的特色和特长,举个例子来说,比如我平时最爱穿比较正式的服装,那么我分享的主线就是'时尚有型'的穿搭特色。其中,就要注意日常的分享基调、包的风格、搭配的颜色是不是足以代表自己的风格。我日常穿的颜色就是极简、黑白灰、低饱和度。但这样的穿搭风格,有时候就会需要一个亮眼的颜色来做点缀,比如一款足够吸睛的包、一条夸张的项链,除此之外,还可以是一台代表自我个性色彩的车。在这个几乎独创的空间中,存放了我许多工作情况记录和日常穿搭记录。其次,与其追热点不如自己制造热点。在视频创作时,多结合热点话题。以我的视频为例,我制作的话题包括:如何打破对职场人刻板、枯燥的印象,呈现时尚、多元的一面,用风趣、生动的方式去体现职场穿搭,收到很多粉丝的点赞,我觉得是很有意思的经历。❷

根据受访者的叙述,被社交媒体赋权的时代,时尚文化再生产首先以时尚传播者自我定位与认知作为符号意涵生成的来源:

> 从清晰的自我认知出发,对自己的优势加以理智判断,是我作为一名内容分享者第一件要做的事情。❸

---

❶ 高宣扬.布迪厄的社会理论[M].上海:同济大学出版社,2004:17.
❷ 受访者 F24,受访时间 2019 年 4 月 28 日,受访地点:太原。
❸ 受访者 F11,受访时间 2019 年 11 月 5 日,线上访谈。

第一章 作为文化场域的时尚传播

通过对自我穿搭中的颜色选择、搭配界定,以及生成内容的风格特征进行基于自我符号解读基础之上的再诠释与再生产,对时尚的传播文本加以符号意涵重塑的生成。接着,对时尚内容的生成结合自我定位,进行主体性与独特性的文化意义再生产实践。

> 作为一名内容分享型博主,在国外留学的几年经历,让我深刻地认识到自己的优势,就是英语口语和面对镜头不怯场的优势,于是我决定做一名英语学习的内容分享博主。刚开始做分享博主的时候,我发现大部分的博主都是以讲课的形式讲述英文知识点,我就决定选择以室外的、动态的形式做内容,一天,我在旧金山的一个旅游景点,受到环境限制没有办法在一个固定的地点拍摄视频,所以只能在不同的地点进行拍摄,在回去的路上再加以编辑。没想到,这条 vlog 获得了 1 万多个点赞。我才明白,完全可以在内容形式上进行突破,并根据用户的喜好进行编辑。❶

显而易见,这与传统时尚文本产制的符号意涵生成模式极为不同,注入时尚实践者个体象征性的符号权力,对于时尚文化再生产的介入,体现着时尚传播文化再生产对于个体生活方式、思想风潮、行为模式的符号意涵重塑,并对社会阶级结构、文化资源再分配、文化权力再实现和文化资本再注入加以结构化、功能化。

其次,时尚文化再生产建立在视觉性的最大化实现目的之上。大体来看,时尚的符号意涵生产经历了印刷传播时代、传统媒体传播时代、网络传播时代及社交媒体时代。其中印刷传播时代以组织化机构化的时尚杂志为其传播兴盛之最,时尚杂志和时尚画册中的文本生产多以视觉图像为主,文字为辅,并未过多提供符号意涵转换的意指话语。而传统媒体传播时代则以电视、电影、纪录片为主,彼时时尚文本生产多以动态的图像集合,尤其是以广告和明星访谈类娱乐节目中,极具视觉冲击力的动态图像为主。在这些极具视觉性的时尚文本生产过程中,时尚文本在不断地创造意义结

---

❶ 受访者 F22,受访时间 2018 年 8 月 19 日,受访地点:美国。

流动与连接
时尚传播的文化场域形塑与建构

构,包括符号意义系统和文化意义系统,诸如将饰品的装饰功能借助传播媒体的功能,转换为"首饰是女人的第二张皮肤"的意指,赋予首饰这种本为装扮的物品以性别意义、身体意义与主体意义。在时尚文本符号所营构的系统化世界里充满了鲍德里亚所认为的"仿像"(simulacrum),并通过仿像这种联结现实意义与建构意义的对等,使时尚文本再生产不断进入循环往复的被建构的符号意指世界。社交媒体时代,时尚文本再生产的平台与路径发生着兼具技术变革与需求嬗变的转移,其生成逻辑建立在互动与联结意义的实现基础上。人们渴望的时尚文本意涵不仅包括社交媒体平台中的符号意涵,而且包括表征于日常生活中的意义,时尚的符号文本意义在交换和建构中不仅完成了意义向互动的流动,同时还实现了符号意义对文本再生产的制约。换言之,时尚文本的符号意涵生产,不仅是意义上的符号转换,也是一种价值形态的转换过程。至此,我们不得不考虑到时尚符号意指的另一个层面,即价值意义的确立与形成。

(三)时尚传播的符号符码意义:自我价值意义的确立

日本消费研究者三浦展将消费社会分为四个时代,与已经进入第四消费时代的日本不同,中国正处于第三消费时代和第四消费时代的共生期。中国的消费人群大体可以划分为两种:一部分正在追求高级感、个性化和独立精神;另一部分则回归理性消费,更看重一件产品的核心价值和性价比,在意它的文化底蕴和情感关联。换言之,中国消费者看待时尚的符号意义开始多元化,尤其是女性消费者自我意识的崛起,促成更多寻求自我价值与自我认同意义的消费行为。这也与近年来学者对消费者幸福感(consumer well-being)的研究相吻合。正如英国观察家夏洛特·鲁特肯斯所说,千百年来妇女所受的教导是要具有囤积和节省的美德,现在她们要学习花钱的艺术。通过对物质产品的获取、占有、消费、维持和处置等各种体验,给消费者带来主观的幸福满足感和积极情感,而对时尚的追求和消费正是这种行为中最为重要的一环。

中国人认为女性以白为美,欧美的女性却很喜欢晒太阳,都愿意晒成小麦色。他们认为拥有小麦色的皮肤,会感觉自己更健康。像你今天穿着颜色鲜艳的服饰，这意味着你心情愉悦，假如你在互联网媒体的平台中分享你的时尚搭配，这意味着你乐于将你的愉悦传播出去。❶

对时尚实践追求行为的背后意义加以探究，不难发现，与时尚相关的生产者、消费者、传播者及媒介人，基于自身的特征发展出符合个人倾向、品味、分类图式及生活方式的时尚实践，并在时尚实践中注入正向的情感意义，通过时尚实践的产制与消费，获得自我取悦与满足，并不是一味追逐流行的风潮，正如一位受访者表示的：

> 真正的时尚，应该是对自己的衣着举止有想法、有自己的审美要求，并带动别人做出更好的选择，而不是随波逐流。出现于街头，又领先于街头；潮流易逝，经典永存。在时尚和潮流里，找到自己的风格才是最重要的。❷

由此可见，对时尚符号符码意义的认同是建立在自我价值能否得以实现的基础上。而自我认同基于对自我价值和取舍的准确判断：

> 我们每一次对时尚的消费，都是在为我们想要的世界投一票，如果消费对于构筑自我是有意义的，也是我们将来想要成为的样子，那这钱就花得值，反之，就是浪费，只会带来内心消耗的累赘。我很赞同曾看到的一条非常有意思的语录：在事业中，当你的外貌越女性化，相反内心越理性而坚定的话，你获胜的概率就很大，在这个前提下，美容保养花的钱其实很值得，美容就像擦枪，买衣服就像买战袍，你投资的是你的武器。❸

这种自我价值的实现也成为区隔"自我"与"他者"的意义符号，在伯明翰学派的研究中，留长发长须、喜爱爵士乐的嬉皮士群体；身着正装、剃法式平头、追求精致生活的摩登族；痴迷摇滚、涂黑眼圈、喜欢重金属

---

❶ 受访者 F10,受访时间 2018 年 8 月 20 日,受访地点:美国。
❷ 受访者 F5,受访时间 2019 年 10 月 26 日,受访地点:太原。
❸ 受访者 F15,受访时间 2019 年 6 月 12 日,受访地点:太原。

音乐的朋克一族,皆通过独特的、充满个性的装扮来显示自我及自我族群的、与众不同的价值。然而,不论何种时尚符号意义,不论社会情境如何变迁,时尚的符号意义始终是社会符号的隐喻,它借助已有的物品体系和意义系统,通过对"意义的选择性挪用和对意义的适当性篡改来实现"。❶

罗兰·巴特提出"意义的金字塔"来论述被书写的服装,这座意义的金字塔由主要母体、被描述整体内部的意义断片及字面表述所占据。❷根据这种理解来剖析被访谈者对时尚符号意义的解读,我们可以将其认知时尚的过程视为"意义的金字塔",在金字塔的架构中,其基座便是通过对时尚符号指称意义的编码与解码来实现社会分层的区隔,金字塔的第二层是通过对时尚文本再生产的意涵生成来获得符号转换的流通,金字塔的第三层是通过对流通符号的消费来获取自我价值的确立,金字塔的顶端则是通过统一组合的意义符码,形成具有结构组合关系的时尚符号意涵。这种架构一方面使得时尚通过意义的表征来表达蕴涵其中的社会地位区隔和阶级分层,另一方面则使得时尚符号始终保持意义的最终统一性,即文化表征性(如图1-4所示)。

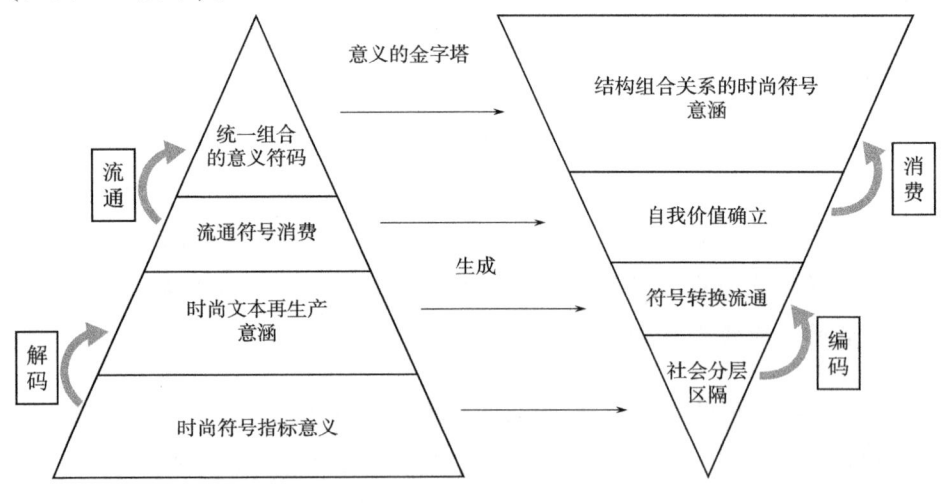

图1-4 时尚传播意义的金字塔

---

❶ 胡疆锋.伯明翰学派青年亚文化理论研究[M].北京:中国社会科学出版社,2012:114.

❷ 巴特.流行体系[M].敖军,译.上海:上海人民出版社,2016:75.

三、作为文化表征的时尚传播

广义的文化含义，是指一个特殊社会、民族在特定时期所形成的思想、风俗习惯、社会行为或生活方式。泰勒则认为文化是包括知识、信仰、艺术、道德、法律、风俗及所有其他作为社会成员生活能力和习惯的总和。一些学者则更加强调意义与符号，理解文化的相互构成。面对如此宽泛的文化定义，文化则不易成为经验社会的分析起点。帕森斯将文化视为独立的关于价值的系统，在功能上与其他社会系统互动并形成相对稳定的状态，社会中的行动参与者与实践者通过对文化价值的吸收和内化得以成为系统构成的一部分。受这种文化研究的转向，一些学者将文化界定为一种符号系统，文化是社会经验、价值观和信仰，是人类通过实践、物品和制度进行交流的方式，是"通过社会性地使用事物与技巧而建立的特定关系模式"。❶

总体而言，文化和时尚的定义在内涵和外延上都有同源性，探究文化和时尚的关系时，我们要将时尚和文化视为独立的系统和场域。本书所倡导的时尚本身具有的文化维度，是基于时尚与文化的互构关系而言的。首先，从定义来看，文化是多层次的理论体系，既是社会过程又是一种物质实践。随着对文化研究的深入，社会学家、人类学家和文化理论家意识到要从历史和相对社会关系入手，通过象征性表现形式（symbolic manifestations）以物质形式和文本过程来表述文化。美国人类学家吉尔兹强调文化是意义的生产和解释，语言和符号在文化中占据着核心地位，在《文化的解释》中，他这样写道："文化的概念本质上是一个符号学的概念，文化是一种'意义之网'，人们相信人是一个悬浮在他自己编织的意义之网中的动物。因此，意义的分析就不是探讨规律的实证科学，而是一门探讨意义的解释性的科学。"❷ 这与时尚的意义象征性与符号指称性不谋而合，时尚是一种风俗习惯，一种生活方式，也是社会行为的表现，在长期的实践过程中具备了与文化同源的意义要素。探讨时尚时，我们把时尚看作一个社会

---

❶ 陶东风,周宪.文化研究[M].北京:社会科学文献出版社,2014:166.
❷ GEERTZ C. International of Cultures[M]. New York:Basic Books,1973:5.

流动与连接
时尚传播的文化场域形塑与建构

与文化存在样态的基本指标,一种作用于社会结构中的系统,从这个意义来看,时尚是一种充满复杂性与矛盾性、社会性与文化性的过程,它不是一个凝固不变的范式,而是随着社会经济、政治和文化的变革而变化,经历着不断变迁和延续的时尚传播,其在社会结构中的实践过程通常循环往复并令人捉摸不透。辩证地看,透过时尚传播我们可以透视文化的变迁,同时亦可从文化的发展来剖析时尚传播的动向,可以说,时尚和文化两者间的关系是辩证的互动关系。在时尚传播的变化过程中,时尚文化得以形成,在延续的文化过程中,时尚不断在发展,因此,文化特征与时尚传播特性紧密关联。更进一步来看,社会群体的时尚发展与变化,反映着社会文化的变迁,时尚作为文化实践的具体承载方式,以其意指揭示了文化表征的意涵。斯图亚特·霍尔将文化实践视为一种意指实践,文化符号的意义在某种程度上是由其所属的社会领域及与社会结合的实践所赋予的,是各种文化关系的运动状态,而不是内在或由历史决定的文化对象。❶ 尽管学者们对文化的含义源头和理论意涵的论述各有侧重,但其论述都有着共同之处,即对于文化在人们社会实践中的重要作用加以强调。换言之,文化实践与文化表征界定了人们社会实践的场域,并在特定社会实践和事件意义的基础之上,限定着人们理解社会实践的方式。文化形式和文化活动领域同时是不断变化着的场域,不断地把这一架构变成控制和附属结构的种种关系。❷ 同理,在思考时尚的生产与传播中,时尚符码如何不懈地生产文化表征的意义?受众又是缘何臣服并反叛着时尚特定的符码解释和意义实践?面对这些疑问,对时尚传播的文化转向与文化表征的意义解读使我们重新思考,时尚的传播场域是信息内容的意义解读转移还是信息传播过程的扩散。因此,将时尚传播的内在语境与外在意涵置于广阔的社会情境与符码建构之中,成为解读时尚作为社会结构方式的主要理论背景。

---

❶ 陶东风,周宪. 文化研究[M]. 北京:社会科学文献出版社,2014:166.
❷ 格伦斯伯格. 历史政治和后现代主义:斯图亚特霍尔与文化研究[M]//文化研究. 北京:社会科学文献出版社,2015:169.

（一）时尚传播：消费文化的重要载体

在丹尼尔·贝尔所认为的新的消费社会中，物的丰盛与消费符号的扩张引起了消费商品、消费场所等物质文化的大量积累，这种隐形的消费机制生产出大量的符号意义和文化意义。"要成为消费的对象，物品必须成为符号。"❶ 消费社会强调占有物质，对传统价值体系中自我约束和俭朴节约的理念加以颠覆，受非理性控制的消费文化与新消费主义浪潮席卷而来，社会和文化正演变成为费瑟斯通认为的"审美化社会"，因此，"艺术与日常生活之间的界限坍塌了"。❷ 大众消费文化蓬勃兴起，时尚亦不再是小众的偏好，而成为大众的生活追求。那么，在消费社会这个实体过程的空间中，时尚和消费过程通过文化表征和意义解读来形成勾连。

消费社会中，"风格一词正在流行，当指涉特定身份团体的独特生活风格时，风格一词便具有严格的社会学意义，在当代消费文化中，它所指的是个性、自我表现及风格的自我意识。一个人的身体、服饰话语、休闲消遣、饮食喜好、居家度假等，都被标志着消费者的风格与品味的个体性。"❸ 显然，这种象征着自我表达方式的风格与时尚有着同宗同源的意义，象征着品味与风格的时尚便成为消费文化的载体，究其原因，首先在于消费文化的特征与时尚的传播路径相贴合，消费是基于商品生产的扩张，通过可供消费的商品与服务等形式而促成消费的蓬勃发展。20世纪之初在福特主义（Fordism）的推动下，不再以生产为主导的市场建构变得迫切，同时，公众被大众媒体"教育""规训"成为消费者❹这种认知可追溯至卢卡奇提出的物化（reification）理论。❺ 不论是商品的物化还是人的被物化过程，都离不开如霍克海默和阿多诺认为的那般：都会受到生产领域和消费领域中

---

❶ 布西亚. 物体系[M]. 林志明, 译. 上海: 上海人民出版社, 2001: 223.
❷ 费瑟斯通. 消费文化与后现代主义[M]. 刘精明, 译. 上海: 译林出版社 2000: 36.
❸ BOCOCK B. 消费[M]. 张君玫, 黄鹏仁, 译. 台北: 巨流图书公司, 1995: 52.
❹ EWEN S. Captains of Consciousness: Advertising and the Social Roots of the Consumer Culture[M]. New York: McGraw-Hill, 1976.
❺ LUKACS G. History and Class Consciousness[M]. Livingstone, London: Merlin Press: 1971.

占据同等重要地位的商品逻辑与工具理性的影响。人们如何选择消遣方式，艺术与文化以何种模式渗透到工业中，人们对意义与价值的追求如何受控于以消费为主导的市场逻辑，无不凸显出消费领域中的商品逻辑支配性。而传统家庭、私人生活等联结形式如何追求幸福与满足的承诺，成为消费文化追求的产物。可以说，我们必须承认消费过程与行为的情境性（situatedness），处于此情境中的商品，其意义价值占据着主导地位，并削减了商品原有的使用价值，商品因此获得了解放，而附载着被阿多诺称作"第二层或虚假的使用价值"。❶ 与消费文化相对应，时尚的发展根基在于商品的兴盛生产与媒体的广泛传播，借由时尚价值符号化的取径，时尚意涵的生成导致符号的操控❷，符号与商品结合，生产出的符号（commodity-sign）通过媒介传播与视觉意义中的符号操控，使符号抽离于时尚的客体对象，并在时尚生产到再生产的转变中，借由媒介重复地对意义符号、时尚意象及模仿追随加以复制，使时尚意象与真实的界限变得模糊。❸ 时尚的新意涵生成给社会文化带来崭新的建构层面，时尚符号与时尚信息的饱和，使社会生活中的所有事物都具有文化性。这种文化性抹除了时尚文化与大众文化之间的区隔，导致了时尚成为消费文化的最佳载体。❹

借由消费文化，人们通过对商品的使用与拥有来创造社会结构方式联结或社会区隔（distinction），并依此来界定社会关系。当人们的日常时间被商品消费所中介化时，隐匿于商品消费背后的历时性差异与变化便不得不被重视。❺ 被大众媒体与消费文化所提倡的商品重要性与商品建构关系，被

---

❶ ROSE G. The Melancholy Science：An Introduction to the Thought of Theodor W Adorno[M]. London：Macmillan，1978.

❷ BOURDIEU P. Outline of a Theory of Practice[M]. Ambridge：Cambridge University Press，1970：53.

❸ BAUDRILLARD J. For a Critique of the Political Economy of the Sign[M]. St Louis，MO：Telos，1981：79.

❹ JAMESON F. Postmodernism and the Consumer Society[M]//Postmodern Culture. London：Pluto Press，1984.

❺ HIRSHMAN A. Shifting Involvements[M]. Oxford：Basil Blackwell，1982.

人们视为提供人性解放、享乐满足与自我实现的关键。❶ 事实上，商品并未因其实际价值而被消费，而是以各种方式被符号化象征性地消费，通过对商品的拥有、呈现、展示等形式而产生极大的满足感，这与炫耀性消费（conspicuous consumption）的提出如出一辙，当消费实践与偏好能促成认同形构与自我表现，且对时尚、喜好、服饰与休闲品味所构成的生活形态文化发展来说，起着积极的推进作用。❷ 如果能够形成一种固定社会结构的存在，可以破除社会阶层藩篱，解除长久以来人与物品之间的联结状态，从而产生一种改变与控制商品交换的趋势，改变过去群体间借由商品及穿着而呈现的稳固的地位体系，使其在消费文化不断盛行的过程中受到强烈冲击，而这正是时尚的区隔性功能。正如布尔迪厄所论述的：品味会分类，同时也会划分人群，品味阶层（taste hierarchies）与分类（classification）便显得尤为重要。消费与生活风格的偏好，涉及识别性的判断能力，并使我们对他人的特定品味判断进行分类。这尤其体现在特定职业及阶层相关者的时尚群集中，其品味、消费偏好及生活风格实践处于结构性相对位置中，并细微地区分在某个历史时间节点中，来运作于某种社会中的差异性。正如一位受访者认为的：

> 每个人都应拥有自己的穿衣自由，当我们穿一些会吸引他人眼光的衣服时，一部分是为了吸引别人的关注，因为穿着打扮是在对他人传递表达自己的信号，另一部分是为了体现独特的身份地位。但是这种穿衣自由一定要考虑在合适的场合穿着合适的服饰。比如去海边旅游时，可以穿得随意一些，但是如果是出入法庭和工作场合时，便一定要穿得正式。❸

显然，衣着服饰与消费商品成为一种阶级地位的象征，成为穿着者和

---

❶ DOUGLAS M, ISHERWOOD B. The World of Goods: Towards an Anthropology of Consumption[M]. London: Allen Lane, 1978: 82.
❷ FEATHERSTONE M. Lifestyle and consumer culture[J]. Theory, Culture and Society, 1987: 55.
❸ 受访者 F14, 受访时间 2019 年 7 月 8 日, 受访地点：美国。

使用者适当行为举止的一部分，衣着服饰显现出社会结构中人们的差异化。社会中上层阶级通过不断供应崭新、流行、令人向往的商品，以重新建立原有的社会距离。因此，时尚作为社会交往形式，在现代社会中承担了复杂的区分和整合功能。

消费俨然成为20世纪的大叙事❶包括生产者和消费者在内的个人陷入对商品意义的获得过程中，通过可购买、消费的商品和体验，人们获取情感上的愉悦与意义的满足。消费的商品和体验并不局限于满足特定需要的使用价值，而是通过大众媒体和社交媒体的扩散传播，弱化了商品的使用价值，赋予其全新的符号意义和价值。这使消费文化在现代社会中随处可见，并且成为"一种生活方式"。❷ 在大众媒介制造的想象中，梦想与欲望被大力宣扬，人们的消费欲望和感官满足得到不断刺激。当消费需求与心理愉悦获得满足时，强烈的文化意象与动力油然而生，于此意义层面来看，消费文化是不断重复、不断刺激着再生产的文化，作用于其中的文化媒介人与实践参与者，通过个体体验和生活方式进行着差异化的阐释，并通过这些阐释与消费行为表明自身的同化与区隔。

日常生活中，商品化的过程无孔不入，这促成了文化的象征性不断被颠覆与逾越，被模糊了原有差异性的消费活动以符号与意象的形式表现出来，并被赋予关于文化的联结与想象。诸如购物商场、主题乐园、咖啡馆等消费地点的抉择，成为了去（re-enchantment）的手段❸，人们越来越注重满足自己的情感需要❹，消费者的实践也在不断变化，并且常以非实体的想象空间存在，本雅明将19世纪以来大量涌现出的新型百货公司视作千变万化的商品展示营造出的"梦想世界"，在被精心打造的梦想世界中，人们

---

❶ MORT E. Introduction. Paths to mass consumption: historical perspectives[M]//JACKSON P, LOWE M, MILLER D, MORT E. Commercial Cultures, Economies, Practices and Spaces. Oxford: Berg Publishers, 2000: 7-13.

❷ MILES S. Consumerism as a way of life[M]. London: Sage, 1998: 77.

❸ RITZE G. Enchanting a Disenchanted World: Revolutionizing the Means of Consumption[M]. Thousand Oaks, CA: Pine Forge, 1999.

❹ GERSHUNY J, MILES S. The New Service Economy: the Transformation of Employment in Industrial Societies[M]. London: Pinter, 1983.

沉浸在这些召唤遗忘自我身份的梦境空间中，体验着大众媒体赋予物质的浪漫、新奇、欲望、美丽、满足、自由、精致等意象，而科技进步、美好生活、幸福想象等意义也被附加在日常通俗消费品之上，作为主体的人逐渐成为脱离情境的客体，而受控于解读商品外在表面的关系之中。以城市化进程中涌现出的大量购物商场为例，这些商场并不只是商品与货币交换的场所，而以意象与符号的价值意义营造出节日舞会式的愉悦氛围，呈现文化意义不同的供观展式的意象、商品价值疆界的模糊、沉浸式的集合声音、动作、意象、图像、人物、色彩与物品的交错。而对于置身其中的人们而言，注重商品对于身体与情绪的控制，尤其是以此作为文明化发展过程一部分的中产阶级❶，他们对于城市、百货商场、度假胜地等饱含着文化秩序与消费推进的场域，充满着迷恋、向往与渴望。❷ 正如一位受访者坦言的：

> 回头来看，我认为自己对奢侈品的看法大致分成四个阶段：开始是出于虚荣心的满足，单纯喜欢奢侈品给自己的身份加以烘托，衬托出高级感和满足感，走在路上享受着别人羡慕自己的眼光。然后是真心喜欢，在熟悉了一些特定品牌后，产生了价值观上的认可和共鸣，并会因此对该品牌的艺术、时尚和设计感兴趣。接着是需要，我发现，很多公司高层或社会团体进行商务活动时，对方总会把你从头到脚打量一遍，根据你是否穿着或带着奢侈品牌的服饰或包而决定你的社会层次和购买能力；最后就成了习惯，当购买奢侈品成为一件很日常的事情，我就习以为常了，对于很多追求品质生活的人来说，一旦穿上质量优良剪裁得体的衣服之后，你就再也不想碰没有质感的衣服了。❸

总之，对物质商品充满盲目崇拜和以符号意义消费为特征的消费文化

---

❶ ELIAS N. The Civilizing Process[J]//State Formation and Civilization. Oxford: Basil Blackwell,1982(2).

❷ MERCER C. A Poverty of Desire: Pleasure and Popular Politics[M]//BENNETT T. Fonnations of Pleasure. London: Routledge & Kegan Paul,1983:72.

❸ 受访者 F28,受访时间 2020 年 3 月 18 日,线上访谈。

流动与连接
时尚传播的文化场域形塑与建构

而言,具备时尚符码和特征意义的传播场域被视为消费文化传播最直接的介质和载体。人们从对商品信息的关注转换至对产品符号价值的重视,进而延展至对价值背后意义的肯定和追求,时尚意蕴表达由此而来,时尚传播也逐步形成于社会结构的框架中。

(二)消解消费主义的时尚文化

现代社会消费主义的形塑日益提高,消费文化与大众媒体倡导的享乐和自我实现促使消费文化兴盛。消费文化逐渐日常化,实践于日常生活中的方方面面。对许多人而言,消费是当代社会日常生活中触目可见且成为日常生活的一部分,"消费的对象与内容不仅作为客体存在,而且是社会关系中一直在改变的群聚"。❶ 由此可见,消费成为包含各种社会关系与空间运作的复杂场域。体现着消费主义特征的时尚文化揭示了消费被创造、被展现与被体验的具体过程。然而,在单一文化的进展之下,社会多元性差异都会遭到消弭。❷ 在时间与空间中发生的消费行为,使人们经历着复杂而矛盾的面向,一些研究者认为消费文化、消费实践与消费结构,都在商品化、媒介化与概念化的过程中被收编与消解了。❸

前文已经对时尚传播的双重意义作出论述,一方面,人们通过对时尚传播的形式解读与意义消费获取所需的认同感与满足感,另一方面,通过社交媒体这种非实体的虚拟地点所进行的时尚传播实践,在时空压缩与传播多元化的深化中,时尚文化的意涵于其中不断地被重新书写与重新形构。在体现消费文化意义的同时,不断呈现出对消费文化的抵抗与消解。时尚传播以景观的方式呈现出符号意义,以符号指称意义作为时尚文本生产的要素,以文化表征的形式呈现出文化象征性,然而,时尚传播同时以其符码意义解读的多元性,时刻悬挂着达摩克利斯之剑。这一方面体现了传播

---

❶ MANSVELT J. 消费地理学[M]. 吕奕欣,译. 台北:"国立"编译馆与韦伯文化国际出版有限公司,2016:2.

❷ RITZER G. Enchanting a Disenchanted World:Revolutionizing the Means of Consumption[M]. Thousand Oaks,CA:Pine Forge. 1999:410-27.

❸ NORBERG HODGEH. 'We are all losers in the global casino:the march of the monoculture'[J]. The Ecologist,1996:194:3

实践者主体性的消解,另一方面体现于时尚传播中资源浪费与环境污染的危害。

首先,大众媒介与消费文化提倡追求时尚的,将之视为提供张扬身份、标榜自我的重要因素。时尚对个体日常生活的侵入无处不在,时尚商品化的趋势日益明显,社会区分与自我反身性日益强大,这些都和时尚所倡导的消费主义紧密相关。于是,社会学家们逐渐意识到浸染于时尚之中的个体,受到物品意义的支配和符号的驾驭,逐渐丧失了主体性的现象。正如一位在美留学生所言:

> 我身边有很多年轻人喜欢花着未来的钱,年轻人使用信用卡,无节制消费,被种草,大量购买超出自己消费能力的昂贵衣服和护肤品,被社交媒体影响,花大额的价钱去吃网红下午茶和餐品。世界各国的热门购物商场都在热情地招揽中国的旅游团。而这些,大多呈现的产出不过是在朋友圈发张好看照片而已。❶

显然,对时尚的一味追随与模仿,使个体在社会结构中的自主性越来越淡化,话语权越来越减弱。

> 以貌取人是很容易犯错的,真正的富人不是靠名牌包装的,也不是名车大房子,而是在不动声色的行动中,比如慈善,比如对社会做出一些贡献。那些住着别墅,开着宾利,打高尔夫球,挥金如土花天酒地,对人呼之即来、挥之即去的人,并没有拥有贵族精神,这是暴发户精神。在我看来,他们并不时尚,反而很丑陋。

一位受访者如此看待消费主义的扩张下,这些畸形的时尚认知和时尚文化。❷

其次,一些奢侈品品牌出于经济利益与品牌价值的考虑,而忽略本身作为商品的使用价值,英国奢侈品品牌博柏利(Burberry)为了保持品牌价

---

❶ 受访者 F22,受访时间 2018 年 8 月 19 日,受访地点:美国。
❷ 受访者 F23,受访时间 2019 年 5 月 26 日,受访地点:美国。

流动与连接
时尚传播的文化场域形塑与建构

值和奢侈品地位,不惜烧毁价值28.6百万英镑❶的衣着,事实上,制作一件衣服要经历复杂而漫长的"生命周期"(Cradle-to-gave design),从原材料的采集到服装设计、服装生产,成品之后经过工厂的运输,进入陈列奢华的零售店铺中,最后才能被消费者使用。在整个过程中,无论是对自然资源的攫取,还是对社会资源的占用,都充斥于整个衣物制作与使用的过程中。显然,这种以资源浪费和生态环境破坏为代价的时尚文化,是被人们所诟病的,值得反思。

最后,消费文化与时尚实践促成认同形构与自我表现,并且对休闲品味、音乐喜好、生活方式、饮食追求所构成的生活形态而言,无形中造就了文化的单一化与重复化。正如时下流行的"断舍离""极简风"所提倡:"保留生活必需品,舍弃生活无用品,拒绝浪费资源",这是对这种时尚文化机械复制和资源浪费的消解和抵抗。

> 在消费主义盛行的今天,几乎所有的品牌营销都告诉我们,只要拥有某某品牌,就是尊贵身份的体现。然而,虽然我有能力得到我想要的一切,但是能学会掌控自己需要的能力,更为重要。我有能力买,但我不会被营销牵着走;不会为了成了别人眼中的谁而去装饰自己;我更明白勤俭会让我以后的路越走越轻松,而不是陷入消费主义的陷阱中,越来越累。我正在试着做一个社会冷漠者,不再关心别人开的车、穿的衣服、买的东西,不攀比,这种对社会冷漠的迟钝感能帮助我抵御生活中消费主义带来的炫耀性消费竞争。❷

显然,这是对消费主义兴盛引起的文化工业单纯复制的抵制和消解,越来越多的网红被追随和模仿,使人们的审美越来越同质化,这也造成了人们接受文化渠道的单一化。而社交媒体中对消费主义的吹捧,使更多的受众从网红的举止言行中获取审美认同,而缺乏从书籍阅读、电影思考、时尚展览、艺术表演等充满主体性的实体中获取体验。我们不得不承认,

---

❶ 出版者注:28.6百万英镑≈265.77万元人民币。
❷ 受访者F18,受访时间2020年6月3日,受访地点:太原。

高度趋同的审美观与泛滥成殇的符号堆造，充斥于日常生活的时尚实践与体验中，造成了对文化工业的批量复制生产，这无疑形成盲目的潮流追随与低度时尚美感的单调重复。

总之，不论是作为传播景观的承载体、符号意涵的连接体，还是文化表征的激励体，对时尚的重新认知与社会结构中多元要素的变革及彼此角力与作用的过程不可分割。通过前文论述，我们可以发现，时尚被视作一个关系不断发生与交互的过程，而不是一种单一的行动。其中，时尚景观的呈现，揭示着时尚符号意涵的生成机制，并最终形成具有文化表征的意涵。因此，时尚可被概念化为社会关系的集结。而论及时尚与传播的关系时，不容忽视的前提便是二者皆作为社会结构中的构成要素，于特定的社会情境中互相作用、互相影响、互相推动的结构化进程。那么，不同社会情境中、不同技术因素中、不同历史背景下的时尚传播经历着何种结构性变革，又将对社会系统生成何种制约与推动，将在第二章中详述。

第二章

文化权力生成——时尚传播文化场域的内在机理

时尚传播,作为消费景观的呈现和展示,作为传播实践的意指架构,作为文化表征的激励体,作为建构消费社会关系结构与消费文化生活形态的组成要素,在移动传播技术塑造的社交媒体中,其生成权力与传播意象逐渐被解构与重构。在对西方和中国古代时尚传播进行历时性考察中,我们发现古代时尚传播生发于以政治为主导的权力场域中。然而,经过时代变迁和文化发展的推进,这种主导性不断向以文化权力转移。

第二章 文化权力生成——时尚传播文化场域的内在机理

第一节 时尚传播缘起——西方国家时尚传播嬗变

众所周知，物质性的改变必然引起传播关系的改变，物质性改变的原因被认为与人类认知世界改造世界的方式方法密切相关，其中，伴随技术发展而促成的媒介更迭成为影响传播关系的首要因素。媒介不仅是时尚信息的承载者、时尚符号的制造者，而且是时尚趋向的引导者、时尚消费的推动者，乃至时尚生产的批判者。

在西方国家，与资本主义发展相伴随的时尚传播作为阶层区隔与社会认同的主要途径，凭借视觉传播与大众传播的推进，撰写着个体身份展演与群体文化认同的历程。对时尚的传播却依存于人类社会发展的每个阶段，时尚的兴起与发展虽然与工业化的大规模机械生产息息相关，但更与媒介的更迭过程一脉相连。无论是在口语传播、文字传播、印刷传播、广播电视传播，还是电子网络传播的进程中，无论是语言传播、图形传播、文字传播、人际传播还是组织传播的过程中，时尚的兴发与传播一直与媒介的发展进程紧密相随。

一、中世纪晚期和现代文化早期的时尚传播与兴起

追溯时尚的兴起，西方学者多认为时尚出现于现代社会中，法罗代尔认为在存在森严等级制度的封建时代，并未出现广泛的社会流动和大型的社会运动，因此并不存在时装和时尚。早在13世纪和14世纪早期，时尚的选择是严格按照社会阶层的地位排序进行的，此时的时尚传播被严格限制，"14世纪以降，无论是欧洲国家的王室贵族，还是平民市井，都出现了标榜

时尚的不可阻挡的运动。"❶ 社会学家车龙则将时尚的历史分为古典阶段、现代阶段和后现代阶段。时尚的诞生与城市的兴起,和中产阶级的兴起紧密相关,处于14世纪到18世纪的古典阶段,封建制度逐渐式微,来自贸易行为的财富得到迅速积累,贸易扩张造就了城市贵族阶级的兴起,因此激发了时尚传播的发展,自此,时尚传播得以兴起。根据一些编年史学家的记载,14—15世纪,欧洲的权力越来越集中于宫廷内,权力逐渐被控制在贵族和君主手中,"也因为贵族开始像注重威武勇猛的精神那样注重学问与趣味的人文主义观念,宫廷便成为文化和教养的中心"❷。在宫廷的社会生活中,时尚扮演着越来越重要的角色,王室成员和骑士通过展示高尚的趣味、优雅的风度和得体的举止引起国王的注意,这些优雅举止、翩翩风度与良好教养成为显示阶级差异的手段,诸如一些特定的颜色,红色和紫红色只限制在统治阶级中使用,"到了14世纪,一个人的社会地位已经很少再依靠传统的出身标准,而更多地依靠看得见的后天获得的社会身份的标志,比如官职、拥有的土地、房屋、家居装备、外套、仪表"❸。此时,受到文艺复兴的影响,处于阶级结构顶端的人们拼命维持旧的已有时尚,而社会地位低的人们则竭力追随或挑战陈年旧俗。体现于穿着装扮中,女性的服饰越来越紧贴身体,做工越来越精细,男性所穿的束腰越来越短,并身着紧紧包裹身体的紧身裤。这表明时尚在社会生活中的渗透直接影响着个体自我意识的出现,并通过画像、雕塑、一些小册子和专门的著作对时尚行为加以记录与传播,以此抵抗宗教的谴责。时尚在此时社会各个阶层中的传播并不规则,此时对时尚潮流的追随囿于政治权力的影响,只有权贵与殷实之家才能掌握足够的话语权。

16世纪的欧洲成为时尚文明显著发展的时期,这得益于当时以时尚杂志为主的传播媒体。通过文字符号与图像符号的结合,传播媒体为上层资

---

❶ STEELE V. Paris Fashion: A Cultural Power[M]. Oxford: Oxford University Press, 1988:19.

❷ BREWER J. The Pleasures of the Imagination: English Culture in the Eighteenth Century[M]. London: Harper Collins, 1997:4.

❸ 乔安妮·恩特韦斯特尔. 时髦的身体——时尚、衣着与社会变迁[M]. 郜元宝, 译. 桂林: 广西师范大学出版社, 2005:108.

产阶级社会交往活动、消费行为、度过休闲时光提供指引。彼时的时尚传播，不仅成为阶级认同的有力标准，而且成为时尚文化发展的主要动力。对以日常生活中关乎人们衣食住行及与此相关的品味、趣味、习性、爱好、时髦为主要生产内容的时尚杂志而言，将原本属于上层阶级专属的时尚实践，传播并推行至普罗大众的追随模仿这一动态过程中，时尚杂志所发挥的能动作用不容忽视。此时在法国里昂创办的《文雅信使》便是最早的时尚杂志，其将宫廷生活和知识分子与艺术家的辩论告知上层社会，其中涵盖了艺术、诗歌、时尚评论、剧目介绍等内容，对贵族时尚的最新款式以图文并茂的形式呈现，将法国宫廷的奢侈品、生活礼仪、穿着装饰传播至世界。❶ 而随后，以"时尚的传教士"自居的《法国时尚画廊》，"致力于为大众提供对服装和饰物准确和及时理解"的《法国衣橱》则成为最早确定类型的专门性时尚杂志，除了传播时尚服饰搭配之外，还涵盖家居、装饰和珠宝等内容。时尚杂志推动，时尚的追随和时尚风格的确立，推动时尚传播在不同阶级之间的流动与循环传播。

二、18世纪后的时尚传播兴盛

在欧洲启蒙运动和科技革命兴盛之时，时尚的装扮和社会等级之间的关系不断发生变化，这也成为现代欧洲社会最为显著的特征之一。18世纪后欧洲时尚文化积累达到兴盛，城市却"发展出不受宫廷控制的相对独立的社交网络"❷，在这种社交网络中，人们走出家门，进入公园、游乐场、剧院、展览会、大型商场及各种盛大舞会中，进入定期举办关于文学、艺术和文化的讨论会的举办地——咖啡馆、俱乐部，这代表着时尚在18世纪初期发生着"从宫廷到社会、由艳俗的宫廷侍臣向彬彬有礼的文化人的转

---

❶ 周薇薇.传媒与时尚：法国现代化进程中的文化动力[J].南京大学学报(哲学·人文科学),2017(6):83-96.

❷ SENNETT R. luxury: the Concept in Western Thought[M]. Baltimore: Jones Hopkins University Press,1977:17.

移"。❶ 这些社交场所扩张入侵至人们的日常生活和社会活动中,为个体展示自我提供了展演场所和机会,人们在公共场所中当众展示他们的时尚风格、财富与地位象征、社交圈层。显然,这象征着社会权力在时尚传播过程中的重大转移,"对时尚品味与时尚风格的理解,在过去两百年的发展中,既是与生俱来的富有情感的,又是能够通过教育习得的;既是个人的别具一格的,又是绝对的;既是超越时空的,又是社会性建构的"❷。这种转移是由"作为政治权力构成的时尚到作为社会位置构成的文化权力"的转移,等级制度下长期由宫廷贵族所引领的时尚,逐渐转移至以文化权力、经济权力占有的资产阶级主导的阶级社会中。

当时,大约有一百多种时尚杂志在欧洲出版,无论以哪种语言刊登时尚内容,皆以配图精美、色调丰富、彩色雕版印刷等形式对时尚加以传播。这得益于印刷技术的革命性提升,无论是时尚杂志、时尚报纸,还是时尚书籍,都因机械化生产与工业化复制,而成为时尚内容广泛传播的主要载体,并由此推进了"文化—生产—消费"关系的变革。此时,时尚杂志"将时尚与品味相结合,不再局限于时尚杂志生产者、时尚引导者,而是将时尚内容传播至知识分子、社会精英中"❸。上百种时尚杂志不仅推动了时尚传播自身的发展,而是对时尚文化的繁荣起着把薪助火之功。伴随着时尚杂志的流行,时尚逐渐由新兴资产阶级中知识分子和艺术家所参与形塑的品味趣味塑造形成。也因此,时尚传播不仅仅是简单的模仿和追随,而是与社会情境相结合的,与政治、经济、文化等要素息息相关的社会结构。

时尚刊物逐渐成为时尚信息传递的重要媒介,同时成为资产阶级品味打造的重要工具。上流社会的生活方式,家庭的装饰装修、车马出行、饮食方式、衣着服饰,以及娱乐活动的开展,都借助时尚杂志传递,也正因此,时尚不仅为贵族与上层资产阶级所独有,而且成为现代社会中现代人

---

❶ BREWER J. The Pleasures of the Imagination: English Culture in the Eighteenth Century[M]. London: Harper Collins, 1997: 41.

❷ LEORA A. Taste and Power: Furnishing Modern Frace[M]. Berkeley and Los Angeles: University of California Press, 1997: 142.

❸ LEORA A. Taste and Power: Furnishing Modern Frace[M]. Berkeley and Los Angeles: University of California Press, 1997: 1.

第二章 文化权力生成——时尚传播文化场域的内在机理

文化程度的判断标准,时尚传播的范围也因此急剧扩展。❶ 此外,此时文学作品、画作的风行也成为时尚传播的推动力,在简·奥斯汀的作品中,对时尚的传播无处不在,有文化教养的太太,从事着她们所认为的高雅的时尚工作,诸如阅读名著、欣赏艺术品、赴剧院看戏剧、听音乐会等,她们将这些时尚实践当作提升自我品味和修养所必不可少的部分。❷ 尽管这些由阶层地位所禁锢的时尚观,体现于贵族的时尚实践中,往往将华丽设计、繁复装饰的衣着与高雅格调的生活方式作为呈现方式并以其身体展演,通过参与社交活动再次传播时尚观。

随着公共生活的扩张,18 世纪的时尚实际上已经成为一种社会习俗,这首先因为城市的兴起为时尚的发展提供了一个迥异于宫廷贵族生活的新空间,宫廷贵胄的时尚趣味逐渐让位于城市的社交兴起与城市化的生活方式。工业化和城市化的扩张引发了城市中产阶级的兴起与消费主义的盛行,严重削弱了贵族精英阶层的权力,这种极具戏剧化的社会权力更迭所造成的实质是时尚传播的权力更迭,以及公共传播与私人展演之间勾连关系的变化。

三、现代社会的时尚传播勃发

19 世纪,伴随着法国革命和英国工业革命,整个西方社会受到了激烈的震荡和分化,探讨此时的时尚传播,现代性所带来的影响便不可忽视,正如威尔逊所述:"如果要阐明人类在工业化资本主义社会中对于以变动为其特征的文化生活及由时尚如此充分地表达出来对新奇生活的向往,现代性似乎不失为一种有用的概念"。❸ 事实上,现代性与工业化、城市化、个人主义的兴起、大众文化的发展,以及消费文化的推进,息息相关。此时,新兴资产阶级通过时尚的符号象征意义来对旧的社会阶层发出挑战,并引

---

❶ 杨道圣.时尚的历程[M].北京:北京大学出版社,2013:202-209.
❷ BREWER J. The Pleasures of the Imagination:English Culture in the Eighteenth Century[M]. London:Harper Collins,1997:70.
❸ WILSON E. Adorned in Dreams:Fashion and Modernity[M]. London:Virago,1985:63.

流动与连接
时尚传播的文化场域形塑与建构

领着日新月异的时尚风潮。持续的城市化刺激了时尚传播的发展，人们借助时尚实践重新强调着自我价值，由此，时尚传播的主体实现着凸显个体身份特征与社交活动一致性之间的矛盾张力。与此同时，城市化为时尚传播提供了"现代生活的公共戏剧的宽阔舞台"❶，商品的丰富，购买、消费行为与象征性的符号展示结合，时尚传播则提供了探讨结合行为的方式，并将时尚传播转化为日常生活中的行为实践，时尚杂志则倡导时尚风格并赋予这些风格以意义，进而通过意义制造告诉潜在消费者什么才是时尚内容。通过时尚传播主体即时尚记者和编辑的生产，时尚杂志成为将抽象的社会理念与美学倡导的时尚联系在一起的有力传播载体。在报纸、电视的时尚节目和印刷精美的时尚杂志中，提供时尚建议以传播时尚观，而不是直接推动消费者的购买行为，这是因为，出现于媒体的内容中时，被传播的时尚便成为日常生活和社会文化的组成部分。

第二节　媒介、权力与时尚：中国古代时尚传播的历史考察

区别于西方国家，中国时尚传播经历了丰厚历史积淀与现代多元社会的矛盾，经历了政治化统一与彰显个体化价值的冲突，形成了多源并存的时尚文化体系。中国时尚传播已有几千年的历史，所谓"道民以道，齐民以礼"，《周礼》所述的"衣冠制度"便已形成。《左传》又记载道："中国有礼仪之大，故称夏；有章服之美，故谓之华。"且《尚书正义》注"华夏"："冕服华章曰华，大国曰夏。"中国的时尚传播集思想、文化、艺术为一体，形成了具有悠久历史和民族特色的时尚文化。

---

❶ STEELE V. Paris Fashion：A Cultural History［M］. Oxford：Oxford University Press，1988：135.

| 第二章　文化权力生成——时尚传播文化场域的内在机理 |

一、时尚与特权的相互融合

　　旧石器时代，时尚的实践以物传播的形式出现，这与当时原始的宗教信仰和巫术崇拜密不可分。尚未分化的氏族部落中，人们崇尚自然敬畏自然，便选用从自然界中而来的物品作为意义的承载物与传播物，诸如羽毛、石头、绳索等物品往往被赋予了更多的象征意义和传播价值，这些可以在出土文物和遗迹发现中得以考证。早在山顶洞人的遗迹中，便发现了磨制的骨针制作的装饰品。新石器时代，泛神论和图腾崇拜将时尚的实践与传播上升至与日常生活相关的境地，时尚传播实践活动与其他社会交往活动、宗教活动、祭祀活动不可分割地结合在一起。彼时，经济活动与文化活动尚未从农业生产活动中分化出来，处于母系氏族全盛的新石器时代，以黄河、长江两大流域为中心而开展的生产生活中以农业为主，原始手工业（如制陶业和纺织工艺）得到了极大的发展。对物的生产和消费从未单独脱离，始终与人们的生产生活、社会交往相关，对物的生产与消费过程事实上是社会生活的不同侧面，成为服务于原始宗教和生产生活的手段。据记载，当时用以制作服饰的皮毛材料不断减少，而手编织物的应用日渐增多，并且已出现丝绸，这不仅推动了新石器时代纺织技术的发展，也为服饰的出现和发展提供了重要条件。

　　进入封建社会，狩猎生产逐渐转向农业生产，季节性的耕种劳动使闲暇时间增多，神性崇拜逐渐和人们的世俗生活相分离。不同于原始社会，以生产和消费为中心的社会生活族群开始形成。同样，借助文化活动与宗教行为的区分，对时尚装扮的追随得以成为独立于生产的社会行为。显现于封建社会中，城邦与农村的区分化，贵族与平民的差异化，导致了阶级的形成，这给时尚传播的快速发展提供了肥沃的土壤。贵族士绅的审美追求与生活习性，逐渐演变为属于少数上层阶级的、充满特权意味的时尚实践。可以说，在原始纺织技术出现之前，便存在手编织物制作衣服的行为实践，对包含指称意义的物赋予时尚象征意义和传播承载意义的实践行为。

　　随着篆刻与书写技术的进步，文字传播时期逐渐到来。在中国，承载

> **流动与连接**
> 时尚传播的文化场域形塑与建构

着时尚意义的服饰产生,最早出现于战国时人所撰写的《吕览》和《世本》的记述。早在黄帝时期便有"胡曹作衣"的记录,后来西汉刘安《淮南子》中对服饰有了更为细致的描述:"伯余之初作衣也,掞麻索缕,手经指挂,其成犹网罗,从后为之机杼胜复,以便其用,而民得以"。❶ 以服装的色彩为例,在西周时期,正、间色之分已成为贵贱等级的符号意义象征,形成依附于封建政权的色彩政治。正色象征着高贵,是礼服的色彩,间色象征着卑贱,只能为便服、内衣、衣服衬里及妇女和平民的服色。正如《帝王世纪》里所记:"汤令,未命之为士者,车不得朱轩及有飞軨,不得乘饰车骈马,衣文绣。"❷ 迨至春秋战国时期,衣服的颜色已成礼制的重要内容,带有强烈的不可僭越的特权色彩。《诗经·豳风·七月》里记载道:"七月鸣鵙,八月载绩,载玄载黄,我朱孔阳,为公子裳。"这表明朱、黄、黑色的衣服是当时在贵族阶层中流行的穿着。❸ 可以说,在西周至春秋早期,五色学说俨然由最初的贵族的时尚追求演变为严格的既得利益群体的等级制度,但随着生产技术的进步,尤其是基于印染技术的突破,人们逐渐通过服饰颜色的流行和追求形成对原有等级制度与贵族群体利益的威胁,如迨至春秋时期,紫色成为当时流行的颜色,深得贵族和民众的喜爱。《韩非子·外储说左上》载:"齐桓公好服紫,一国尽服紫,当是时也,五素不得一紫。桓公患之,谓管仲曰:'寡人好服紫,紫甚贵,一国百姓好服紫不已,寡人奈何?'"❹

除颜色外,由于中国古代贵族士绅阶层从小便要学习礼、乐、射、御、书、数六艺,并建立起一整套规范体系的严格审美趣味系统,通过口口相传的人际传播,通过不同场合中的身体展演,通过不同仪式中的场景传播,不断地被来自民间的下层阶级进行效仿和再传播,商代便出现了象征特别身份的装饰物,诸如涂朱绘彩缕金嵌玉的弓箭、旗帜、车马、玉佩均成为上层阶级象征权威的象征物。服饰质料有着严格的等级之分,一般而言,

---

❶ 沈从文.中国古代服饰研究[M].上海:上海书店出版社,2017:1.
❷ 马骕撰,王利器整理.绎史·卷十四[M].北京:中华书局,2002:187.
❸ 李学勤.毛诗正义·卷八·十三经注疏标点本[M].北京:北京大学出版社,1999.
❹ 韩非,陈奇猷校注.韩非子新校注·卷一一[M].上海:上海古籍出版社,2000:701.

麻布制作而成的布衣成为平民之首选，布衣也被符号化为平民百姓的意义。《盐铁论》说："古者，庶人耋老而后衣丝，其余则麻枲而已，故命曰布衣。"❶ 贵族一般穿着锦、绣、绮等，由于生产技术的限制，丝是当时极为贵重的服饰材料，往往为贵族的专属。《诗经·周颂·丝衣》中记载："丝衣其紑。"❷ 意思是指丝衣极其鲜洁，平民穿着不起，也不敢穿着，正所谓"非其人不得服其服，所以顺礼也"，"服之不衷，身之灾也"打破这种等级礼制，极可能招来杀身之祸。诗曰："彼己之子，不称其服，子臧之服不称也夫。"但是，先秦时期，并没有形成一套明确的服饰制度，此种情形一直延续到秦朝的建立。

秦朝的建立使中国文字、法制、文化等方面走向统一，其中服饰也在这一时期形成较为明确的具有自身特色的制度。从冕服、服饰搭配及颜色都有严格的规定，"秦以战国即天子位，灭去礼学，郊祀之服，皆以袀玄，汉承秦故。"汉朝发布的"舆服令"规定了朝、祭服制度，主要包括冕冠、衣裳、鞋履和佩绶，各有等序，重点在冠冕，朝服采用深衣制。❸ 此时社会民众对时尚的追求源头往往来自宫廷贵妇，正如汉代民间流传的谚语"吴王好剑客，百姓多创瘢；楚王好细腰，宫中多饿死。"当时的装扮，女性一般好高髻，衣着好大袖子，亦即"城中好高髻，四方高一尺；城中好广眉，四方且半额；城中好大袖，四方全匹帛。"❹ 又如汉代才女卓文君与汉代著名文人司马相如的恋爱，曾一度引发时人的追捧，其所创的远山眉更是成为当时女性争相模仿的画眉标准之一。据此，我们可以判断，这一时期的时尚传播具有严格的政权色彩，并依赖口口相传的口语媒介。

二、中华民族多元文化的融合与时尚流行

时尚的传播与政治环境、社会发展、技术进步有着密不可分的关系。

---

❶ 王利器.盐铁论校注[M].北京:中华书局,1992:350.
❷ 李学勤.毛诗正义十三经注疏标点本[M].北京:北京大学出版社,1999:1366.
❸ 秦俑考古队.秦始皇兵马俑坑一号坑发掘报[M].北京:文物出版社,1988.
❹ 后汉书·马援传原文及翻译[EB/OB].[2018-12-12].https://www.gswen.cn/compose/5442.html.

东汉之后，中国重新陷入诸多独立政权并存和更替的分裂时期，出现了五胡乱华的历史景象。在这个大分裂时期内，少数民族文化与汉族文化相互影响，深度交融，正如马克思所言，落后民族征服先进民族，最终被先进民族的先进文化所征服。当时汉族的服饰、饮食文化、礼仪都在少数民族政权中得到广泛的传播，汉族文化亦在传播中吸收了少数民族文化中可同化之处，进行了交融和改良。

唐朝的兴盛，使中国长安成为世界文明交汇之地。当时所谓的时尚皆与宫廷贵妇相关。《旧唐书》曾记载"开元初，从驾宫人骑马者，皆着胡帽，靓妆露面，无复障蔽。士庶之家，又相仿效，帷帽之，绝不行用。"❶这表明当时民间的服饰、衣着皆与宫廷贵妇相关。这种影响在当时已经卓然显著，其势头亦如当今粉丝对偶像的推崇与模仿，如《太平广记》中曾记载："安乐公主造百鸟毛裙，以后百官百姓家效之。山林奇禽异兽，搜山荡谷，扫地无遗。"❷

与唐代前期汉服与胡服作为相对独立的两个服装系统而存在的情况不同，9世纪上半叶的唐代社会中，传统的唐朝汉服在式样、组合和花纹装饰等方面吸纳了胡服中的元素，显现出与唐代前期风格迥异的时尚风潮，异族胡风以一种新的方式流行于唐人的服装风格中。安史之乱后胡风盛行，逐渐渗透至妇女的妆容、生活习惯和乐曲香道等多个方面。直到安史之乱后，也就是元稹生活的年代，这种风气愈演愈烈，"时世妆"在当时社会上的流行便是"胡妆""竞纷泊"的表现。

显然，时世妆的推广和流行除了人际传播的功效外，文人的诗作亦起到较大的传播效果。元稹提到了当时所见的流行于妇女间的一些新奇时尚："近世妇人，晕淡眉目，绾约头鬓，衣服修广之度，及匹配色泽，尤剧怪艳，因为艳诗百余首。"❸女为胡妇学胡妆，伎进胡音务胡乐。"火凤声沉多咽绝，春莺啭罢长萧索。胡音胡骑与胡妆，五十年来竞纷泊。"白居易在《时世妆》一诗中描绘了唐代元和年间流行的一种女子妆容，与此处见到的多有相似之处：

---

❶ 刘昫,等.旧唐书:舆服制[M].北京:中华书局,1975:195.
❷ 李昉.太平广记:奢侈一[M].北京:中华书局,1961:1817.
❸ 元稹.元稹集编年笺注:诗歌卷[M].杨军,笺注.西安:三秦出版社,2002:117.

第二章 文化权力生成——时尚传播文化场域的内在机理

> 时世妆，时世妆，出自城中传四方。
> 时世流行无远近，腮不施朱面无粉。
> 乌膏注唇唇似泥，双眉画作八字低。
> 妍媸黑白失本态，妆成尽似含悲啼。
> 圆鬟无鬓椎髻样，斜红不晕赭面状。
> 昔闻被发伊川中，辛有见之知有戎。
> 元和妆梳君记取，髻堆面赭非华风。❶

经过著名诗人诗词的诵读与传唱，使时世妆在全国范围内得以流行，如白居易所言："时世妆，时世妆，出自城中传四方"，这种流行的妆容不仅为京城都市的女子所喜爱，而且传播到了各地，据考据，晚唐时期"时世妆"的流行可谓盛极一时，直至五代宋初出土的考古文物之中还有这种女性装扮的图像。

在对时尚风格的建立中，借由唐朝多元包容的社会思潮推动，唐朝女性在凸显女性身形之美与体现性别差异方面可谓开放开通。在服饰穿着方面，唐朝女性已不再将身体裹得严严实实，而是较为突出女性身体之美。唐代前期女子的基本服装就是衫、裙、帔，初唐时衫子一般罩在裙外，盛唐后衫子掖在高腰长裙之下，露出大片前胸。究其形成之因，这种突破与当时政要者的推动不无关系，如唐玄宗在开元十九年（公元731）重下一道诏令："妇人服饰帽子皆大露面，不得有掩蔽。"❷ 又如，《新唐书·李石传》中记载："吾闻禁中有金鸟锦袍二，昔玄宗幸温泉，与杨贵妃衣之。"❸ 此种服饰装扮方式不断被民间所效仿，唐朝还打破了"男女不通衣服"的旧制，凸显了女性地位的提升。女着男装在当时首先盛行于宫中，其装束多为头戴幞头，身穿窄袖圆领缺胯衫，腰系蹀躞带，足着乌皮靴。再如中国古代对"环肥燕瘦"的追捧，皆因备受唐玄宗宠爱的贵妃杨玉环身形圆润而微胖，达官贵人的女眷、市井女子纷纷仿效，一时之间，唐朝以身形

---

❶ 白居易.白居易诗集校注[M].谢思炜,注.北京:中华书局,2006:402-403.
❷ 王溥.唐会要[M].上海:上海古籍出版社,1991:235.
❸ 欧阳修.新唐书.卷一五三·列传第七十九·李石传[M].北京:中华书局,1975:4877.

流动与连接
时尚传播的文化场域形塑与建构

微胖成为审美标准。

据《唐六典》和《新唐书》记载,唐朝时的诸道织绫局,生产了大量色彩华美花纹细致的绫罗绸缎、毛织物和纺织品,以供皇亲国戚、官僚地主阶层穿着。作为家眷所穿服饰和佩戴首饰要按照丈夫的官品地位区分,穿着绸绫锦绣,极尽奢华。然而劳动生产者和下层阶级的穿着和装扮却严格受到法律的约束,不许穿红着绿,只能穿着本色麻布衣,穿着两旁开衩较高的布衫,以此区别于其他阶层。这一时期的时尚,多出自宫廷中,并不断向下影响民间,贵族与上流氏族成为生成时尚、引领时尚的主导力量,经过民间的追随与模仿之后,上层社会的时尚风向又处于不断求新求异的循环之中。显然,汉唐以来冕服、章服、公服、常服等冠服制度为代表的皇朝贵胄的上流阶层,成为儒家尚礼的社会规约的体现和时尚区分阶级的最好佐证。

由于经济发达、贸易兴盛与先进技术,唐朝处于文化大融合时期,外来文化不断输入,唐朝的饮食、服饰与娱乐方式等时尚方式随着外来媒介的传播而发生着显著的变化,并成为当时社会普遍流行的时尚追求。唐代妇女流行的薄罗衫子在很大程度上受天竺佛教文化的影响。随着西亚、罗马美术及佛教美术的传入,中国的传统纹样里也加入了忍冬、莲花等元素,在吸收与消化的过程中形成了纯正的象征中国气派的植物纹样,如宝相花、唐草纹、写生折枝花等,并且从唐代起我国的工艺美术风格便脱离了商、周和汉、魏、六朝以来的古朴特色,而具有了近代风貌的因素。装饰纹样由传统的动物纹,转向花草等植物纹样,博大清新、华丽丰满正是其风格的最好写照。❶

汉至唐,潮流的推行者与帝王均钟爱胡风。"昔者汉灵帝好胡服、胡帐、胡床、胡坐、胡饭、胡笙模、胡笛、胡舞,京城贵戚,皆竞为之。所谓上有好者,下必有甚者。"❷ 胡风的影响不但是对汉文化的服饰、生活习惯等方面的渗透,还在饮食、风俗等方面进行了融合。姚汝能在《安禄山事迹》中记载,天宝年间,男人戴豹皮帽,女人穿着波斯风格的窄袖紧身服,配以百褶裙,长披巾从颈部披下。唐朝贵族开始在城中搭建帐篷,诗

---

❶ 王小雷.唐代女装风格的多样化特征及成因分析[J].武汉科技学院学报,2004:8.
❷ 向达.唐代长安与西域文明[M].上海:生活·读书·新知三联书店出版,1975:41.

人白居易便在居所庭院内搭建了两顶天蓝色的帐篷,用来接待宾客。❶ 此外,撒着芝麻的蒸饼和煎饼被称为"胡饼",而当时备受欢迎的"千金碎香饼子"和"婆罗门轻高面"的制作中则使用了各种西域香料。而从李白的诗句:"春风东来忽相过,金樽渌酒生微波。落花纷纷稍觉多,美人欲醉朱颜酡……琴奏龙门之绿桐,玉壶美酒清若空。催弦拂柱与君饮,看朱成碧颜始红。胡姬貌如花,当炉笑春风。笑春风,舞罗衣,君今不醉将安归。"我们可以得知在盛唐时期的酒馆里,有胡人少年吹箫伴奏,胡姬跳胡旋舞助兴。胡人音乐和歌舞甚至成为当时唐中期的主流品味,而当时的壁画彩绘中也呈现出许多胡旋女的形象,乐器、器皿、家具等制作中也显现出"忍冬纹、缠枝纹、对波纹"等式样。丰富多彩的少数民族传统时尚经由各族人民的历史积淀而形成的编织、印染、蜡染、皮毛、镶嵌等体现于衣着配饰的时尚物品产制方式,食物、艺术与休闲娱乐等日常生活方式经由文化大融合,共同形成了时尚传播的广泛融合。

到了宋代,宋代皇家艺术系统与市井实用时尚文化相互呼应,宋人"道法自然"的形制创造,成就了衣食起居、堂室装潢等用具的时尚文明与审美水准。宋朝的妇女多弱骨瘦肌,脸型清秀,喜欢佩戴各色罗绢,加戴金、玉、玳瑁、珠子制作而成的花冠,这显然与当时宫廷嫔妃的审美密不可分。宋朝流行的三白珍珠妆,额头、鼻梁、下巴涂白粉,额头上的花钿、太阳穴处的斜红、酒窝处的面靥,全部由珍珠代替。最初面靥是由胭脂点红,北宋皇后别出心裁换成珍珠,于是大家纷纷仿效。此外,宋朝女子更有热衷美甲与使用香水之风。周密的《癸辛杂识续集》中记载了当时美甲的方法:"凤仙花红者用叶捣碎,入明矾少许在内,先洗净指甲,然后以此付甲上,用片帛缠定过夜。初染色淡,连染三五次,其色若胭脂,洗涤不去,可经旬,直至退甲,方渐去之。或云此亦守宫之法,非也。今老夫人七八旬者亦染甲。"❷ 宋朝女性对妆容和服饰的热爱,显然皆因服饰妆容成为品味和财富的象征。

在张择端留下的《清明上河图》长卷和孟元老所著的《东京梦华录》中,我们得以探究宋朝是一个商铺百肆杂陈、酒楼歌馆遍设、广告幡幌满

---

❶ 蒲实,丘濂.唐朝的想象力[M].北京:中信出版集团,2020:206.
❷ 吴钩.宋:现代的拂晓时辰[M].桂林:广西师范大学出版社,2015:75.

街,充满着繁华气象的时尚大融合时代。其时,宋朝流行饮茶、斗茶,并因此形成了独特的分茶茶艺,北宋《清异录》记述:"近世有下汤运匕,别施妙诀,使茶纹水脉成物象者,禽兽、虫鱼、花草之属纤巧如画,但须臾就散灭。此茶之变也,时人谓之'茶百戏'。"❶ 除了茶道,香薰也是宋代士大夫日常生活实践中的时尚,北宋真宗时,名臣梅询"性喜焚香,其在官所,每晨起将视事,必焚香两炉以公服罩之,撮其袖以出。坐定,撒开两袖,郁然满室浓香。"❷ 此后,宋代茶道与香药消费突破了贵族的时尚圈层,在士庶群体中广为流行,体现了宋朝人对时尚生活品质的追求。值得一提的是,宋朝时已经有商品化的报纸和书坊,对当时的人情喜好、新奇玩乐、流行风物之事与人加以传播。此外,更有专门的文化商品市场场所,贩卖"书籍、玩好、图画及诸路罢任官员土物、香药之类"❸。此种来自历史经验的现象值得我们关注,作为统治阶级意识形态的时尚,对民间阶层明显具有"文化霸权"的含义,然而,特定趣味的差异存在和共同追求使阶层差别与文化差异的鸿沟逐渐明显,却又不断融合。

此后中国朝代处于少数民族与汉族相互交替相互统治,乃至不断融合的状态。相继催生了基于男性审美畸形的女性之"美",比如"三寸金莲"的流行,比如服装以入侵中原且建立皇权的少数民族服装为原型加以变动,这种情形直至受到外来社会力量的变革冲击,彻底改变原有秩序才发生翻天覆地的变化。

第三节 近代媒体的诞生与时尚的飞速传播

媒介技术的进步促进了时尚的传播,使时尚的生活方式、时尚物品与生活行为成为民众争相效仿对象的可能与传播范围大为提升。晚清以降,

---

❶ 吴钩.宋:现代的拂晓时辰[M].桂林:广西师范大学出版社,2015:11.
❷ 吴钩.宋:现代的拂晓时辰[M].桂林:广西师范大学出版社,2015:76.
❸ 孟元老.东京梦华录[M].北京:中国书店,2019:50.

面向普罗大众的近代报刊在中国诞生,除了传播西方宗教的教义、价值理念外,还在无形中传播了西方流行的生活习俗及服饰、礼仪等时尚内容。

受西方宗教、文化影响,清朝爆发了轰轰烈烈的太平天国运动,此时的时尚不再由皇权所把控,也不再唯贵族阶级马首是瞻,不再单纯以政治权力为传播主导,而是转向了以拥有文化权力的知识精英。正如李泽厚在《中国近代思想史论》中所述:太平天国之后,中国近代思想和活动的主流是由知识分子带头,从爱国救亡而转向革命。近代知识分子传播时尚的动因以文化权力的立场和文化思想的不同表现出较大差异,但往往与思想的革命,国家的命运紧密联系在一起。如近代知识分子中的企业家宋棐卿将其公司出品的毛线命名为"抵羊",内含抵制洋货之意,旨在"寻求一条如何提倡国货,改进国货,发扬民族工业的途径"❶。晚清的维新运动,以康有为代表的知识分子提出改良思想,反对旧礼制,提倡新思想。此时期大量宣传新思想的报刊应运而生,如清末五年总共创办的报刊数为231种,平均每年创办报刊数达46种。乃至辛亥革命之后,1917—1922年,年均出版的期刊数就已达到271种❷,这些报刊在传播新事物、新动态、新风向方面起到了极为重要的作用。

辛亥革命的爆发,推翻了数千年的封建帝制的同时,也从"头"到"脚"地改变着人们的生活,封建符号表征,诸如男性的辫子与女性裹小脚这种畸形的封建审美观和权力观彻底粉碎。男子留长辫是清朝延续满族宗教信仰与汉族文化中的儒家思想相融合的产物。满族人信仰萨满教,按萨满教的教义,头发在头的顶部,最接近天的位置,是灵魂栖息之地,神圣不可侵犯。入关后逐渐融合了汉人的孝悌观念,认为身体发肤,受之父母,不容毁坏。然而,鸦片战争之后,这种身体呈现符号被外国人解读为软弱不堪的表征,更是让国人解码为耻辱的指称,因此,辛亥革命后,湖北军政府首倡剪辫运动,剪辫风潮迅速兴起并逐渐扩展至全国。随后,新政府颁布法律命令,要求全体国民剪辫,不从者视为违法。"裹脚"也随着新政权的成立得以彻底解放,最终以法律文件的形式确保解除陋习在全国推行,

---

❶ 宋棐卿.提倡国货声中话抵羊[J].工业月刊,1946(3).
❷ 叶再生.中国近现代出版通史[M].北京:华文出版社,2002:1032.

如国民政府专门颁布了"劝禁缠足令",从法律层面明令禁止这一封建恶习。此外,辛亥革命后,还颁布了《服制条例》,从制度上要求各级官员都要遵守服制平等的原则,打破了数千年来等级森严的官员服装制度。显然,这打破了时尚传播自上而下的等级化权力化、区隔化的传播特征。

新文化运动打破封建传统思想的禁锢,开民智成为先驱者的历史使命,随之而来的是创办报刊的兴起,将媒介作为驱除愚昧、传播科学和民主的主要武器,正如胡适所言"新思潮的将来趋势,依我个人的私见看来,应该是注重研究人生社会的切要问题"❶。这种研究人生社会的重要问题自然包括了人们的衣食住行。外来文化的传入,思想观念的进步,使人们在服饰装扮、生活习俗等方面出现新的改变,西方的西装服饰、发型、装扮开始与中国的传统文化相融合。从某种程度上看,新文化运动时期,人们的穿着时装成为"新文化的载体之一,成为共同的文化标记"❷。新文化运动让当时的民众思想处于前所未有的革新状态,这也为时尚传播提供了较好的土壤。"要使某种服装时髦起来,就要与时代的精神、思想观念相一致。妇女们把时装看成一种体现其思想和愿望的符号,这种符号是其他符号所不能替代的……时装上要想有较大变化并使其时髦起来,就必须同时有人们观念上的改变,人们的思想没有大的变化要想改变时装风格是极为困难的"❸。这一时期的国人个性得到空前解放,求新、求异、求洋成为时尚男女的共同审美追求。中式有变、西式有融、中西合璧成为这个时期时尚的主要特征,同时,以此为观照,也成为此时期社会文化风貌的写照。

知识分子、明星群体在积极推动时尚传播之际,报刊也在充当时尚传播的载体。随着报刊的增多,西方的服饰、男女性别之美、文化风俗、饮食习惯等在租界及开放城市受到追捧。民国时期,上海涌现出大批电影明星、广告海报、名媛效应以及时尚报刊,彼时的时尚传播可谓兴盛,在经历了被压抑、被统一、被集体化的时尚审美与消费行为之后,急剧的冲突

---

❶ 胡适.新思潮的意义[J].新青年,1919(7).
❷ 张朋川,张晶.瓷绘霓裳:民国早期时装人物画瓷器[M].北京:文物出版社,2002:75.
❸ 弗龙.穿着的艺术——服饰心理[M].陈孝大,译.南宁:广西人民出版社,1989:104-105.

力作用于时尚传播组织与时尚个体中,体现出极大的张力。1927—1937 年,是近代出版业的"黄金十年",每年出版期刊数量近 1500 种。其中,《玲珑》《永安月刊》等杂志以倡导新的生活方式为宗旨,图文并茂,引导妇女追求健康美好的生活。通过刊登当地名人、政要、演艺明星的时装照及生活照,介绍欧美人的生活时尚。❶《申报》不仅刊载与服装相关的时事、服装广告,还于 1926 年出版了"衣服号"和"修饰号"两份专刊,分别载有《改良中国男子服装谈》《改进我们服装应有的条件》《服装的调和》《修饰概论》《时装展览会之鸟瞰》《女子剪发》等文章。其中有对时尚服饰变革的号召:"宽衣博带的袍褂,已不甚适合现代个人生活的处理和现代社会生活的方便。"❷ 由此可见,差异化于以政治权力象征为主导的古代时尚传播,以知识分子、明星名人及报刊媒介作为时尚传播的实践者和引导者,其中占据主导话语权的是拥有文化权力的文化精英。之所以成为文化精英是因为他们处于文化生产内集团(in-group)而非外集团(out-group)❸,对待时尚传播,他们拥有相对一致的文化认知。他们不具有政治意义上的利益共同体的特征,更多地因思想观念上和文化价值上的共同性而连接在一起,时尚的变化也如晴雨表,敏锐而通透地揭示着社会的变迁和文化的表征。

中华人民共和国成立之后,受到高度政治化与爱国主义热潮的影响,时尚传播以家国情感为主导。在经历艰苦卓绝的数年战争之后,军装也因此成为风靡一时的时尚象征物,黄色、绿色、灰色、黑色等低饱和度色彩成为服饰的统一颜色。表征着家国情怀与集体力量的军装,成为当时普遍的时尚追求。

现代社会,工业化、都市化,以及市场经济发展和技术进步促进时尚传播的兴起,产业革命使西方率先进入了工业时代,伴随着生产和消费,城市化和大众化的聚集显著高于传统社会。经由技术进步、市场化和媒介化的推动,物质和精神产品的生产消费行为从根本上被改变,时尚的传播和消费逻辑也因此经历着全新进程。资本主义社会,"资本主义生产方式统

---

❶ 夏莹. 论新文化运动对民国服饰嬗变的影响[D]. 苏州:苏州大学,2010.
❷ 九狮. 改进我们服装应有的条件[J]. 申报本埠增刊,1926(12):26.
❸ 周宪. 文化表征与文化研究[M]. 上海:上海人民出版社,2015:209.

治下的社会财富，表现为一个惊人庞大的商品堆积"❶。彼时的时尚趣味，一方面表现为审美判断的规范标准，另一方面又反映出经由社会引导而具象于阶层或个体上的风格、形态和特征。时尚不仅属于内化为具体表征的个体行为的判断，而且属于特定群体的共性与选择。如同布鲁默认同的那般，时尚成为集体选择的共性。因此，通过时尚这面反映社会现实的镜子，我们可以清晰地看到自工业化生产与市场经济产生以来，时尚作为社会总体性的文化活动表征取代了具体的个体行为，实现了由封建关系的对物直接占有到对集体选择的向往和个体身份认同的追求。这一时期，传统媒体的多样形态，即报纸、时尚杂志、电视广播、广告等时尚传播载体正处于鼎盛发展阶段，涌现出集团化、组织化的传媒集团。与此同时，在经历了长期以来高度集体化、统一化的着装风格以后，对个性的解放与差异化的追求，重新进入普罗大众的时尚追求呈现方式中，喇叭裤、烫发头的流行，体现着改革开放时期，人们对时尚追求的多样化方式，也体现出在经济快速发展的今天，在消费主义盛行与社交媒体演进作用下，时尚传播正经历着意义内涵的重新书写与权力关系的重新建构。

综上所述，纵观时尚传播的历时性发展过程，无论是西方国家的变革进程，还是中国的历史发展，不难发现，长期以来以政治权力占据话语主体的时尚传播，随着社会变革与文化变迁，尤其是在技术发展与媒介兴盛的推动之下，其主导地位不断向由知识分子、文化精英、明星群体等掌握文化权力的时尚引导主体转移。那么，经过历史变迁和传播积淀，信息技术时代的时尚传播，文化权力是否依旧占据话语主导结构，是否对时尚传播内容产制和意义生成产生新的作用机制？

---

❶ 卡尔·马克思.资本论[M].何小禾,译.重庆:重庆出版社,2014:10.

第三章

文化权力重塑——时尚传播文化场域的意义边界

前文所述表明，发轫于模仿与追随的时尚传播，长期以来，基于"自上而下"的模式，不断构筑与推进消费社会的演进与盛行。然而在新自由主义经济全球化动力驱使下，依托于信息传播技术（ICT）实践的时尚传播，不仅作为时尚文化的核心载具，更作为被观看与被书写的传播景观，形塑着时尚文化的意涵，改变着受众的时尚传播实践与时尚文化生活形态。这首先归因于，在单向线性传播演变为交互循环传播过程中，时尚传播主体在社交媒体中愈加隐没，与传统意义上作为"生活方式追求者与打造者，通过制造时尚或消费偶像来引导日常生活"的"文化媒介人"存在方式大相径庭。❶ 伴随经济发展推进与社会化媒体的演进，中国进入了消费社会转型期，如鲍德里亚所言，重心已被替代，现代体系的中心已不再是生产的过程❷，"我们处在消费控制着整个生活的境地"❸，时尚传播传受双方的边界隐没，时尚传播的生产经历着从机构到个体的迁移，从线性呈现到根茎

---

❶ 陶东风.日常生活的审美化与文艺学的学科反思[M]//刘方喜.消费社会.北京：中国社会科学出版社，2011：209-213.
❷ 鲍德里亚.生产之镜[M].仰海峰，译.北京：中央编译出版社，2005：116.
❸ 鲍德里亚.消费社会[M].刘成富，全志钢，译.南京：南京大学出版社，2001：6.

状（rhizomatic）的超文本（hypertextual）呈现转换。❶其次，随着时尚文化的视觉化发展和现代性的流动性联结，时尚传播的意义边界经历着重构，时尚传播不只是法兰克福学派所界定的作为社会生活方式的文化，更是纯粹精神意义上的文化。

　　本书中所述的时尚传播，不仅囊括衣食住行等基本需求层面的时尚实现，更涵盖欲求层面的时尚追求，乃至高屋建瓴的思想、文化与艺术的时尚打造，这一切经过传播意象解构与文化再生产的消解，重新书写着时尚传播的内涵。具象于具备公共展现意象，即身份归属与文化认同的时尚传播，经过文化再生产的助力，在象征力量与资源分配的权力生成中，建构着时尚文化的传播场域。

---

❶ ROCAMORA A. Hypertextuality and Remediation in the Fashion Media: the Case of Fashion Blogs[J]. Jounalism Practise, 2012, 6(1): 92-106.

| 第三章 文化权力重塑——时尚传播文化场域的意义边界 |

第一节　时尚传播文化权力场域关系呈现

　　时尚研究者认为,时尚系统与社会的权力运作携手而行。❶ 权力取代了功能的重要性,构成了社会阶层和集团划分的根基,而不同的经济、政治和社会地位决定了不同的阶层及其相对应的时尚文化。目前,伴随着社交媒体所带来的巨大转变,中国的时尚传播实践正经历着全新的阶层划分和权力调整,新的时尚引领者通过直播、录制视频、拍摄图像的社交媒体在时尚文化场域中的文化权力逐渐占据主导地位,这将对新型时尚实践主体在经济占有、话语把控和文化权力上提出要求。与此同时,衰落下降的时尚实践者,传统媒体的"时尚把关人",若未能在社交媒体风行中及时进行资源整合与转型,便会逐渐失去在时尚文化场域中的文化权力。

　　社会学家雅克·勒纳尔概括了因社会地位差别和阶级分化而形成的三种地位差别,即征服者地位、胜利者地位和捍卫者地位。与之相匹配,便存在三种不同的趣味价值类型:第一种即由某一新型阶级所倡导的趣味;第二种即确立了一整套严密的规范,用以规范完全确立起来并捍卫自己而不是征服社会的趣味价值观;第三种被称为衰落或堕落的趣味,它与正在失去权力并牢牢抓紧最后一根稻草的社会阶级相一致。❷ 具象到文化场域建构过程中的时尚传播,亦可遵循此种理论规律,对文化权力的占有决定着时尚传播实践者的话语权掌控与经济权力持有。时尚传播实践者亦可分化为三种类型:文化权力掌控者、文化权力向往者、文化权力捍卫者。

　　获得时尚话语权便意味着拥有了时尚引领的权力,个体在追逐时尚的过程中,一方面被时尚本身的权力所制约,另一方面也因为自己追随时尚而在强化和扩大着时尚的权力。从文化权力场域建构角度来研究时尚传播,

---

❶ CRAIK J. The face of Fashion[M]. London:Routledge,1993.
❷ DUFRENNE M,et al. Main Trends in Aesthetics and the Sciences of Art[M]. New York:Holmes & Meier,1979:256.

流动与连接
时尚传播的文化场域形塑与建构

实则是将时尚的文化意涵与时尚传播的实践活动相结合,并从生发于时尚文化背后的消费社会学和文化社会学出发,用文化权力场域构建的理论意义和方法来剖析文化资本逻辑支配下的时尚传播场域。布尔迪厄关注符号与社会不平等的关系,将如何掩盖现实中的权力差异作为核心问题加以研究,事实上,对时尚的消费是一种被文化所操控的消费,消费不仅是物品的物理特性与使用价值,而且是物品背后所蕴含的文化意义和符号价值。在此意涵过程中,文化权力作为现代符号生产与意义消费中的一种权力关系,控制着囊括生产、消费、传播、解读与再生产、再消费、再传播、再解读的整体实践活动过程,这构成了时尚传播领域中文化权力的宰制关系。因此,将时尚传播的意义内涵延展放置于其背后隐匿的文化权力场域中加以具体考察,阐明时尚传播者、符号生产者、内容解码者的使用动机及其实践活动,有助于对中国时尚传播文化场域的内在机理加以呈现。

在社交媒体的推动下,时尚传播场域从生产权力更迭、传播权力嬗变、阶级权力重组、身体权力再现、性别权力转移几个方面呈现出来。时尚传播交往场域的嬗变、时尚传播关系场域的重塑与时尚传播文化场域中的权力转向,均成为时尚传播场域拓展生成的动因与生成机制。因此,在社交媒体和技术发展的合力推动下,时尚传播权力关系的重构产生了较大影响,从而实现了时尚传播权力场域的意义边界重塑。

费斯克将权力分为两种:一种是符号权力,它与建立意义、快乐和身份有关;另一种是社会权力,它关乎建立社会经济体系。显然,文化研究中的权力便是费斯克所认为的符号权力。具象于时尚传播场域中,符号权力与社会权力二者并存共生,并且相互影响,符号权力依托社会权力而形成,社会权力借助符号权力而呈现。然而,任何权力都不是一个孤立的研究领域,而是位于所有社会生活的核心。对于布尔迪厄而言,社会性的所有表达或符号再现都离不开其所建构的权力关系[1],正如前文所述,时尚传播作为一种社会结构的存在,其符号表达与社会形成均离不开文化权力的塑造,在经由文化权力与社会化媒体合力的作用下,时尚传播的生产权力

---

[1] 斯沃茨.文化与权力:布尔迪厄的社会学[M].陶东风,译.上海:上海译文出版社,2006:7.

| 第三章　文化权力重塑——时尚传播文化场域的意义边界 |

发生着议程设置的更迭，传播权力发生着传播关系的嬗变，阶级权力经历着隐喻重组，身体权力的消融再现，性别权力经受着再宰制的转移。

一、生产权力更迭

传统媒体时代的时尚传播，在时尚的萌发、扩散、流行、变化和沉淀过程中，媒体发挥着至关重要的作用，向受众传递着当下的时尚潮流，赋予其符号意蕴和社会意义。彼时，无论是电视节目或传统纸媒中的某一版块，还是专业类时尚媒体杂志，均对涵盖服饰装扮、生活方式、旅游摄影、美食、情感、娱乐八卦等方面的时尚内容进行传播。其组织化、机构化、专业化的生产模式打造了丰富多彩的时尚传播内容，并从细分受众市场中获得一席之地，诸如服饰美容类的《米娜》《时尚芭莎》《ELLE》《男人装》《瑞丽》等；时尚与汽车结合的《名车志》《汽车族》；时尚家居类如《时尚家居》；都市生活类的《外滩画报》《城市画报》等；以及《南都娱乐周刊》《FASHION 时尚》版块等，时尚媒体均处于快速发展时期，对所呈现的时尚传播内容生产权力占据了话语主导权。这一时期的时尚传播内容生产是对文化的分享，时尚内容源自自上而下的传递，并由集团化、组织化的国际大品牌引领时尚潮流，此时的时尚生产权力具有独裁意味，拥有绝对话语权。

然而，社会化媒体时代，仅仅依靠平台的转移和时尚传播内容的复制，传统媒体逐渐式微，而社会化媒体中的使用者，基于自身时尚趣味与偏好，关注着时尚资讯与潮流产品，搜索着时尚信息，讨论着时尚话题，并将基于个体实践的时尚传播内容加以主体性的制作与传播，使自身成为分享者、产制者，而不只是接收者和消费者。由此，涌现出了大量非组织化的个体时尚传播行为，这些时尚传播参与者在社会化媒体中成为直接的时尚传播实践者，显示着时尚传播中生产和消费之间那些不容易看清的关联性，将时尚传播置于特定的文化环境中，并因此获得生产权力的主导地位，而不是像传统媒体新闻记者这样的文化中间人，处于从生产到传播到消费的时尚传播链条中，成为勾连时尚传播生产与消费之间的中介。在理解时尚传

流动与连接
时尚传播的文化场域形塑与建构

播实践者提供的用来表达时尚意义的话语时,我们选取"黎贝卡的异想世界""深夜发媸""原来是西门大嫂""Nancy 时尚笔记""Gogoboi"五个时尚传播微信公众号,于 2018 年 7 月 1 日到 2020 年 6 月 30 日,历时两年时间,共抽出 24 天、有完整独立内容报道的推送信息作为分析对象,最终获取总样本量为 245 条,剔除其中缺少数据的 1 条,总有效样本量为 244 条。

根据搜集的词条,我们可以观察到时尚传播文化权力场域中生产权力更迭的体现,理解时尚传播的生产权力更迭,需要理解文化场域中的时尚内容,比如生产者和文化中间人,以及时尚传播实践通过他们所采取的行动和所作出的判断。首先,时尚传播生产权力与经济资本的合力关系逐渐增强,"推广"与"带货"成为比重很显著的构成,这表明以往通过媒体来进行的议程设置已让位于经济资本的权力制约。其次,"网友"所关注的内容成为时尚传播内容生产的着眼点,显然,媒介关注何种信息便会影响到受众关注何种信息的时代已经消逝,决定生产内容的权力接力棒已经传递到受众的手中。最后,时尚传播生产与视觉传播的结合度越来越紧密,时尚传播内容生产中视觉性的突出地位,"所见即所得"的图文影像呈现方式也阐明了时尚传播中社会化媒体的适用性,不论是图文并茂,还是动态视频,社会化媒体为时尚传播提供了无限的呈现方式和平台。以上所述均表明作为符号生产和景观意义呈现的社交媒体超越了时间和空间的地理意义上的局限性,实现了万物互联、万物智联的可能,成为时尚传播媒介生产主体的主要阵地。

二、传播权力嬗变

随着数字媒介技术的发展,社会化媒体与生俱来的交互性、及时性、个体性、去中心化等结构特征打破了时尚传播的权力生成机制。身处文化场域传播情境之中的时尚传播,其开放性与直接性尤其显著,时尚的传播过程实则是社会群体的聚集与形成过程,时尚传播的形成是群体对时尚的共识和认同感不断加强的过程。与此同时,时尚传播者也具有相对应的互换性,正如前文所述,自上而下涓滴传播与自下而上渗透传播皆成为时尚传播的常态，而生发于传播模式中的传播权力却由时尚传播双向反馈模式变革和传播机制而形成嬗变。在传统时尚传播者的界定中，对"时尚的潮起潮落因社会成员在各种条件上的差异而划分为：领潮者与赶潮者"❶。显然，社会化媒体中的时尚传播实践者，既是领潮者，又是赶潮者。他们通过自主性的选择来判断时尚敏感性高的信息，通过双向性的反馈机制生产受众喜闻乐见的时尚传播内容，通过及时的互动与受众分享时尚意义，并借由所拥有的时尚话语引领与文化权力，而掌控着时尚传播的传播权力。

因此，时尚传播权力的变更直接导致时尚传播生发情境的包容性、时尚传播实践者的互换性、时尚内容生成的多元性、时尚传播反馈机制的多向性，这使时尚传播不再局限于传统时尚与传播关系的二元探究，而着眼于动态的、多级的、多向的、系统的时尚传播权力生成中。

三、阶级权力重组

社会学家马克斯·韦伯将阶级按照人们与生产和获取商品的关系来划分，而社会地位群体则"根据人们对于商品的消费理念反映其'生活方式'来划分"。也就是说，阶级权力并不是一个人拥有多少和能够消费多少的权力，而是个体如何行使消费权力的问题。❷ 按照韦伯的理解，阶级与消费权力相关联，那么阶级便不容置疑地成为时尚传播中重要的社会结构性要素之一，探讨社会化媒体中时尚传播阶级权力的重组过程，尤其显得重要。社会学家戴安娜·克兰的历史研究证实：19世纪70年代以后，美国、法国、英国的工人阶级家庭开始有能力购买有限的服装来装饰打扮，而这曾经是中产阶级和上层阶级的特权，他们购买服装仅仅是为了去特定场合，在特别节日穿着，而最底层的阶级民众则依然消费不起。即使将这个研究结论置于现代化水平更高的今天，依旧可以用来解释时尚传播现象，无论是在社会化媒体中时尚传播的内容制作，还是用户互动，我们均可以看到

---

❶ 周晓虹.时尚现象的社会学研究[J].社会学研究,1995:(3).
❷ WEBER M. Class, Status, Party[M]//In Social Stratification: A Reader. Lopreato and LIONEL. LEWIS S. New York: Harper & Row, Publishers, 1974:52.

流动与连接
时尚传播的文化场域形塑与建构

无数呈现阶级差异的现象，经济资本掌握在少数群体中，他们用经济权力构建时尚生活方式和消费行为，并加以符号化呈现，如豪车豪宅展示、奢侈品开箱视频，以及符号语言中透露出的阶级优越感。

然而，时尚传播的文化权力场域赋予了阶级结构的隐喻性。不同于历史时期中的二元对立阶级，社会化媒体中的阶级界限被重新确定，开始打破固化的疆界，实现流动的可能。现代社会为个体的阶级流动提供了许多可能，接受教育、提高收入的途径大大增多，上层阶级的文化资本在文化权力制约下会更容易失去，中产阶级的时尚追随使得他们掌握更多权力话语权的可能性提升，这使阶级权力成为复杂的、可流动的社会体系。历史时期中处于统治阶级稳固阶级地位意图的《限制消费条约》《限售法》阻碍了非统治阶级得以拥有时尚文化权力的上升之路，事实上，拥有经济权力的阶层的崛起势不可挡，并逐步威胁到原本稳定的社会结构，在时尚传播中逐渐掌控文化权力的话语权。渐渐地，"原先属于贵族的服饰装扮成为一种想象，原本用来定义社会阶层的服饰，已经超越了所谓的社会阶级障碍"❶。于此过程中，拥有经济权力的阶层自由支配收入，选择消费其所追随的时尚物品，资产阶级则为这种无区别无差异化的时尚装扮感到越来越不安。

19世纪中期加州淘金热时劳工开始穿着的牛仔裤，逐渐演变为21世纪价值不菲的高级牛仔裤，进入现代信息社会中，这种体现阶级的差别逐渐被消融，因此，对社会地位的否认引发了时尚传播文化场域中阶级地位的重组与宣示。戴维斯将这种重组与宣示之间的相互作用解释为："关于财富、世俗成就和社会地位所引发的身份模糊性在不断迁移。"❷ 在社会化媒体发展时代，原本分散于时尚传播系统中碎片化的权力、价值、资源等都得到了重新连接，并形成新的价值机制，时尚传播于其中，重拾了文化权力场域的内在结构，从而形成系统化、结构化的连接场域，整个时尚传播、时尚意义便在内容连接、人际连接和关系连接之间重新构筑彼此关系，形成时尚传播的阶级重组与阶级重塑，这便是时尚传播文化权力场域中的内在逻辑。

---

❶ BREWARD C. The Culture of Fashion: A New History of Fashionable Dress[M]. Manchester, UK: Manchester University Press, 1995: 28-44.

❷ DAVIS F. Fashion, Culture, and Identity[M]. Chicago: University of Chicago Press, 1992: 57.

四、身体权力再现

身体被呈现为时尚传播的核心载具，皆因身体是愉悦感的来源，必须在被观看之后才得以维系、重拾及增加愉悦感，身体也可根据其意象而被理解，无论是身着服饰装扮的身体，还是裸露的身体，都被视作完整的统一体，身体成为一种能够被看见的时尚指示物，因此作为可供观察和审视的对象，身体成为时尚传播展演与意义呈现的最佳展示方式。

对身体的关注可以追溯至笛卡尔，回溯来看，机械的二元论并不能反映身体的全部意义，无论是由索尔达斯等现象学人类学家提出的"具身"（embodiment）概念，还是福柯主义视角下"历史—权力"所刻写的身体，都不足以解释处于时尚传播场域之中的身体，这是因为时尚传播场域中的身体，同时具备了身体感知的符号学意义解释与社会权力变迁背景下的建构行为。统合了时尚符码承载、时尚意义表述与时尚感知实现的身体不仅是象征时尚系统建构的载体，而且本身也处于文化权力变迁之中，因此身体成为时尚文化生产过程中文化权力意义重建的重要架构。特纳认为，作为文化场域结构系统中意义形态转换之物的身体，连接着具有多义性解释力的符码，一方面是物理属性的具体表现，另一方面则是社会权力、社会道德上的事实。❶

通过对时尚符码的承载与祛魅，对时尚意义的呈现与再书写，身体的文化权力意蕴由此成为主体化与客体化相结合的过程，身体不但成为可供凝视和赋权的对象，而且成为涵盖观念、指称、自我甚至具有结构性的权力要素的系统化组织，成为被认知、被解读、被反思的客体对象。这首先表现在不同的社会情境中，身体的构成受到社会权力的制约，那些蔑视文化权力规则的身体，将成为"有碍观瞻的、格格不入的、破坏性的、颠覆性的身体"❷，显然，时尚传播中的身体落入了一种"处处力求谨慎稳妥、符合伦理和美学标准的心理情境之中，在此情境中一举一动，可以说都是

---

❶ 特纳.象征之林[M].赵玉燕,欧阳敏,等译.北京:商务印书馆,2006.
❷ 恩特韦斯特尔.时髦的身体:时尚、衣着和现代社会理论[M].郜元宝,译.桂林:广西师范大学出版社,2005:2.

流动与连接
时尚传播的文化场域形塑与建构

具有如同裁缝一般的界定意识的"❶。的确,人们会使用不同修辞语言来对不同情境中的身体加以判断,一位受访者通过被社会情境界定的身体展示对自我意义的界定:

> 我是一名老师,穿什么上课,展示什么状态给学生是件挺重要的事儿,庄重、大方、得体是我上班一贯的穿搭原则,但是周末跟朋友聚会时,我就会想要有点个性,在小细节上花点心思,穿搭尽量以休闲、舒适、放松为主。❷

根据罗兰·巴特对意象服装、真实服装及书写服装的分析来看,在由真实到语言的体系表述中,即上班情境中的"优雅、得体、大方"要求,是从社会情境中权力制衡因素出发,对从事教师职业这种社会地位的潜在权力制约加以语言叙事的意涵转换表达。而在由语言到意象的转换过程中,即根据"休闲、舒适、放松"的意指表述私人领域中所受权力约束力的降低,我们进而可以得出身体于其中由意象到结构的形塑力,正因如此,身体在时尚传播场域中本体形式逐渐被隐匿与缩小,不断进行权力赋权与意义放大的动态实现。

身体权力的消解与文化权力的凸显,二者于时尚传播文化场域中构成了一对矛盾,角力博弈,此消彼长;同时二者之间又相互促进,彼此成就。正如一位受访者所言:

> 现代人对时尚、对美的定义是身形高挑、身材苗条、皮肤白皙,很多服饰品牌的模特都是千篇一律的魔鬼身材。在这种狭隘的审美之下,我们开始让自己的身体去适应时尚,而不是让时尚为身体而用。然而,时尚本该是包容性的,社会的审美文化也本该是多元性的,无论胖瘦、黑白、高矮,每一个人都可以让时尚为自己服务,无须为自己的体型感到自卑,无须在意外人的眼光,做自信快乐的自己,才是

---

❶ BELL Q. On Human Finery[M]. London:Hogarth Press,1976:18-19.
❷ 受访者 F18,受访时间 2020 年 6 月 3 日,受访地点:太原。

最美的。现代文化应该多倡导这种时尚风气。❶

显然，时尚传播文化的多元性对身体权力的再现与提升起着促成作用，身体权力崛起使身体本体不仅作为时尚文化的承载体与展演体，而成为时尚文化权力场域中重要而独立的结构之一，并以其主体性发挥着意义主动创造与传播的作用。

五、性别权力转移

早在原始社会，人们的生产与生活活动以狩猎和采集为主，部落以母系氏族为社会组织的中心，然而农业社会，以耕种与纺织为主的生产活动，将女性从食物采集的活动中分离出来，转而负责管理炉灶、照顾房子。❷ 进入现代社会，这种长期以来形成的性别权力开始发生转移，在性别不平等的严重时期，女性的社会学本质缺乏差别，而成为男性的附属物与欣赏物，被赋予物的意义，这与性别歧视与暴力之间存在着极大相似性，女性受到社会平均化更为强烈的制约。正如艺术批评家约翰·伯格认为的："男性行动，女性展现，男性注视着女性，女性注视着被注视的自我。这不仅决定了多数情况下男女之间的关系，而且决定了女性与自己的关系。"❸ 然而，经由数百年来性别平等的社会革新运动与女性文化权力地位的提升，促使现代社会时尚文化场域中性别权力发生着转移，女性强烈地追求个性化与引人注目，因此，时尚传播文化场域为女性一方面提供着普遍可供模仿的范围，另一方面强调个性化与人身显眼❹。基于上述论证，处于时尚传播文化权力场域中的女性，作为主体追求时尚的积极性便高于男性，在对时尚传播消费时，以及在对时尚生活方式的追求中，女性不仅定义了自身，而且创造了展现自身存在的机会，这是女性在相对于男性历史地位所做的一

---

❶ 受访者 F29,访谈时间:2020 年 8 月 22 日,线上访谈。
❷ 马丁.我是个妈妈,我需要铂金包[M].许恬宁,译.北京:中信出版社,2019:33.
❸ ERGER J. Ways of Seeing[M]. London:Penguin Books,1977:47.
❹ 齐美尔.时尚心理的社会学研究[M]//金钱、性别、现代生活风格.刘小枫,顾仁明,李猛,译.台北:联经出版事业公司,2001:98-99.

种补偿。

按照威尔逊的论述："时尚与性别紧密相连，它一次又一次地划分着性别的界限。"❶ 的确，身处时尚传播的文化权力场域中，无论是男性还是女性，均受到权力场域这个一般性社会空间的制约，受到诸多作用力与反作用力的影响，而性别便是其中一个不容忽视的要素，所有的时尚符号和时尚实践，从艺术趣味、服饰风格、妆容搭配、饮食喜好，到生活方式与时尚观念乃至时尚内容与语言本身，都体现着文化权力的功能。性别与文化权力不是孤立地存在于时尚传播场域中，而是将个体与群体置于同一个场域中的不同位置，拥有自身的内在逻辑与制约规则。这与性别的分化不谋而合，长期以来社会情境对性别的判断潜移默化地赋予性别以二元对立性，并以此附会出诸多文化含义，诸如长裙、长发代表女性，阳刚气质则代表男性。事实上，时尚传播逐渐在将性别权力模糊化，并逐渐为性别符号赋予混合表达，这体现于性别中的文化权力逐渐面临身份缺失。一些时尚传播的构成要素，诸如语言、颜色及图像，不断地生成性别权力转移并重建社会性别。我们以性别权力为具体方式参与时尚文化话语实践时的所作所为发生着改变，从中性风格的崛起到男性气质的隐没，从时尚装扮的娘气到御姐风范的盛行，不仅体现着生物属性意义上的权力转移，更是一种具体的社会建构与文化参与。因此，性别权力转移成为"一种赋予、一种强调、一种取消和弱化、一种重新赋予的过程。"❷

第二节　从束缚到拓延——时尚传播文化权力场域的意义转向*

鲍德里亚强调，新技术与信息传播形式成为从生产朝向再生产社会秩

---

❶ WILSON E. Adorned in Dreams: Fashion and Modernity[M]. London: Virago, 1985: 117.
❷ 凯瑟. 时尚与文化研究[M]. 郭平建，等译. 北京：中国轻工业出版社，2016: 104.
＊ 该部分内容发表于《编辑之友》2022 年第 11 期。

| 第三章　文化权力重塑——时尚传播文化场域的意义边界 |

序转变的核心❶，作为个体身份获得与交往活动进行的第一步，群体认同与社会认同往往是群体文化记忆实践的核心，然而，时尚传播的群体实践在现实生活中常被解读为带有区隔性，这种区隔性不仅表现于身体在场与传播出场，更体现于其内部的实践圈层中。传受双方同处特定的传播场域中，借助文本内容、视觉形态与意象系统进行循环互动模式建构。传播主体在进行内容生产制作时，并非局限于内容生产与分享推广，更多依托网络时尚传播社群内涵与意指的新变化，构建传者和受者之间模仿互动的新模式。此过程中，从模仿到循环的交往场域嬗变、从区隔到连接的关系场域生成，时尚传播文化生产的场域内在机理发生着由表及里的变革。

一、从模仿到循环——时尚传播交往场域的嬗变

"当人们相互凝视、相互嫉妒；人们交换信件、共进晚餐……对无私行为的感激之心使人们形成了不可分割的整体；大家见面时相互问候，人们为互相赏心悦目而穿衣打扮，这就是由人与人演奏的整个人际关系的音阶……这一切将人们不断地联系在一起，这就是社会各原子之间的互动。"❷齐美尔的论述将时尚传播的表现形式与人际互动、社会交往相关联，在互动过程中，生产型消费者通过对"自我"形象的打造来进行时尚展演，与信息解码者对时尚认知的解读予以回应与关照，以此实现互动呈现与交互场景的构建。时尚传播受众通过点赞、评论、转发、关注等方式与传播者进行信息沟通、行为互动，时尚传播受众成为时尚传播中人际交往与社会网络的起点。

然而，时尚传播的最终意义指向并非生成单向行为的关注，而是通过直线型的关注行为与曲线型的互动实现，构建模仿互动与循环流动的传播新模式。参与个体被认同为自身时尚身份界定与文化区隔的积极构建者，他们生产、阐释、界定并构建自身与其他参与者的行为互动，而不是仅被

---

❶ BAUDRILLARD J, KRAUSS R, MICHELSON A. The beaubourg-effect: implosion and deterrence[J]. 1982, 10(20): 3-13.

❷ WOLFF K. The Sociology of Georg Simmel[M]. New York: Free People, 1950: 1-10.

外部力量影响的消极接受者。换言之，即同一群体共同使用基于彼此认同的一套"符号信息"进行交往互动。时尚传播主体通过对时尚信息的解读，将内容生产与时尚符号以更易被接纳的符号解码方式进行加工，将来自不同地域、不同阶层、不同年龄的社群成员以相同的兴趣凝结在一起，利用时尚社群传播介质的特性，在社区内部进行社交互动，这种互动行为具体体现为模仿互动与循环流动。

传受双方通过对消费文化中象征符号的传递与基于同一社会情景语系的解读，初步构建起时尚传播在网络群体中的关系联结，与此同时，通过因趣结缘而形成有着共同时尚趣味的迷思群体，并不断推进深化，进而实现模仿互动。如图3-1所示，时尚传播中自下而上的单向模仿发展为循环往复的互动传播，趋向于交互作用的形成。在此过程中，消费与传播对时尚主体与受众的身份转换起着积极推动作用。对于时尚主体而言，作为制造时尚与趣味的生产者时，受到异质于多重维度的品味格调、阶层区隔与文化资本的制约因素影响，其传播内容多为具有潜在意义和趣味区隔的符号话语。对于掌握着信息符码的受众而言，通过模仿互动，实现自我认同的满足感与文化意义认可的愉悦感，并进行着格调和品味的塑造与强化，继而在循环往复的流动传播过程中重新生成时尚主体传播意义符码的生产和解读，这种循环传播的模式在时尚传播中产生着颠覆性的作用，并重塑着时尚传播的能动结构与社会意义。

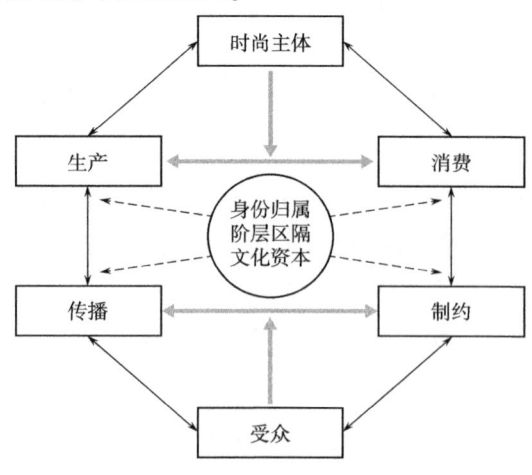

图3-1 时尚传播循环模式图

二、从区隔到连接——时尚传播关系场域的重塑

长期以来,作为文化符号与传播实践的时尚,不论体现于艺术趣味、服饰风格、饮食习惯,还是审美与品味的打造,乃至时尚哲思、时尚符号本身,均体现着强化社会区隔的利益与功能。然而,社会化媒体重组了人们的沟通连接方式和社交关系的建立,技术革新使我们进入流动性越来越快的现代社会,逐渐由地位社会向契约社会转变,建构自我的方式也随之转向自发性的意义交往和象征交换。❶ 其中,追逐时尚使"弱势的、边缘的群体获得了某种社会价值或社会认可"❷,这便使着眼于意义交往和象征交换的时尚传播,将个体和群体置于流动与连接的社会体系中,并通过时尚传播的符号意指和文化资源进行关系场域的折射和重塑。作为社会现实普遍存在的时尚传播,并非独立于个体的生活实践之外,而是时尚群体通过消费追寻、表明并确立自己的社会地位,时尚传播新的人际关系与社会结构权力由此生成。有学者认为,时尚传播中,长期以来对符号价值的追逐和实现正逐渐让位于对社交价值实现的推崇和转移。究其原因,对时尚传播者的追随使受众脱离现实社会中泾渭分明的结构共同体,在全新领域中获得充满价值、意义和等级位置区分性的权利。鲍德里亚对此做出论述:"通过使用各种充满表征与象征意义的物品,每个个体和群体都在寻找自己的特定秩序和结构中的位置,物品则通过分层化的社会结构为每个人保留一个确定的位置。"❸

创造偶像崇拜是文化工业的重要策略,偶像以看似独特的个性和英雄气质博得公众的青睐,在一个从众的大众社会中,偶像崇拜往往通过某种伪个性化方式来操纵,并以此掩盖了文化工业本身的标准化和同一性。❹ 早期的时尚,通过下层阶级对上层阶级的模仿而构成,在此过程中,对"消

---

❶ 鲍曼.流动的现代性[M].欧阳景根,译.上海:上海三联书店,2002:11-12.
❷ 鲍曼.流动的现代性[M].欧阳景根,译.上海:上海三联书店,2002:11-12.
❸ 瑞泽尔.后现代社会理论[M].谢立中,译.北京:华夏出版社,2003:110.
❹ 周宪.视觉文化的消费社会学解析[J].社会学研,2004(5):102.

费偶像"个体形象的崇拜与追随,逐渐受社会结构与文化因素影响,演变为"虚荣效应"(snob effect)与"跟风效应"(bandwagon effect)。时尚传播中的迷群体,对文本进行再加工与再传播,将符号生产力注入流动传播过程,溯源于传播者创造出的与社会情境相关联的意义和消费快感。然而,迷群体"作为过度的消费者与积极的意义生产者"❶往往会在结构与跨结构的传播过程中,将符号性生产的内容再次传播,并以此来界定迷群体的生产流通体系与文化传播基调。不容忽视的现象便产生于其中,对基于个体差异与主观能动性的内容解读总是会偏离传播的实质所在,而成为模糊的甚至隐见的符码意义。

然而,边界模糊的传受双方间存在着积极的流动循环互动模式构建,一方面,受众通过评论机制与互动行为,将各自的意义解读与认同满足即时转化为可见的文本,以此保持与传播主体一致的趣味追求。与此同时,借助移动传播时代新型的技术工具与展示手段,解读创作出多样多元的文化文本,进而公开传播表征着时尚传播的文化意义。另一方面,传播者将时尚传播的内容赋予文化色彩,传达着认同归属和追求优越的心理体验。个体的能动性与时尚文化的"审美媒介"❷特征相结合,使时尚传播中形成团体内外的迷群体,他们在同一团体内构建基于共同兴趣格调的统一体,在团体之间进行着冲突对抗与异质区分。

媒介融合使个体成为传播的中心节点,网络传播、大众传播和人际传播交汇于其中,这促使使用数码媒介的数码原住民(digital natives)大量形成,他们不仅仅是新媒体的使用者、文化产品的消费者、媒介信息的接收者,更通过各种具备可视化、允许用户生成内容并支持社群群体互动合作的社交媒体平台,成为文化产品的产消合一者(prosumer)和媒介信息的双向交互者。根据前文的研究结果来看,以社交媒体中时尚传播内容的制作机制为例,产销合一者的形成使受众与生产者之间的关系变得模糊不清,在传受关系发生变化的同时,时尚传播实践者从既有的文化文本生产中创造出与自身情境相

---

❶ 林品.从"李毅吧到帝吧":一种网络社群文化的形成与嬗变[M]//媒介批评:第六辑.桂林:广西师范大学出版社,2017:210.

❷ 费瑟斯通.消费文化与后现代主义[M].刘精明,译.上海:译林出版社,2000:153.

| 第三章　文化权力重塑——时尚传播文化场域的意义边界 |

关的意义和快感，并通过互动的评论留言机制，将文化文本的意义输出至正在消费的文本对象之上，能动地参与到文本意义的文化再生产中。

时尚在个人与集体之间进行沟通和调解，但同时也带来身份区隔和社会分化。社交媒体使原本在现实生活中毫无交集的时尚传播实践者通过频繁的网际互动生成崭新的情感链接。不同于现实中基于地缘、血缘、业缘而形成的社交关系，基于对时尚的兴趣和追求的因缘际遇，时尚传播实践者和消费者逐渐突破了现实壁垒，形成强连接的情感关系，进而凝聚成社交关系相对紧密的"趣缘社群"。在共同用户集体认同的推动下，社群成员在社交媒体中从事着文化生产和文化意义消费，并逐渐将行动转移至面对面的线下现实交流，实现网络传播与人际传播的双重结合。

然而，更值得反思的是"时尚文化与媒体结合，通过意义的生产和再生产作用于人的欲望，刺激个体产生幻影崇拜的心理需求和热衷符号消费的盲目行为"❶。作为身份符号象征的时尚传播，与其社会结构中的经济资本、文化资本相互作用，直接导致了阶层区隔的不可避免性，作为商品化符号的时尚传播之于个体生活方式与社交关系重构均起着直接的作用力，作为象征性文化权力的时尚传播之于时尚文化与消费文化的话语权力构建，更是起着不可逆转的推动作用。因此，对时尚传播在社会结构中的地位与作用，要持有辩证而非二元对立的认知，时尚传播不应仅被视为造成意义符号的机械技术复制与盲目消费，更应利用有效的机制，将时尚传播与文化研究结合起来，不仅将其视作传播模式，即"生产—文本—消费""编码—解码""生产—信息—传播—制约—消费—作用力—再传播—再生产—再消费"的过程，而将其视作社会情境转向结构性因素的主体能动作用发挥加以考究。将此情境置于宏大的社会结构、经济力量、能动因素及个人主体性的背景中考量，从文化再生产的权力场域建构角度来考量时尚传播，将时尚的文化意涵与时尚传播的实践活动相结合，对时尚传播如何以其主观能动性的正向发挥，来满足个体品味格调趋向及身份认同与社会归属感，进而促进消费社会文化场域的理性构建。

---

❶ 高宣扬.流行文化社会学[M].北京:中国人民大学出版社,2006:53.

三、从束缚到拓延——时尚传播文化场域的权力特质

作为文化生产的特定场域，在由消费文化形成的结构性空间中，时尚传播的权力分配、资本构置、系统要素等进行着重构。在传播的互动过程中，非主观意愿地对社会阶层结构进行着重新划分，对时尚符码意义的"赋魅"与"祛魅"行为，不自觉地成为阶层区隔强化与品味等级重新协商的新空间。布尔迪厄将"场域"看作社会位置中由内在的权力关系构建的系统，每一个场域都存在权力关系。事实上，社交媒体中时尚传播作为社会系统，自身便生成场域，同时在消费语境中的社会关系建构下，作为促进消费文化兴盛的消费场域，其权力要义的本质经过文化消解进行重构，其权力制约受到强化阶层的束缚，其权力内涵在社交媒体的传播推动下进行着延展。

（一）权力的束缚——时尚阶层的异质

如同费瑟斯通所言："城市脱离工业化过程转而成了消费中心，并汇聚起各种壮观场面、混合的符码，使高雅文化与低俗文化融为一体，从而导致了一种面向后现代生活方式的转变。"[1] 时尚传播在后现代方式的主导下，也成为集合不同消费符号与消费文化为一体的消费场域。究其生成背景，与产生社会阶层的社会结构与文化意义密不可分。在时尚传播场域中，客观存在的品味差异与格调迥异，在符号意义的生产与解码过程中，特定场域生成时尚惯习，时尚惯习生产实践，从而勾连起时尚传播的循环互动过程。时尚传播的场域由生产者与受众、传播媒介与组织共同构建而成，非组织机构的生产者作为新兴的传播群体，主观能动性多出于自身的阶层区隔与差异构建。而内化为文化要素的个体能动性，作为时尚传播场域中的客观存在，通过传播者与受众在生产与消费、编码与解码的权力分配结构中所处的位置来界定。换言之，拥有话语权力或传播资本的传播者更有机会获得与划分时尚传播场域中所存在的阶层异质。

---

[1] 费瑟斯通.消费文化与后现代主义[M].刘精明,译.上海:译林出版社,2000:153.

毋庸置疑，这是对时尚传播中时尚阶层的重新界定与划分。布尔迪厄通过建构三维的社会空间，即经济资本、社会资本与文化资本，阐述了不同阶级的文化消费与生活方式的模式分布。"社会阶级的场域与生活方式的空间之间，存在'结构的同源性'"❶，具体于时尚传播中，传播行为与消费水平的勾连是依靠格调与阶层的倾向进行调节的，不同阶层之间结构化于社会因素的制约而形成不同的品味，把控着话语权的传播者通过生活方式的打造与时尚产品的消费，使自己成为时尚发起者与引领者，并逐渐远离大众品味。由此，时尚传播场域并不存在固定不变的社会结构，而是依托于个体的时尚惯习与行动参与，不断构建而成的流动空间，共同构成德勒兹所说的"根茎型"传播模式。

（二）权力的更迭——文化再生产的权力场域逻辑

文化实践及其不断再生产成为整个社会的基本运作动力。对时尚的消费是一种被文化所操控的消费，消费的不仅是物品的物理特性与使用价值，还有物背后所蕴含的意义和符号价值。在此意涵过程中，文化权力作为现代符号生产与意义消费中的一种权力关系背景，可谓控制着囊括生产、消费、传播、解读与再生产、再消费、再传播、再解读的整体实践活动，构成了时尚传播领域中的文化权力宰制关系。获得时尚也拥有了某种独特的权力，个体在追逐时尚的过程中，一方面被时尚本身的权力所制约，另一方面也因为自己追随时尚而在强化和扩大着时尚的权力。

首先，传播权力的嬗变。时尚传播作为文化实践的再生产与再传播，其权力场域不断被改造、被重构并嵌入数字化媒介生产中，在实践过程中经历着权力的更迭。以中国都市文化与大众文化为基石的时尚传播，其运作逻辑也涵盖着微观个体、中观媒介组织及宏观的政治经济文化因素等不同维度的内容。其次，阶级权力的重组。作为身份符号与社会认同的时尚传播之于社会结构的权力关系，既容易造成社会区隔，又有助于促进个人身份的文化认同与社会整合。布尔迪厄指出："消费是交往过程的一个阶

---

❶ 斯沃茨.文化与权力:布尔迪厄的社会学[M].陶东风,译.上海:上海世纪出版集团,2001:101.

段,亦即译解、解码活动,这些活动实际上必须以掌握了符码为前提。"再次,消费文化权力的转移。在中国消费文化与社会化媒介的合力作用下,裹挟于其中的受众与消费对象在看与被看的规训过程中,由"实用消费"向"个性消费",由"性能消费"向"情感消费"转变,促使更多受众寻找日常生活审美化的认同对象,而大众阶层找到向品味格调靠拢的内向驱动。于此过程中,基于身份归属、阶层区隔与文化认同的归因,受众通过物的消费与对时尚的传播,不仅实现着身份区隔和定位的符号功能,更承担着生产意义与传播意义的重要功能。又次,经济权力的再现。作为商品化符号的时尚传播,不仅作为媒介拟态消费环境中的消费客体,更是作为消费主体,其之于生活方式,在不断催生消费文化和景观社会的同时,更在客观上刺激了物质创新和经济权力的更迭。最后,话语权力的集中。作为象征性文化权力的时尚传播之于文化话语权,既容易造成话语权集中在少数时尚化大都市,也容易造成时尚文化权力掌控在少数人的手中。中国的城乡发展差异较大,集中体现于时尚传播话语权力的变更。

(三)权力的拓延——文化场域的推进

从时尚传播的"文化循环"切入,探讨时尚传播场域的推动性作用,可以发现从表征到阶层认同。从生产与消费的互动意义,从共同规则到受到规训,时尚,作为消费文化时代,一种人人需要遵守的文化权力规则,逐渐受到时尚传播内容与方式的规训,而不自觉地成为文化权力的倾慕者与书写者。时尚传播场域推动了消费文化的演进,并赋予消费文化以社会结构性的能动意义。

时尚传播的文本生产与传播依托于对时尚意义的消解与转化,并加以符号内涵的再呈现,而时尚传播的消费过程则成为消费文化循环发展中必不可少的要素,对时尚传播的消费惯习加以解读,更是指涉消费文化新内涵的生成,受众认同则关乎整个消费社会是如何将时尚文化服务于文化意识形态的,并将时尚文化的积极作用置于消费社会的现代书写中。

日益兴盛的大众消费导致社会失去约束,高密度的批量生产与大众消费使得时尚进入大众生活领域中,这将严重损害时尚文化。然而,消费凸

第三章 文化权力重塑——时尚传播文化场域的意义边界

显了生产与社会的重要地位,并成为生产过程的终端,是非社会物质进程的有机组成部分❶,正因此,作为消费社会自身要素的文化,无处不在并兼具文化象征与文化意义的融合。而随着移动传播时代的到来,时尚传播与媒介的交互作用无疑给时尚文化与消费文化的推进与发展提供着独一无二的权力场域,于其中,时尚文化与消费文化得到了主体性的内在复制,并作为权力的知识加以传播繁衍,由此,消费社会在时尚传播的推进中得到了最大程度的演进与发展。

综上所述,具有社会区分性的时尚文化,一方面使阶层区隔逐渐形成,既定的社会圈层与其他圈层相分离;另一方面推进既定的圈层更加紧密,本身即以矛盾构成体而存在。而在时尚传播的推进中,随着集制作者、传播者、消费者、解读者、接受者为一体的传播态势发展,循环流动与模仿认同的传播模式趋同,正成为时尚传播基于身份归属、阶层区隔与文化认同的归因,建构消费社会时尚文化场域的重要因素。然而,不容忽视的是,作为主体存在的时尚传播者,当不断建构出追随与模仿,并生产制作出同质化的时尚传播实践时,这种被动为之与主动进行的模仿❷,实则是不可抗拒的力量,模仿的力量构成了社会中一切的相似性。这使我们对模仿引发的相似性与信息高度重合难以回避,并对迷群体的迷与追随进行社会结构意义方面的反思。模仿带来的生产意味着浪费与过度挥霍,作为信息资源存在的时尚传播,是否需要如此多的重复与补充,作为时尚消费的受众是否需要不断膨胀的主体欲望,作为时尚传播的迷群体面对被书写、被建构的现实,是否需要主体意义上的重构,上述所问无疑都构成时尚传播矛盾而对立的逻辑。在被模仿与追随的进程中,传播主体并不是作为情感存在的客体,而是作为被完美化的模板,通过对时尚传播内容的完美打造,衍生出特定的品味格调形态,并将品味与格调理想化、扩大化并普遍化。事实上,传播主体在进行传播时,营造着基于自身风格与格调的感召力,与此同时,其自身也在被消费解构。在技术革新与消费社会的裹

---

❶ 雅各布斯,韦斯·汉拉恩.文化社会学指南[M].刘佳林,译.南京:南京大学出版社,2012:127.

❷ 塔尔德.模仿律[M].北京:中国人民大学出版社,2008:38.

挟中，传播者与受众沉迷于精致的格调、雅致的品味与奢华的符号象征时，便失去了对时尚传播内涵进行主动创造的机会，沦为被观赏者、被书写者、被建构者。

第三节 时尚传播文化权力场域的意义边界重塑

通过前文研究我们发现，时尚传播主体正经历着从组织到个体、由专业到自发、由线性到循环的发展轨迹。不同于专业组织机构垄断的时尚传媒集团一枝独秀，越来越多的自媒体人，通过社交媒体的展演，进行着基于不同维度的时尚实践。诸多微信公众号、App、网络社群、微博大 V 涌现出来。本节通过 python 对时尚传播的微信公众号进行数据爬取，并记录了时尚传播主体的文字发言、图片、文章、音频、视频等内容，发现这些内容大致分为两类：一类是时尚传播主体发布的关于对时尚的认知，包括穿着、家居、妆容、旅行、阅读、展览、音乐、艺术等信息的解读与评价；另一类为时尚传播主体产制的时尚内容展演。在研究调查过程中，我们逐渐意识到无论是对时尚信息解读还是自身进行时尚展演的传播者，其时尚传播实践背后呈现出更多的权力性与文化性表征和意义。经历着结构变化的中国时尚传播，在社交媒体的符号打造中被解构意象，在权力关系的生成过程中被消解意义，在逐渐兴起的众多积极参与者中进行着文化展演，在阶层固有区隔中寻求身份归属与文化认同。时尚传播基于意象解构、文化消解、身体展演与寻求认同的归因，形成了被看见的时尚文化传播权力场域的意义边界，实现传受双方传播意涵的再书写，共同建构时尚文化展演场域、消费社会传播场域与文化再生产权力关系场域的形成，从本质上将由政治权力话语刻画的时尚传播推进到由文化权力关系镌刻的文化传播场域重构进程中。

一、被解构的意象——从自我展演到文化认同

依托于互联网技术发展的时尚传播,其传播主体在互联性(Interconnectivity)中逐渐隐匿,单纯的"自上而下水滴式"传播模式已不复存在,个体能动性与传播参与意识的崛起推动生产型消费者成为时尚传播主体,主动参与内容生产传播模式的形构,积极形塑时尚传播的意象,促使时尚传播模式从垂直化向循环化、从单一化向多元化扩展。时尚传播主体多样化,使不确定的生产主体参与传播模式的再构建,主客体的身份转型意味着生产与再生产、传播与反作用、主动消费与被动解构的主导方式的转变。时尚传播参与者借助媒介技术的展现(revealing)❶,通过符号指征来呈现自身的品味特质。然而,伴随着技术作用力与"时尚自然而然推动社会身份的运动"❷,"发端于社会各个角落的时尚,并不像以往那般单一地沿着源头自上而下地从精英阶层滴落到大众之中,而是沿着不同路径向不同方向传播和扩散。"❸ 这种多元路径的传播与扩散导致"日常生活审美化"与自我展演实现的推进,促使时尚传播经历着"生产过程与社会现实建构的文化—社会变迁"。❹ 事实上,品味的个性往往会同集体性有机结合,时尚是集体选择的过程,人们模仿他人以融入获得认同的集体,在同一集体中,人们寻求区别于他者的品味特质形成,在时尚品牌店工作的访谈者坦言:

> 人们往往会跟风购买某个时尚明星在街拍中穿着的服饰、拿着的包,然而又不希望自己购买的包成为烂大街款。❺

---

❶ 毛萍.从存在之思到"技术展现"——论海德格尔技术理论的本体论关联[J].科学技术哲学研究,2004,21(3),89-92.

❷ 孙沛东.论齐美尔的时尚观[J].西北师大学报(社会科学版),2008,45(6),95-99.

❸ 坎贝尔.求新的渴望[M]//罗纲,王中忱.消费文化读本.北京:中国社会科学出版社,2003:266-284.

❹ 鲍德里亚.消费社会[M].刘成富,全志钢,译.南京:南京大学出版社,2001:6.

❺ 受访者 F3,受访时间 2019 年 12 月 22 日,受访地点:太原。

显然,"品味与社会权力息息相关,在阶级惯习上会呈现区别于彼此的风格。"❶ 正是品味呈现与阶级呈现的和而不同,时尚传播的意涵最终指向文化认同。文化认同一方面体现为时尚传播基于身份归属需求的嬗变,而演进为既统合又区分的动因存在;另一方面又基于品味差异与阶层区隔的矛盾构成,而重构为既固定又流动的结构模式,在此二者交互作用力之上,时尚传播的意义边界逐步生成。

二、被统合的需求——身份认同与文化归属

置身于时尚传播中的传播主客体,同时具备社会人与时尚人的双重属性,通过"人的仪表、穿着状态及生存的样态"等符号指征来体现"某人某物之为某人某物的存在样态"❷,自发地进行着基于趣味与品味的自我展演,不仅表达着个体的主观个性与风格特质,又渗透着个体所属社会群体的阶层性质,这正是其文化资本获得与社会归属形成的根源。因此,时尚传播的生产图景日渐成为消费社会中勾连身份归属与文化认同的重要方式。

消费者不再从专属用途角度去看待物,而从它的全部意义上去看全套的物。❸ 从这个观念出发,消费社会中的受众,不再仅满足于对物质物理功能的消费,更追求特殊象征符号意义和文化指称的时尚性消费,因为时尚提供某种象征物,目的是身份认同,但同时又不断玩弄着身份的不确定性。❹ 借助物的符号意义呈现自我身份的区隔认同,实则进行自我认知与身份构建的过程。个体通过媒介场域进行自我展演,以期获得同一场域中陌生人的注意力,借由此获取关注、交换认同。时尚传播主坦言:

> 我发布的内容中要有能够吸引到观看者的兴趣点,选择最新最潮流的穿搭技巧和新品推荐的内容发布,而公众号中的相关品牌信息能

---

❶ 高宣扬.流行文化社会学[M].北京:中国人民大学出版社,2006:53.
❷ 鲍德里亚.消费社会[M].刘成富,全志钢,译.南京:南京大学出版社,2000:3.
❸ 鲍德里亚.消费社会[M].刘成富,全志钢,译.南京:南京大学出版社,2000:14.
❹ DAVIS F. Fashion,Culture,and Identity[M]. Chicago:the University of Chicago Press,1992:24.

第三章 文化权力重塑——时尚传播文化场域的意义边界

将我的身份与观看者进行划分,从而形成观看者对品牌的推崇转化为对我个人的认同与崇拜。❶

正如"与他人求同和与他人求异的相互作用是推动时尚发展的动力"❷,时尚传播主体通过内容生产的选择与把控,极力打造与他人的差异性,标榜时尚引领性,意图成为时尚传播中的引导者与风尚发起者,同时又寻求与他者的同一归属,以期获得社会认同,究其传播本质是寻求自我与他者既区分又统合的身份异质存在。

个体的身份认同受情境结构的建构影响,既是一种所在(being)的状态,也是一个成为(becoming)的过程。❸ 身份认同除了包含自我个体的内化动因,更涵盖身份认同的归因需求。齐美尔将此归结为"时尚,会自然而然地推动社会身份的运动,一方面,人们模仿他人以融入一个集体,另一方面,人们会想尽办法展示个性去区别于他人"❹。区别与融入,差异与统合成为时尚传播主体内容生产与传播实践过程中的矛盾存在,除了打造自我身份归属的意义需求实现之外,网络时尚传播主体试图与受众建构统合的身份归属。小红书 App 中发起的"出租屋大改造",通过大家感同身受的同一话题——出租屋改造的话题分享、推广,和同一需求的观看者建立共鸣、互动,甚至实现线下见面探讨互动。共同话题的设立与互动,打破了横亘于传播主体与受众之间的意义区隔,拉近二者之间的情感距离,从而使传播主体与客体在共同话题中产生情感共鸣与价值归属,实现有效的传播效果,推动受众对传播主体的情感信任与心理追随。作为"提供呈现与再呈现符号产品与服务的文化中间人"❺,时尚传播主体在沟通生产与消费中扮演着活跃角色,并把控着时尚传播的能动过程。

区别于传播主体,在内容解读、留言反馈、参与互动、影响议题的循

---

❶ 受访者 F9,受访时间 2018 年 12 月 28 日,访谈地点:美国。
❷ 凯瑟.时尚与文化研究[M].郭平建,译.北京:中国轻工业出版社,2016:19.
❸ 任裕海.全球化、身份认同与超文化能力[M].南京:南京大学出版社,2015:2.
❹ GRONOW J. The sociology of taste[M]. London:Routledge,2002:77-94.
❺ BOURDIEU P. Distinction:a social critique of the judgment of taste[M]. Cambridge:Harvard university Press,1984:359.

环传播过程中，受众在信息接收与解码的过程中，积极主动地寻求身份的同一归属。网络时尚传播中的传受双方需要专属空间与共同关联来构建身份的统合归属。正如"后现代青少年愿意归属于一个带有自身行为模式和价值体系的小团体，这就需要一些由服饰、发型、形体举止、语言和总体风度所构成的特殊符码"❶。具象于时尚传播中，传播主体与追随的"迷群体"基于共同趣味，由服饰、妆容、消费、品牌及格调打造而成的专属空间，通过特定载体进行信息生产与传播，受众根据自身特质与时尚偏好对传播内容进行选择性互动，传播主体则根据用户的反馈进行意义再生产。显然时尚传播的过程经历着双向与循环的互动过程，实现着身份归属与身份区分，进而通过个体品味接纳的行为过程，完成社会性的身份认同构建过程。

三、被放大的矛盾——品味区隔与文化分化

时尚的符号性与象征性指向了时尚传播的区隔可能性，时尚在传播过程中不仅构建身份认同，更透过消费"物"的差异构建身份地位的差异，乃至形成文化资本异质。布尔迪厄将时尚看作"由集体所创立的信仰和行动模式"的社会事实之一，并将消费及生活方式实践与具体的职业、阶层、群体密切相关，各社会阶层或群体为获取地位性商品而展开在经济资本与文化资本两个层面上同时进行的争斗。❷ 显然，不同阶层的个体或群体通过经济资本的确立，进而追求与构筑区别于大众的消费模式与品味选择，从而实现引领性与差异化的阶层区隔与文化资本异质。正如保罗·福塞尔所强调的品味与格调在社会阶层中的重要性，时尚传播者通过"炫耀性消费"，将自身同他人的品味与格调加以区分。同时，随着商品经济的发展和消费能力的提高，炫耀性消费开始呈现大众化趋势，追求时尚成为社会群体经验的共享❸，而追求品味与格调，也成为个体超越阶层分化获得文化资

---

❶ 达内西.酷:青春期的符号与意义[M].孟登迎,王行,译.成都:四川教育出版社，2011:26.

❷ 布尔迪厄.区隔:趣味判断的社会学批判[M].刘晖,译.北京:商务印书馆,2016:187-207.

❸ 凡勃伦.有闲阶级论[M].蔡受百,译.北京:商务印书馆,1964:65-76.

本的途径之一。

在笔者对时尚传播微信公众号内容进行分析的过程中，发现了"有了这个，就离时髦不远了""拥有这些小物，女神力up""普京总统、贝克汉姆、凯特王妃睡的床""网红打造进阶记""看到图片就想去的韩国网红店"这些极具煽动力与感染力的标题。由此可见，传播主体通过地位接近与阶层区隔的设立，将个体形象与主观差异结合，利用"物"背后的意义，将自我打造成时尚引领者，以吸引更多想要获取阶层认同的用户关注、接近。随着消费社会崛起与时尚文化兴盛，阶层区隔与文化资本异质成为时尚传播中竭力打造却又试图突破壁垒的矛盾体。

社会学家认为消费社会中的"物"是形塑社会区别、构建社会联系的符号，人们通过对物的消费来体现和维持社会地位，并试图寻求同类群体的认同与异类群体的区隔。库利认为人们通过"镜中我"（looking-glass self）来实现身份认同与自我认同[1]，在这种互动中个体会对真实自我加以重塑，构建全新的自我与他人想象中的自我。因此，时尚传播个体会为了获得特定阶层的认同而对自身加以符号性的包装与阐释，如穿戴的服饰、出入的场所、看的画展、阅读的书等，将具有象征性意味的符号用于生活实践中。从周围人的反应中形成自我，成为网络时尚传播兴起与发展的本质特征，也正是依托于人类阶层区隔的认同需求与消费差异构成，通过涵盖了时尚消费生活方方面面的物的符号与象征，在"看"与"被看"的媒介规训过程中，使中产阶层受众找到日常生活审美化的认同对象，而平民阶层找到向幸福美好出发的内向驱动。[2]

四、被消解的认同——自我实现与群体文化的达成

不同社会阶层成员与其说是按照他们对文化的认可程度互相区分，不

---

[1] 库利.人类本性与社会秩序[M].包凡一,王源,译.北京:华夏出版社,1987:184.
[2] 廖婳婧."场域"理论视角下的东方卫视节目生产研究[D].上海:上海大学,2015:135.

如说是按照他们对文化的认识程度互相区分。❶ 依托于传播社群的时尚传播意义构建，对物与符号的传播不仅停留于消费层面，而更多体现为对消费文化的认同实现。事实上，"消费文化代表着透过工业与资本主义关系，会对传统社会秩序加以毁坏，同时会抑制真实的文化，会造成人们社会认同的混乱、流动及无穷困扰。"❷ 体现在以互联网、智能手机为载体的时尚传播平台中，作为一种使时尚传播实现"得以生产、维系、转变与构建的符号传播过程"❸，将时尚消费群体对时尚文化的认可程度与认知程度加以细化区分，并在时尚传播过程中注入集体记忆与情感因素的消费文化认同，显然，这会对自我认同与群体认同带来一定程度的消解，对群体文化的形成造成不可避免的困扰。

第二次世界大战后，社会的消费性和媒介化使"认同越来越和时尚、形象的塑造及人的外观等联系在一起。每一个人似乎都不能没有个性化的样子、风格及具有自身认同性的形象"❹。这种自我认同伴随自我认知的改变与社会区隔的形成，在中国正回归于唤起集体记忆与文化认同的本源。

不论是基于涂尔干"集体欢腾"的集体记忆，还是基于记忆与文化构建关系的社会记忆，"作为社会互动框架指导行为和经验的知识"的文化记忆❺，都将由社会调节，最终指向群体与个体，并在传播与书写的过程中，文化记忆客观化为实实在在的物的表征，从而实现"通过文化形式及机构化的交流而得到延续"❻。在经济快速发展的中国，消费文化呈现出明显的都市特征和中产阶级倾向，消费主义观念虽然正有向更大范围的低收入阶

---

❶ 霍尔,尼兹.文化:社会学的视野[M].周晓红,徐彬,译.北京:商务印书馆,2002:215.

❷ 费瑟斯通.消费文化与后现代主义[M].赵伟文,译.台北:韦伯文化国际出版有限公司,2009:17.

❸ 陈静茜.表演的狂欢:网络社会的个体自我呈现与交往行为[D].上海:复旦大学,2013:12.

❹ 凯尔纳.媒体文化——介于现代与后现代之间的文化研究、认同性与政治[M].丁宁,译.北京:商务印书馆,2004:395.

❺ 奥斯曼.集体记忆与文化身份[M]//陶东风,周宪.文化研究.北京:社会科学文献出版社,2011:4.

❻ 费瑟斯通.消费文化与后现代主义[M].刘精明,译.上海:译林出版社,2006:166.

层蔓延的趋势，但小资情调的消费文化是非日常的，与一般平民更没有什么关系。然而，不容忽视的是，技术革新与新媒体普及改变了时尚传播生态，同时在时尚塑造与传播中建构着属于不同时代中国人的群体文化记忆。从20世纪60年代人人向往的"军装"、70年代正式统一的"中山装"到80年代追求自我价值与身体展现的"喇叭裤、爆炸头、邓丽君、交谊舞"，乃至今天寥寥数词难以界定的多元时尚需求，消费文化在中国的传播经历着不同时间轨迹演变的群体认同与文化推进。

当社会成员难以通过身份地位的塑造在特定社会群体中获得认同与归属时，消费物品的符号价值便成为获得阶层区隔与群体认同的重构途径。社会成员通过理解自我与群体之间的冲突与融合，通过平衡个体身份与集体记忆的差异与共融，从而实现个体对自我身份的展演，以及对集体文化记忆的认同。表征于时尚传播的框架内，时尚传播通过生产构成在不同群体中流通的信息，将个体时尚传播与集体时尚传播间的区隔加以确立，而边界又在逐渐模糊，这使二者之间兼具包容与消解的可能性。因此，集体记忆的文化认同便成为时尚传播群体向其成员灌输共同价值观和集体认同的强大整合力量。

第四章

文化资本重构——时尚传播文化场域的逻辑表征

通常意义上的资本，不论是作为经济概念，还是货币交换的符号体系，都集中于利益最大化的商品交换和财富积累行为，经过对韦伯的宗教利益观加以扩展，布尔迪厄提出了文化资本的概念。作为不能还原为经济资本却又可以与经济资本进行相互转化的权力形式，文化资本来源于韦伯的社会闭合（social closure）观念，并将更细微的、非正式的排除性实践（exclusionary practices）包括在内，当一种资源因具有很高的价值而成为争夺对象，并发挥社会权力关系的功能时，布尔迪厄将此阐释为资本。[1] 布尔迪厄并未将对资本这一概念的诠释停留在经济理论层面，而是将其在更广泛的意义上加以诠释：最为物质的形式，也就是那些最严格意义上的经济资本，表现为文化资本或社会资本的非物质形式。[2]

纵观布尔迪厄的资本观，资本存在四种基本形态：经济资本（货币与财产）、文化资本（教育内化的文化商品和服务）、社会资本（熟人与关系

---

[1] 格伦菲尔. 布迪厄:关键概念[M]. 林云柯,译. 重庆:重庆大学出版社,2018:125.
[2] BOURDIEU P. The Forms of Capital[M]//LAUDER H,BROWN P. Halsey A. Education. Globalisation and Social Change. Oxford:Oxford University Press,2006:105.

网络）、符号资本（正当性）。其中，物质资本指的是经济的资本类型，而非物质资本则指文化与社会资本类型。经济资本体现为被制度化的财产权，文化资本是被制度化的教育资格，社会资本是被制度化的某种头衔。其中，社会资本作为资本的基本形态之一，在本质上既不同于经济资本，也不同于文化资本，而是一种以社会联系或社会义务形式出现的非经济资本形态。不同于意味着金钱的经济资本与意味着社会地位的社会资本，布尔迪厄理论体系中的文化资本概念涉及了大量的资源，包括个体内化（embodied）而成的形式，如所受到的教育程度、所获得的技术知识与社会知识，以及因此所获得的文化意识、审美偏好、教育地位；客体化（objectified）的呈现形式，如艺术品获得与拥有而形成的艺术感悟力；制度化（institutionalized）的形式，即文化资本得到权威部门的认可，诸如普利策奖或诺贝尔奖项的认可。

　　正如前文所论述，时尚文化的实质体现着资本与权力共同作用的结果。作为文化传播体系的时尚传播，其内在逻辑便表征为文化资本的生成与场域重构。从文化资本的角度出发，时尚实践者通过时尚传播实现了自身多方面的满足，主要包含：经济资本的获得、符号资本的实现及社交资本的连接。通过时尚判断去实现身份认同与自我满足，通过时尚内容创造与传播实现与他人的连接和聚合。时尚实践者因此成为文化资本的抢夺竞争者与符号资本的话语把控者，而不仅是作为传播实践的生产者和消费者。

　　按照布尔迪厄的阐释，文化资本场域中，作为可转换的性情倾向系统的惯习，具有多样性与持久性，成为决定文化资本场域的逻辑表征。因此，本章对时尚传播文化资本场域受到惯习制约的逻辑表征加以呈现，揭示时尚传播文化权力场域拓延而生的文化资本场域的生成机制和内在特征，进而从时尚传播消费资本逻辑场域及时尚传播空间资本逻辑场域对文化资本场域的重构进行剖析。

| 第四章　文化资本重构——时尚传播文化场域的逻辑表征 |

第一节　时尚传播文化资本"场域"的生成

有学者将当下的社会变革称为第三次科技革命,其信息化、技术化、数据化的特征引发了人类社会的深刻变革,不仅体现于技术进步与科技革新,而且在人类交往、文化发展、情感塑造、社交连接等方面均产生了巨大的影响力,推动着人们认知世界、认识自我及生活方式的大力变化。显现于时尚传播领域,当象征符号与符码意义在社会化媒体的时尚传播实践中发挥作用,以争夺时尚传播场域中更有利更具控制性的位置时,受到文化权力影响与制约的时尚传播,不论其生产、传播与消费的权力更迭,还是阶级、身体、性别的权力转移,都不断转化为具有同源性特质的文化资本,并在权力关系重构的过程中加以拓展。那么,文化资本是如何进行转化并加以拓展生成文化资本场域的?这一过程又如何受到文化权力与惯习的作用,而得以揭示时尚传播实践者和实践团体在时尚传播文化场域中所占据的关系性位置,从而图汇整个作为社会空间与社会系统的时尚传播?

一、社会结构变革作用的产物

当对文化资本场域的生成过程与逻辑表征加以剖析时,我们首先应对文化资本场域生成的社会情境与内在机制进行呈现。作为时尚传播文化场域的子场域,尽管时尚传播文化资本场域具有自身所建立的规则与形成的背景,但是其内在形成机制、原因与文化权力、惯习的转化密不可分。布尔迪厄所论述的文化权力,是作为一般性的隐喻来指涉我们所研究的社会实践背后更深刻的意义,而时尚传播的文化权力凸显于日常生活实践中,既不可避免地与社会、文化、阶级、性别、政治、经济等要素相互牵连,也对关系性与位置型时尚传播实践有着依赖性。

科技进步推进了全球化时尚文化的生成。随着现代科学技术的迅速发

流动与连接
时尚传播的文化场域形塑与建构

展应用,技术的更迭得到了迅速的发展,时尚传播的生产消费模式发生了翻天覆地的变化。十年前,时尚传播的内容和渠道主要来源于组织化、机构化的传统媒体,而当今的时尚传播内容产制与消费模式,经由社会化媒体引起的传播空间延伸与个体实践维度扩展,所带来的时尚传播与日常生活的边界消融,促使时尚传播的生产和消费成为日常生活实践不可或缺的部分。不论是衣食住行,还是休闲方式的选择及艺术兴趣的实现,均成为日常生活空间中的能动性结构。与此同时,时尚传播的逻辑也受到媒介特性与社会变革合力的改造,重新建构了时尚文化场域的惯习与规范。时尚传播平台的多元性与融合性,使时尚传播的区隔性与分化性等因素通过符号化文化表征与意义化文化建构,在时尚传播的多样化传播形式中得到复现与强化。

其次,随着网络连接一体化的信息对称时代到来,时尚生产消费全面渗透入个体的日常生活中。从媒体的传播到产品的输出,时尚文化成为关于一切与生活相关事物的集合,时尚文化不仅将时尚与便利性的生活方式相结合,而且因文化交融造就的空间交接而使时尚失去边界,传统时尚传播的直线性、注入性与模仿性逐渐消失,传统时尚文化的曲高和寡逐渐模糊,时尚传播的文化生成与消费、文化融合与分化,甚至时尚文化与时尚逻辑之间的各类边界也逐渐消融。时尚文化融合于日常实践的社会空间,时尚传播的空间距离和表达门槛渐渐消弭,个体时尚实践边界不断扩展,这将进一步促进时尚文化的多样性与流动性发展。

> 以前提起时尚,好像只有艺术品和昂贵的奢侈品才是时尚,现在的时尚,却成为生活的必需品,吃饭想去装潢考究、菜品好看的网红餐厅,喝咖啡奶茶想去大家都喜欢的打卡圣地,买衣服想去能凸显独特性而又不失品味的潮牌店。❶

显然,现实生活中,人们需要有更为丰富的物质基础和精神需求来满足身处社会中日益增多的时尚需求。在商品经济日益发达的当代社会,人

---

❶ 受访者 F27,受访时间 2020 年 3 月 11 日,线上访谈。

们的日常生活需求绝大多数无法自给自足,作为具有时尚意义的商品生产和消费,源于科技的进步和社会分工的发展。时尚的大规模生产、传播和消费成为交互性文化传播和个体时尚文化转向的现实。

无论是时间维度还是空间维度,我们时刻在时尚传播的包围中。广告中对时尚的渲染和描述,直播中对物品的时尚意义附加,社会化媒体中时尚符号的传播与解读,视频中对品味、高雅生活的呈现,可以说,时尚传播与时尚文化时刻都在建构着我们的生活空间,现代社会的时间与空间无不充斥着时尚的影子。同时,时尚不仅显现于个体的日常生活实践中,更是作为国家文化双创发展的重要构成部分。2012 年《国家文化科技创新工程纲要》和《文化部"十二五"文化科技发展规划》的出台,标志着"科技带动文化产业发展战略"正式成为我国大力发展文化产业的核心战略之一。2019 年,"全球化智库(CCG)全球时尚文化产业研究中心"成立,旨在推动中国时尚与服装产业的发展,从全球风险对抗、国家战略发展、产业化结构、公共政策等层面对中国时尚与服装产业进行创新研究,高屋建瓴,以此协助增强时尚产业可持续发展的能力,并以时尚文化的传播来提升国际话语权与全球竞争力。显然,时尚文化已成为全球化范围内的共同发展议题。

二、时尚文化资本化的结果

在时尚传播场域中,时尚文化不断经历着资本化与资本再生成的过程。在遵守时尚传播场域的默契规则和再生产规则的先决条件下,时尚传播中的实践者,通过文化符号的意义生成与文化符码的意义解读来参与时尚传播实践活动,以此获得、增加或维持他们现有的文化资本,即他们所拥有的文化符号的位置占据与构型完成。然而,他们也会试图通过文化资本的转化来部分或彻底地改变时尚传播的固有规则,如一位时尚博主所说:

> 以前想做时尚博主,首先你得是时尚业内人士,你得掌握一定的话语权,时尚杂志主编说紫色的百褶裙好看,那么紫色百褶裙就会流行上一阵子。现在不一样了,微博中、微信公众号中、抖音视频制作

中，普通人的穿搭都可以影响时尚，别人认为百褶裙是时尚，你可以通过你的内容来证明纱裙才是更好看的时尚，这都是可能的。❶

个体或某个社会团体的时尚观、品味和生活方式，以及由社会空间中权力关系视野所带来的处于不同社会区隔中的群体通常保有的惯习，会在时尚传播场域中受到品味区隔与时尚差异世俗化的辖制，以文化权力不平衡来凸显差异性，形成社会优势与资源抢占的模式，进而不断被不同社会团体之中在意识形式上的性质差异所重塑。这些由时尚观、品味、生活方式及惯习所构成的时尚文化，不断地被社会化媒体所塑造，以转化为某种同一方式，向所有实践参与者授予符号资本与文化资本。

伴随人们生活水平的提高和对文化资本的掌握，现代社会人们的基本生活需求已经得到了满足，人们对时尚的消费趋势开始转向多样化和社会化。在这种情形下，人们对时尚传播消费的文化向度逐渐凸显。另外，科学技术特别是传媒技术及网络信息技术的普遍应用，使文化商品的规模化生产具有了现实基础。一方面是大众日益增加的时尚文化消费需求；另一方面是时尚文化规模化产出现实条件的完善，加之传统时尚媒体产业及其市场的逐渐低落，经济资本不断转化成文化资本的符号，时尚文化便水到渠成地发展为不同程度符号指称的文化资本，时尚文化的再生产与再消费迅速成为促进文化资本形成的重要力量。时尚文化资本化创造出一个巨大的文化生产和消费场域，各种时尚文化产品以不同的形式和内容满足了人们的时尚交换性和利己性需求，时尚文化的资本化形式主要表现为以下三种。

第一，作为文化资本满足人们的时尚区隔需求。人们的时尚区隔需求是一种基于时尚实践者自身身份不会转变为具有普世意义的习性，而需要通过教育获取科学知识和人文知识，两种知识将成为获取文化资本的工具。这种获取行为的具体载体或内容包括各种领域的时尚信息。在市场经济下，迅速兴起、竞争激烈的时尚自媒体，其形式多样内容纷呈。作为资本的时尚信息，无论是纸质版，还是电子版的呈现方式，基本上不再以知识传播

---

❶ 受访者 F11,受访时间 2019 年 11 月 5 日,线上访谈。

| 第四章　文化资本重构——时尚传播文化场域的逻辑表征 |

为主，而着眼于资本获得与资本转换。

第二，作为技术手段实现的时尚文化。第三次科技革命促进了电子技术、信息技术和传媒技术的发展和普遍应用，这直接促生了一批新兴的时尚文化产业，包括各种微信公众号、微博时尚博主、短视频内容制作主等。这些时尚传播实践者利用多元的媒体，将现实中的风景、事件、故事和信息等内容运用高科技手段进行加工制作，并且以充满时尚符号的形式表现出来，从而形成时尚传播内容呈现与时尚文化生成。时尚文化由此成为技术附加值颇高的产品，满足了人们对时尚生活态度的追求，并在全球构筑了巨大的产业链和消费市场。对于技术大国和技术强国而言，这种新式的文化产业在国家经济结构中的地位也尤其重要。而这一切，显然与文化资本在时尚传播场域中的价值体现息息相关，无论是文化资本，还是技术资本、科技资本，它们都依存于所处的场域。时尚传播文化场域中的文化资本以客观化的价值存在，它往往以物质的形式表现出来，如服饰、首饰、家具、艺术品、陈列品、书籍、视频、图像等，同时，时尚传播文化场域中的文化资本又以具身性的价值存在，与实在的人相结合，成为具有主观能动性的个人喜好、个人品味与生活方式的选择，而这些组成部分，正是时尚传播的内容呈现。

第三，作为资本转化的文化资本。内化为普遍存在的生活方式与生活理念的时尚文化，在不同的社会场域与社会关系作用中，发生着基于不同形态的资本转化。当审视资本的诸多形式时，布尔迪厄将具有任意性和工具性的符号资本用于判定文化的先进性。事实上，符号资本场域和文化资本的结构具有同源性，其中符号资本场域都是经济场域中不平等关系的再生产，而文化资本则体现了不同社会团体之间的权力关系，这种关系体现同时可以发生于政治场域与文化场域中。其中，时尚传播就起到了作为中介与联结的作用，美国的传奇大法官金斯伯格，为了体现与长期以来法袍设计只露出表征男性性别权力的领带样式的不同，改革了法袍的样式。她在不同的场合中会佩戴不同样式的假领，佩戴黄金蕾丝假领时，表示她同意多数派意见，当佩戴黑色镶仿钻的假领时则表示持有不同意见，准备发表激进的言论时，她又会佩戴一个扇形玻璃珠假领。这种行为使她成为具

流动与连接
时尚传播的文化场域形塑与建构

有文化资本的时尚引领者，粉丝们自发给她创建了网站，时尚品牌纷纷以她的形象制作出T恤、手袋、手机壳等文化衍生产品。与此同时，与她相关的电影和纪录片《鲁斯·巴德·金斯伯格》（*Ruth Bader Ginsburg*）、《基于性别》（*On the Basis of Sex*）也上映了。

因此，当物质消费转向符号消费，文化消费代替了自然消费时，时尚传播的文化资本场域被理解为不同类型的符号资本生产途径与文化权力资本作用的体现，并对时尚传播的文化场域加以社会分配的调节与制衡，也借由此，时尚传播的文化资本场域经历着社会特定位置形构的历时性变化，并在时尚与品味的变迁中，在科学技术与时尚消费方式的变化中，推动着时尚文化场域的发展，与社会其他要素之间发生正向的促进作用。

第二节 时尚传播文化资本场域的内在作用

文化资本在不同的场域中体现着不同的功能，其功能主要体现在文化传承、经济发展和阶级区隔及符号暴力等方面。布尔迪厄以文化的象征性再生产活动重新审视了人类历史的发展过程，提出了文化自由的设想。鉴于文化资本的功能及文化所面临的危机，布尔迪厄指出了当代知识分子的地位，以及在当代社会中的历史使命。正如时尚传播实践者在时尚文化生成与推动过程中所起的能动作用，具体来看，时尚传播实践者在文化资本场域中的角色主要从三个方面来进行：对时尚传播知识场域的推动力；对时尚区隔身份认同场域的构建力；对社交连接场域的提升力。

一、时尚传播对知识场域的推动力

论述到文化资本不平衡关系时，布尔迪厄通过经济资本举了一个例子："我们可以通过赌博的方式一夜暴富，但却不能以同样的方式来获得具身性的文化资本。"❶ 事实如此，文化、教化、培养等形式，本身便是经过具身化、历时性的进程而成为一种统合实践，其中包含了积累性的输入过程，并由外在输入内化为内在习性。于此意义来看，时尚传播对知识场域的推动作用体现于涵盖感知能力和转译机制的系统性培养，通过反复灌输，并依据所处的社会情境，将时尚文化转译为一种有意义的、兼具身体性与认识性的倾向，并不断潜移默化为特定的方式。

具体来看，时尚产业结构涵盖了三个层面的内容：核心层即对身体进行装饰和美化的个人时尚用品，包括时装、鞋帽、皮具、服饰配品、美容美发乃至珠宝首饰等；扩展层为对个体生活环境加以装饰和美化的家居时尚用具，包括家居用具、家居装潢等；延伸层则是对人类生存和发展中相关的事物、情状进行装饰与美化的环境时尚，包括时尚社区、街区乃至时尚城市的营造。日本知名的连锁售卖品牌"无印良品"便是一家涵盖了服饰用品、家具陈列等的企业，生产从餐具、酒杯、厨房用品，到收纳用品、床上用品，以及家具文具等产品，并依据其特有的简洁舒适风格，呈现出一种整体性的简单舒适生活方式，其中蕴含着对连贯系统的现代主义审美和生活方式的感知。"无印良品"不仅将实践者的内在感知外在化，并呈现出一种基于栖居方式的文化资本，还对那些尚处于此风格生活方式之中的人加以趣味与惯习的培养。

由此可见，主要提供体现流行审美情趣和消费理念的精致化的时尚产业，其产业特点突出表现为引领时尚消费，包括多元文化价值观的推进，从而将文化场域中的文化资本与游戏规则，提前加以生活方式惯习的预设和加持，使文化资本客观化为惯习，并在具体的实践中实现具身化和现实化的过程。因此，当形成于个体内部的惯习成为社会实践者的超适用性准则时，文化资本便具备了完备性特质，而二者结合的形式则将社会实践者加以区分，并且这种区分同时决定了文化资本在场域中的价值。❷

具体而言，时尚传播的内容兼具时尚文化与符号意义的双重属性，是文化思想意识深入物质生活的重要载体。而文化思想意识具有民族性、区

---

❶ 格伦菲尔.布尔迪厄:关键概念[M].林云柯,译.重庆:重庆大学出版社,2014:135.
❷ 格伦菲尔.布尔迪厄:关键概念[M].林云柯,译.重庆:重庆大学出版社,2014:141.

流动与连接
时尚传播的文化场域形塑与建构

域性、历史性等特征，凝聚着时代文明的经典，代表着一个国家的软实力。随着经济全球化的深入发展，代表着当代中国文化、生活方式的时尚品牌和产品，不断被国外消费者喜爱和接受。如被中国新闻周刊评为"2019年度文化传播人物"的网红李子柒，将扎根于日常生活实践中的传统文化，通过技术打造的呈现方式，借力社交媒体提供的广阔平台，在Youtube中拥有众多粉丝，其内容多来源于生活实践的点滴中，却以更直观的呈现方式，以极具美学审美意义的内容产制模式输出，将中国传统文化加以最大化的传播。因此，我们需要重视建构新时代的中国时尚文化理念，加快融入符合新潮流的时尚产品之中，这也是国家提升文化软实力的需要，从而形成中国时尚传播的知识场域，聚焦于时尚艺术、时尚行为、时尚心理、时尚旅游、娱乐休闲等生活新方式的文化培养和惯习形成。

时尚在一定程度上也代表着主流的文化与生活方式。我国在国际时尚文化交流中处于较被动的局面，与发达国家相比，在优秀传统文化传承和设计创新方面存在较大差距。这一点也体现于受访者的共同担忧中：

> 时尚传播在我国的发展我觉得处于初级阶段，大部分的消费者这种意识都不强。而且品牌的知名度，尤其是国货的知名度不是很大，个人感觉宣传力度不够。另外，外国品牌渗入太强，本土特色将更难生存。我希望加大国产品牌和中国文化的宣传力度，提升品牌特色，从事时尚传播的人应该更多一些，要求也更高一些。❶

当前全球时尚产业处在大调整、大变局之际，时尚话语权正在重塑，新一轮产业技术革命应运而生，新的消费理念逐步显现，新的文化版图正在形成，因此，时尚传播的知识场域建构不仅对时尚文化的形构起着重要作用，更关乎我国时尚产业发展的战略提升。

二、时尚传播对身份认同场域的构建力

时尚符号消费是当代大众文化生活的重要方式。身份认同构成了大众

---

❶ 受访者F25,受访时间2020年4月11日,线上访谈。

时尚符号消费的主要目的和意义。正如前文所述，大众在时尚符号消费中的身份认同诉求主要包括个体认同和社会认同两个层面。大众时尚符号消费的能指空间主要包括现代媒介信息、流行时尚及消费空间，它们构成了大众符号消费的重要载体和要素。大众时尚符号消费的意指属性主要包括流行文化和亚文化两种不同的文化价值取向，这表明了大众通过符号消费所谋求的身份认同具有不同的文化诉求。符号消费作为身份认同的当代表征，与当前的社会经济以及文化结构的变迁有着十分密切的关系。

从流行时尚来看，符号消费在当前的流行时尚中具有明显的流动性和先锋性。首先，作为时尚的符号消费具有明显的流动性，这种流动性造成大众在身份认同方面对"新"事物的不断追求。谈到对"新"的认知方面，长期以来主要形成这几种认知：首先，对事物形式的追求，凸显了事物外在的形式与新旧形态。这部分大众通过对新事物的不断占有和对旧产品的不断抛弃，不断向他人和社会展示其社会地位的尊贵，从而获得一种与其身份相匹配的社会荣誉，如他人的艳羡等。其次，看重事物内在的技术、文化等内涵的新旧程度，以事物的内涵作为是否应该追求的时尚标准，注重自我身份与商品技术及象征意义的匹配程度。最后，对事物新的认知则重点置于该事物所带来的社会震撼效果中。在很大程度上，对于规范的背离是这类追求的突出特征。而从符号消费时尚的先锋性来看，它更多地反映了大众的求"奇"心理。科技的飞速发展使未来难以掌控，因此求新、求奇构成了他们展示生命力量的重要价值诉求；另外，未来的开放性赋予了时尚传播求新求异极大的可能性。一切的未定型化既给予了大众发展的激情，又在很大程度上带来了大众自我的困惑、迷茫与焦虑。于是，时尚的先锋与前卫，既成了他们肯定自我、展示自我、标榜自我的重要舞台，也构成了他们在社会关系中谋求合法化地位的文化资本转化与话语资源掌控。

从消费空间来看，当前消费空间的符号化、空间化实践以及脱域化给大众的身份认同带来了新的景观。首先，时尚消费空间的符号化使消费空间本身也成为青少年符号消费的对象。通过空间化实践，大众一方面通过各种策略性的符号消费谋求身份认同，彰显自我的个性和审美诉求；另一方面，大众通过空间转换的途径，为自己创造一个更为宽广、自由的符号

流动与连接
时尚传播的文化场域形塑与建构

消费与身份认同的空间。在这方面，社交媒体的崛起无疑为大众的各种符号消费行为提供了前所未有的自由空间。其次，社交媒体为大众提供了各种符号消费的虚拟道具，通过对这些虚拟道具的消费，大众想象性地实现了其身份认同的目的。另外，社交媒体中的符号消费为大众的身份认同提供了更广阔、自由的平台。最后，在符号消费空间的脱域化的背景下，大众通过符号消费谋求身份认同的机制发生了深刻的变化。一方面，大众赖以表演自我的符号商品不再局限于特定的生产空间，世界贸易的全球化使大众可以消费到其他不同地区和国家的各种新潮的时尚物品及文化；另一方面，伴随着商品销售的全球化而来的是产品符号意义的跨地域传播，由此带来的一个重要结果就是大众对商品符号的解码也表现出较大的一致性。表面上看，符号消费空间的脱域化造成了大众感知世界方式的变化及共享符号信息的可能性和现实性的大大提高。但是，世界范围内的空间转换并没有造成一种全球性的认同，空间和地方的紧张关系在大众的身份认同中依然存在。

时尚符号消费的重要目的在于对时尚商品符号价值的占有和表现，而商品的符号价值总是与某种特定的意义或象征紧密联系在一起。在这样的消费语境中，时尚商品并不单纯作为一种具有使用价值的物质实体而存在，在很大程度上，它代表了某种文化或生活风格，被人们购买和使用。人们通过占有某种符号化了的商品以表明其审美原则、价值取向、人生态度等与个人身份密切相关的文化惯习。在这一过程中，人们对符号化了的商品所蕴含的文化意义的了解与践行程度，大致可以反映出其真实的身份特征和价值取向特点。实际上，大众通过符号消费所建构的认同并不全然具有相同的价值属性。就目前的社会文化生活景观而言，在当前大众的时尚符号消费与身份认同中，存在着两种主要的文化价值取向：流行文化和亚文化。前者更多地反映了大众通过符号消费谋求身份认同过程中的被动性、模仿性与表面性，而后者则更多地强调了大众以符号消费为重要载体的身份认同，具有主动性、创造性和深刻性。

时尚文化范畴的大众符号消费具有明显地能指狂欢的特征，这在很大程度上造成了大众身份认同内涵的贫瘠，诸如大众在消费中重形式、轻内容，以及概念消费、喜新厌旧、注重物质享受和感官愉悦等行为特征。时尚符号消费借由商品外在形式的不断翻新所造成的商品能指的不断膨胀，使人们越来越专注于对各种浮夸能指的占有和消费。在这一过程中，商品所指变成了空洞之物，或者无限期推迟出场，从而不可避免地造成了能指狂欢背后的价值匮乏或困窘。

亚文化指向的时尚符号消费则更多地作为一种身份认同的资本，反映的是大众通过对主流身份的疏离来彰显自我成长中独立的价值诉求。从亚文化的角度来审视大众符号消费及其身份认同，一个显而易见的现实是：亚文化属性的大众时尚符号消费所追求的主要是一种内在性的认同。符号消费载体本身对于他们而言，更多地意味着一种身份认同的道具。通过这一道具，他们得以展示其内心独特的精神世界与人格形象。在这一过程中，他们较少受制于外在力量的束缚，为了实现自己的身份要求，不惜疏离、背叛甚至颠覆社会身份规范的外在要求。因此，以亚文化为取向的时尚符号消费及其身份认同，更多的是看重消费对象所蕴含的历史传统、文化内涵以及现实意义等深层次的价值属性，以及这种价值属性对于其证明自我、表现自我的实质性意义。这部分大众醉心于商品符号价值的深度挖掘，强调自我生活方式与审美趣味和商品象征意义的内在联系，突出风格在身份认同方面的重要作用。但是，以符号消费作为身份认同和抵抗方式的时尚亚文化，基本上界于一种文化反叛型的亚文化，其抵抗性更多地表现为一种仪式抵抗。在当前文化工业的大背景下，时尚亚文化也深受整个社会文化工业及大众传媒的影响，其独立性品格也难逃商业化的命运。

第三节　惯习重构——时尚传播文化资本场域的拓延

布尔迪厄将文化、结构、权力联系起来，将惯习定义为涵盖了个体、团体或是机构的社会实践者的特质。惯习既是由实践者的物质条件所带来

流动与连接
时尚传播的文化场域形塑与建构

的完型结构,同时也依据其自身的结构生成实践、信仰、感知、性情系统、鉴别力。❶ 由此可见,惯习是社会塑造个人行为的方法,个体的秉性(predisposition)、假设、判断和行为都是长期社会化的结果。据此,惯习"是一种贯穿实践者内外,既指导施为者的行动过程,又显示其行为风格和气质;既具有历史结构的性质,又在不同场合中推动创新;既表达实践者个人的个性和秉性,又渗透着他所属的社会群体的阶层性质;既作为社会结构长期内在化的结果而以感情心理系统呈现出来,又主动外在化地影响着生活和行动过程,并不断再产生和创造新的社会结构"。是一种同时具有"建构的结构"和"结构的建构"双重性质和功能的"持续的可转换的秉性系统"。❷

时尚传播文化场域中的惯习倾向系统,经由社会变革中的结构性因素作用,在时尚传播文化场域的建构过程中,获得了来自内部与外部的改变。惯习也成为一个至关重要的媒介中介,一方面连接着时尚传播实践者与社会常规体系的双重性,另一方面连接着时尚传播文化场域中文化资本与文化权力之间的间性关系。

一、时尚传播消费惯习的变革

从现代初期的"生产者社会"到后现代社会的"消费者社会"❸,时尚在建构传播主体、传播方式与传播认知层面发生了区别于工业社会的显著变化。布鲁姆将20世纪中期的时尚建构者定义为由时尚参与者构成的"集体",并提出其根源在于对时代精神的领悟。这种时代精神的领悟,如同黑格尔的"精神气质"(ethos)、胡塞尔的"习性"和马塞尔·莫斯的素性(hexis)。❹ 事实上,这种精神并不由某个人或者某个阶层来决定,而是受到"体制性"权力的制约,在当下时尚传播和消费的过程中,原本可以参与时

---

❶ BOURDIEU P. The Logic of Practice[M]. Cambridge:Policy,1990:14-25.
❷ BOURDIEU P,WACCQUANT L. An Invitation to Reflexive Sociology[M]. Cambridge:polity,1992:117.
❸ 史文德森.时尚的哲学[M].李漫,译.北京:北京大学出版社,2010:113.
❹ 格伦菲尔,布尔迪厄.关键概念[M].林云柯,译.重庆:重庆大学出版社,2014:70.

| 第四章　文化资本重构——时尚传播文化场域的逻辑表征 |

尚建构和传播的普通人，开始被一种社会体系的力量排挤出去，这种源于社会体系的力量便成为如同这种诸多实践的潜在社会逻辑。鲍德里亚将消费社会中生产主导力量的颠覆和主动权的变更视作生产秩序专断的一面。❶ 鲍德里亚的消费社会分析把社会学分析从对名望、对"模拟"的现象学研究，从有意识的社会活力的表面研究转移到对编码、对结构关系、对符号及区分物资系统的深层分析，转移到某种关于社会逻辑的无意识领域的研究上来。❷ 这种转向充分说明，主观的分析已经无力解释被"结构"形塑的权力关系。即便人们表面上在通过时尚消费建构区隔和个性，但是在整个社会体系中，在消费逻辑主导之下的个体努力被社会结构所作用，人们所追求的时尚消费正成为一种无意识的行为，时尚追求的本质意义已经被自己追求时尚行为的结果消解。于是，整个消费的链条不再是人的自发行为，而是被社会结构中的构成部分所挟持的一种被动消费，此时时尚的建构和传播被社会结构所主导，个体成为时尚的接受者，在无意识中进行着时尚消费。

进入信息社会的网络虚拟空间中，时尚消费者往往可以获得不同于传统场域的时尚消费体验，其中的成功之处在很大程度上是由于营销的场域从实体空间迁徙至虚拟的网络空间。网络消费场域的虚拟性、匿名性、持续性、开放性、交互性等特征，让人们感觉获得时尚信息的方式更加放松、便捷和舒适，获得更好的购物体验。社交媒体的优势重塑着消费者新型的消费惯习，逐渐形成新的消费倾向系统。正如当下热门的直播带货，当场域由真实的线上空间转移至人与技术合力建构的中介化实践中时，时尚消费者处于不断变化与形成中的惯习不断地互相建构，并牵引着时尚资本的指向和时尚消费场域的逻辑重塑。

场域是外部规定结构和行为，惯习在个体内部生成实践，然而，无论是场域还是惯习，它们都是关系型的结构，也正因为这些关系型结构彼此之间的作用，成为我们理解时尚消费场域形式和结构的变化，以及消费行为与惯习变化的敲门砖。时尚实践的经验积淀，是通过时尚实践活动者的

---

❶ 鲍德里亚.消费社会[M].刘成富,全志钢,译.南京:南京大学出版社,2006:43.
❷ 鲍德里亚.消费社会[M].刘成富,全志钢,译.南京:南京大学出版社,2006:61-62.

流动与连接
时尚传播的文化场域形塑与建构

自我反思而建构起来的，这是时尚实践活动长期内化的结果。既体现着时尚实践者的内在主观精神状态，又是其外化的客观活动；既是时尚实践者主观心态向外结构化的客观过程，又是历史及现实的客观环境向外结构化的主观过程。因此，长期的时尚消费实践在个体内部逐渐反思内化为新的时尚惯习。

在社交媒体环境下，大众通过时尚文化消费重新进行身份建构，在时尚文化消费时序上实现了同步性，在时尚文化消费形态上实现了多样化，在时尚文化消费场景上实现了实体空间的升级换代，并追求网络虚拟场域中的体验感，在时尚文化消费行为上实现了由被动接受者向生产型消费者的转变。其中的演化逻辑主要是社会空间的分化，且这种分化加速了社会流动，信息通信技术的进步消弭了知识鸿沟，经济资本推动了文化符号的重构。但在社会变革不断深入和新技术革命还将继续影响大众时尚文化消费的趋势下，有必要警惕经济资本对于大众时尚文化偏好的绑架和时尚文化消费能力的制约，深度挖掘大众时尚文化需求的同时，要给予时尚消费惯习正面积极的引导，从而带动全社会的时尚文化消费惯习重构。

二、时尚传播空间惯习的建构

文化资本空间化是全球化的显著特征之一。所谓"资本空间化"，意指资本的逻辑通过借助空间从而使自身转变成为现实的社会存在过程，人类社会的空间现象是资本逻辑运行的结果。空间不仅是资本发展的结果，也是资本发展的手段。在资本与空间的相互转化过程中，相比于空间，资本无疑是具有能动性的因素。资本之所以能够在资本与空间的相互转化过程中具有能动性的主导作用，在根本上是因为资本具有主体化性质。按照马克思的界定，可从两方面理解资本：一方面是作为生产资料的资本，另一方面是作为社会关系的资本。这两种资本并不是相互分离的，而是内在统一的："资本不是物，而是一定的、社会的、属于一定历史社会形态的生产关系，后者体现在一个物上，并赋予这个物以独特的社会性质。"❶ 社会关系是资本的本质，以物为载体的、作为生产资料的资本只是资本的直接表现形态，只有当这种生产资料被纳入一定的社会关系中才能够成为资本。从资本的双重规定出发，资本与空间才建立起了内在联系。

由于资本与空间之间存在密不可分的内在关联，资本的生产必然会表现为空间的生产。列斐伏尔指出："由空间中的生产转变为空间的生产，乃是源于生产力自身的成长，以及知识在物质生产中的直接介入。这种知识最后会成为有关空间的知识，成为空间之整体性的资讯。"❷ "空间的生产"不同于"在空间中的生产"，在空间本身根据资本逻辑的内在规律被再造出来，表现为空间的重构和重组。空间在重构的过程中，虽然没有发生位置上的变化，但是由于资本的介入，导致空间的内在属性发生了变化，从而成为一种新的空间形态；而空间在重组的过程中，根据资本逻辑而在流动的过程中重新联结和组合。综合两方面来看，资本空间化在本质上就是资本根据自身的需要而生产出新的空间结构。空间惯习是文化资本场域中长期形成的消费空间依赖倾向系统，在文化资本的空间化过程中，时尚传播中的空间惯习得以重构。

（一）时尚传播的空间生产——从单向传播到流动糅合

时尚的文化生产体现出文化独特的审美性与历史性，并在建立、维持和变革社会的实践活动中发挥着重要作用。时尚是社会发展的缩影，是社会意识的存在，是文化符号的视觉呈现，不同时期的时尚是各自社会文化的显露。❸ 历史的变迁塑造了地域文化的基本形态，其中，体现出文化认同的时尚资源则成为城市与文化区别性的形象元素，展示出独一无二的文化意象。时尚的空间生产首先体现出人们的社会和经济关系的变革，时尚的演变与风格的形成则折射出社会变迁与身份属性。

---

❶ 中共中央马克思恩格斯列宁斯大林列宁著作翻译局.马克思恩格斯文集[M].北京：人民出版社,2009:922.

❷ 列斐伏尔.空间：社会产物与使用价值[M]//包亚明.现代性与空间的生产.上海：上海教育出版社,2003:47.

❸ 王宁.时尚杂志封面设计的符号化特征[J].当代传播,2018(9):68-70.

流动与连接
时尚传播的文化场域形塑与建构

在手工业时代,人们创造物与创造符号是同步的,人的价值与符号的价值是高度统一的,对符号的崇拜就是对人的崇拜。随着人类社会进入工业化时代,凡勃伦在《有闲阶级论》中提出"炫耀性"消费的观点,认为时尚体现着人们的社会和经济的关系。齐美尔提出时尚自上而下传播的"滴落论",认为时尚同时具有模仿和差异化的双重特性,是社会等级性的事物。瓦尔特·本雅明在《机器复制时代的艺术作品》等作品中提出的"光韵"效应则强调"距离感",使受众感知神秘效果和神圣的美感,"历史感"使受众产生膜拜和崇敬的审美体验。例如,中国古代贵族文化具备与大众在时间、空间上的距离感,同时代表着与传统密切相关的历史感,其特定的语境既能为中国时尚增添独有的"光韵"效应,又能使大众产生置身其中的关联与共鸣。这也解释了香道、茶道、汉服等中国传统文化元素能流行至今的原因。

现代社会中的时尚风格充满矛盾性与复杂性:传统与现代并存,不同时代的文化与风格汇聚在一起;高雅时装与街头时尚并存,并不时地出现自下而上传播的流行风格,高级与低级难分难解,所有的风格交汇融合,形成了今日兼容并蓄的全球时尚。这使时尚传播的空间生产边界逐渐消弭,空间生产之间的交融不断增强,历史中时尚传播的方向性与滴落性已经不复存在,取而代之的是交融耦合的全新形态。

(二) 时尚传播的空间演化——从区域划分到场域连接

时尚的空间生产经历了从区域到场域的演化过程,其中包含了通过文化重建而实现了分异与演变的区域性精神,以及经由时尚场域被赋予意义的溢漫与创新。布尔迪厄在《社会空间与象征力》中阐述了其空间理论,从知识社会学的角度来看,这一理论的提出赋予"空间"一词以学术意义。布尔迪厄认为社会空间与资本、惯习紧密联系,而文化资本与圈层惯习均起到了生产与重构空间的作用。列斐伏尔从空间的生产研究都市文化,认为空间从来都不是空洞的,它往往蕴含着某种意义。空间生产代表资本投资和文化意义的协作,既制造了商品交换中的货币,也制造了社会身份的语言。作为城市中一种具有普遍意义的视觉景象和文化原料,城市空间中

第四章　文化资本重构——时尚传播文化场域的逻辑表征

发生的时尚现象与时尚展现的社会图景可被称为"时尚景观",其构成维度包含演变为时尚地标的物化空间及时尚氛围对于空间的塑造和构成。其中,聚集了时尚群体与时尚实践活动的街区、建筑、店铺、集市进而演变成为城市的时尚地标。地标性建筑为时尚活动提供了实质的空间,通常以商业中心、时尚博物馆与综合性艺术机构为主,如密布着区域性特征的店铺所形成的"时装街"与"文化街",成为时尚传播的实质体现空间。

时尚场域将城市空间与产业集群连接起来,为原有的区域赋予时尚氛围与风格特征,作为一种文化动力助益于象征因素与可识别性的城市意象的建构。对于理性的行为主体而言,场域在相当程度上也意味着各种有形和无形的资源。时尚场域将城市空间与区域文化相调和,从而演变为融汇了历史片段与当代符号的意识形态,继而表现出具有象征因素与可识别性的城市意象。城市生活和时尚交织在一起,不仅构建了城市文化与生产关系,同时也展现出对于城市空间的分异、演化与修辞。

把对于中国时尚传播的研究,放置在"场域"这个客观语境和"惯习"这个主观语境之下,我们期待能更深入地了解文化资本场域的拓展与重构。文化资本,主要是指在文化生产场域中的劳动积累。这种文化劳动的积累会形成影响社会权力结构、阶级结构和社会资源分配的力量。文化资本具有文化的形式,本质却是资本,并发挥着资本的作用,可使价值和资本呈现出增值的效果。换言之,作为资本的一种特殊形式,文化资本是时尚文化的主要创造形式之一。文化资本场域与时尚传播惯习之间的关联体现为两种方式:一方面,是一种制约关系的体现,场域形塑着惯习,惯习成了某个场域(或一系列彼此交织的场域),它们彼此交隔或歧异的程度,正是惯习的内在分离甚至是土崩瓦解的根源,二者固有的必然属性体现于时尚文化的产物中;另一方面,又体现了知识与文化的关系,换言之是认知与建构的关系。时尚传播惯习的形成有助于把文化资本场域建构成一个充满意义的世界,一个被赋予了符号意义和文化价值的场域,每个时尚传播实践者均凭借其主体性的文化资本转换的能动性发挥,不断打造着一个积极、多元、互动的时尚传播文化惯习场域。

第五章

流动与连接——时尚传播文化场域建构的影响因素分析

正如前文所述,时尚传播的文化场域建构是一个系统的、动态的过程,不论是决定着时尚传播文化场域内在逻辑重塑的文化权力,还是作为影响时尚传播文化场域外在机制重构的文化资本,或者作为连接文化权力与文化资本之间相互转化的惯习,他们都不是单一而绝对地决定着时尚传播文化场域的建构机制与过程,事实上,这些要素之间相互制约相互影响,从而突破了一系列根深蒂固的二元对立的结构性模式,如经济资本高低与时尚传播权力掌控,教育资本对立与时尚传播文化资本获得,于经验层面所获得的社会规定可预见性与基于规则塑造的社会实践延续性之间的不同,本部分通过扎根理论来对时尚传播文化场域的建构运作进行分析,在文化社会学的视野下看待时尚传播文化场域建构过程之中的影响因素及其交互作用,试图将时尚传播文化场域建构中各要素之间的交互关系立体呈现。

据此,本章根据前文对时尚传播文化场域建构中的影响因素——文化资本、文化权力与惯习的理论意义加以回顾和反思,提出了本书研究的关键问题所指:时尚传播文化场域之中各要素之间的交互作用是如何得以实现的?对此,本书采取以扎根理论为方法论的质性研究方法,通过深度访谈与资料分析，对在社会化媒体中开展实践活动的时尚传播这一特定的文化场域在时尚文化的跨阶层跨区隔传播实践中所不断进行的建构过程加以考察，提出"流动—交互—连接"的理论模型，试图初探中国时尚传播与时尚文化发展的理论。

| 第五章 流动与连接——时尚传播文化场域建构的影响因素分析 |

第一节 时尚传播文化场域的建构因素分析

时尚传播有效性与时尚文化场域性的实现与城市化、媒介化、符号化、技术化、资本化等因素息息相关,不同于长期以来媒介研究中将媒介视为内容、将媒介视作制度及将媒介视作环境的研究进路,时尚传播作为蕴含着传播媒介特性的整体社会体系,单一地从某一因素或某种相关关系来探索时尚传播文化场域的建构要素都是片面的,而时尚传播文化场域之中不同因素之间交互作用的机制、时尚传播实践主体与媒介技术之间的互动关系,以及时尚传播日常经验与文化意涵之间的关联结构,才能统摄、构成完整而系统的研究路径与研究视域。

一、研究方法与样本来源

通过资料收集和对资料的分析,将基于互动行为所获得的研究对象的实践活动及其意义加以解释性分析的质性研究方法,其目的在于对个体或群体一般经验的提炼与阐释,这成为质性研究的一般目的与意义。与之不同,由美国学者巴尼·格拉泽(Barney Glaser)和安塞尔姆·施特劳斯(Anselm Strauss)于1967年在《扎根理论的发现》中提出的扎根理论,作为一种研究路径❶与研究的方法论❷,成为与民族志、现象学研究、话语分析、叙事探究等❸并列构成的质性研究路径。然而,扎根理论更关注从经验资料(empirical data)中生成理论建构,而不仅仅局限于描述和解释研究对象,通过对经验现象的类属化与概念化,并通过概念之间的关联来建构理论。该方法论的要义在于,研究开始前研究者不带有理论假设,而只选择

---

❶ 潘慧玲.教育研究的取径:概念与应用[M].上海:华东师范大学出版社,2005.
❷ CORBIN J,STRAUSS A. Basic of Grounded Theory:Technique and Procedures for Developing Grounded Theory[M]. Thousand Oaks:Sage,2014:6.
❸ 陈向明.质的研究方法与社会科学研究[M].北京:教育科学出版社,2000.

研究问题并陈述问题，并在研究问题和表述问题的方式引导之下从实际观察入手来审视资料，从原始资料中归纳出具体的概念与范畴。即在系统性收集资料的基础上寻找反映事物现象本质的核心概念，并寻找概念之间的关联作用，之后不论是对实质理论的扩展，还是从日常经验中提升中层理论，都是一种从下而上建立理论框架的方法论。

作为一种理论范式，扎根理论的主要特点不在于其经验性与阐释性，而在于从经验事实中提取出新的概念和范畴，经过研究者不断比较、思考、分析、转化资料，最终形成概念以建立理论的过程。可以说，扎根理论之所以成为人类学、社会学、教育学、传播学等学科研究者广泛运用的理论范式，其原因在于它摆脱了传统理论研究中常见的先行观点，然后论证观点的演绎研究方法，它注重"发现逻辑"❶而非"验证逻辑"。具体来看，扎根理论研究的一般流程如图5-1所示。

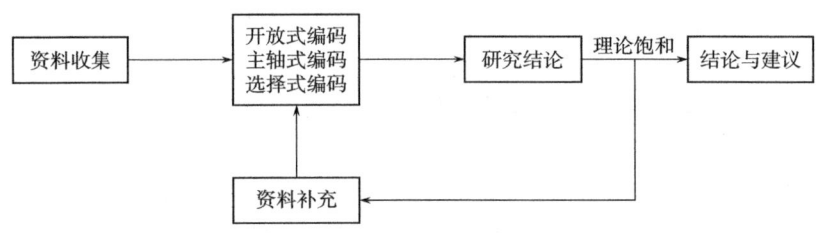

图5-1 基于扎根理论的研究流程

显然，扎根理论的要义契合时尚传播文化场域的文化社会学研究路径，在结合日常实践与理论建构二者之间的方法论意义后，可以避免实证范式下经验性观念或预设性理论模式对所用资料和所得结论范围的"程式化"限制，而基于不同抽象层次的范畴形成与时尚传播实践情境的概念提取，进而提炼完备的类属及类属间性关系的阐明，是如何系统地联系在一起，从而形成解释某种现象的理论框架。本节遵循扎根理论的一般性操作程序，对影响时尚传播文化场域的因素及其之间的作用机制加以研究。

首先，通过滚雪球的抽样方式获取了30名受访者，在综合了研究问题

---

❶ 郭华,甘巧林.乡村旅游社区居民社会排斥的多维度感知——江西婺源李坑村案例的质化研究[J].旅游学刊,2011,26(8):87-94.

与研究目的的考量之后,对她们进行了半结构式深度访谈。访谈活动从 2018 年 12 月开始,至 2020 年 8 月结束,主要采取个人访谈的形式,在接受访谈的受访者中,年龄范围为 22~38 岁,受教育程度均为大学以上。由于受地域限制,访谈互动不限于面对面的形式,还包括微信语音、邮件往来等形式。访谈主要内容包含:对时尚的认知、对时尚传播媒介的接触与使用、对时尚传播的使用与消费、时尚传播信息来源、时尚传播对日常生活实践的影响、时尚传播影响因素等方面的内容。

二、数据分析过程

应用扎根理论对访谈所获取的材料加以质性分析,主要是通过开放式编码、主轴式编码和选择式编码三级编码程序来完成。为了能够较全面获取理论建构维度的多元面向,在编码过程中,不断地进行资料数据的概念形成和维度抽取,从原始资料中提取概念,并在描述概念特征的属性和其变化形式维度上来发展这些概念,如此,经过收集资料—形成概念—整合重组—理论提取这一持续不断的循环过程,进而获得蕴含于资料中的理论建构。同时,为了保证理论的适用性、可靠性和有效性,当在后续收集的资料中发现新的概念类属时,便要重新与已经形成的概念加以类比与组合,如果提取出新的类别与范畴时,则继续对原有形成的理论范畴加以修正,如此反复进行,直到不再出现新的类别或范畴,即达到了理论饱和。具体而言,在开放式编码过程中,对被访谈者的主体话语进行编码阶段的概念提取,最后获得了 71 个概念类属。

(一) 开放式编码:提取概念和范畴

开放式编码是在研究之初将收集到的资料分解、比较、概念化和范畴化的过程,也是一个根据一定原则将大量资料打散,赋予概念,然后再以新的方式重新组合起来的操作化过程。[1] 其目的是从收集的原始资料中发现

---

[1] 陈向明. 质的研究方法与社会科学研究[M]. 北京:教育科学出版社,2000:134.

相同或相近的类属，同时对类属加以概念化、标签化，以确定类型的概念和维度。具体来看，开放式编码包含以下三个步骤：首先，阐释资料中所含思想观念词语的过程，即概念化，将原始资料中的内容通过解释性的概念标签提取，打散成独立的句子，并对这些句子提取编码要素，进而进行通俗化语言向精练化语言的转变，形成初步概念；其次，是对概念分类与逻辑聚合的过程，对概念进行甄别、筛选和归类，从而将同一类属的概念聚集起来，分析词语间的联系，形成属于同一范畴的概念丛；最后，对概念丛加以范畴化的过程，对概念丛进一步抽象并赋予概念名称。对采集的访谈数据不加以基于研究者的预设和偏见而出发的判断，逐字逐句进行编码、标签，从原始资料中产生初始概念、发现概念范畴。本书开放性编码的结果如表 5-1 所示，其中频次表示表达相似意思的文本出现次数，访谈文本以开放性编码首次遇到的表述为例。

表 5-1 开放性编码分析结果

概念范畴	访谈文本	编码	频次
个人喜好	就是在最近一个时间段，自己穿着与配饰是自己比较喜欢的样式。	1-1	7
时尚引领作用	时尚确切地说是一种形而上的元素和趋势，奢侈品某种层面来说有时尚的元素且想引领时尚。	1-2	15
生活方式	衣食住行所体现的自我娱乐的精神，穿衣的选择，生活中方方面面对审美的追求。 一种在生活中很常见的流行趋势。	1-3	18
思想领域	思想的更新也是一种时尚吧。	1-4	15
艺术领域	我认为艺术品属于时尚。在我看来，这个问题可以理解为，你认为小众文化是时尚吗？我的答案是"是"。	1-5	14
彰显个性	时尚带给人的是一种愉悦的心情和优雅、纯粹与不凡感受，赋予人们不同的气质和神韵，能体现不凡的生活品味，精致、展露个性。	1-6	6
微信公众号	通过微信公众号获取时尚信息。 根据个人需求关注了一些能提供信息、能满足日常穿搭需求的公众号。	2-1	7

第五章 流动与连接——时尚传播文化场域建构的影响因素分析

续表

概念范畴	访谈文本	编码	频次
购物App	从淘宝、天猫、拼多多、京东这些App中获取时尚信息。	2-2	6
广告	各种广告中有很多时尚信息。	2-3	6
网络媒体	网络中获得时尚信息，都是无意获得，并非有意关注。	2-4	11
明星效应	还有微博的一些明星。因为喜欢本人，所以也喜欢他的时尚建议。	2-5	7
时尚杂志	时尚期刊的电子版等，如《时尚芭莎》，来获取信息。	2-6	11
社交网络平台	互联网中的时尚信息很多，微博、微信、小红书等社交网络平台上，时尚博主会高频率上传各类秀场的图片，通过各个顶尖大牌的设计元素，大致了解目前的时尚元素有哪些，此外，这些平台上也会存在一些小众博主，她们通过推广小众产品，展示不同审美标准。	2-7	12
线下活动	最新的时尚品牌动态、特别且受好评的设计款式、规模较大的线下展览。	2-8	7
人际传播	看周围的事物与人。	2-9	8
电视媒体	在看综艺节目和电视时可能会涉及一些关于时尚的信息、元素和话题。	2-10	2
传播媒介	传播媒介提供的时尚信息，媒介即讯息，能接触什么样的媒介就决定了接触的是什么样的信息。	3-1	5
受众需求	如果是我的话，不仅仅是在现有的门类基础上选择时尚信息，根据受众特性再决定发布内容侧重于哪一方面。	3-2	4
明星个性	我主要是发布与影视、综艺分析相关的内容，更多关注的是明星人物个性，可能会对其中附着的一些时尚信息谈一点浅薄的见解。	3-3	2
经济因素	只有经济发展到一定程度才会出现时尚，人们才会关注时尚问题。主要影响因素应该是社会经济的发展情况，因为经济基础决定上层建筑。	3-4	13

流动与连接
时尚传播的文化场域形塑与建构

续表

概念范畴	访谈文本	编码	频次
明星热度	国内的时尚传播大多靠明星打广告带货,随后他们的粉丝就会跟着买,从而推动时尚传播。	3-5	2
内容吸引力	我并没有特别去挑选品牌或者是热门博主,只有公众号内容比较吸引人,才能够让我有继续订阅的意愿,我一般都会持续关注。	3-6	6
品牌效应	比较直观和有影响力的应该是服饰品牌、奢侈品品牌引领的所谓时尚。	3-7	2
缺乏热爱	目前没有什么让我觉得对我影响很大的时尚内容。一方面我看这些信息都是走马观花,不能更深入地了解。另一方面我本身性格原因,短时间内能够认可某种事物。最重要的是在这方面花费的时间和精力都不够,可能也是因为对这方面没有足够热爱吧。	3-8	1
教育程度	影响时尚传播的因素,我认为和受教育水平有很大关系。	3-9	12
文化差异	影响时尚传播的因素,大的方面可能是文化起决定性作用,如中国和国外的文化差异,导致时尚的传播都不一样。	3-10	14
新兴传播媒介发展	新兴传播媒介的发展赋予时尚传播多样的传播形态,更广泛地影响受众,更精准地识别潜在消费群体等。	3-11	2
信息分享	时尚信息就是分享某个东西很好用或者很好看很好穿的心得,有一部分就只是出于炫耀吧。	3-12	11
价值观引领	影视作品中的明星会影响很多女性群体对时尚的理解,从认知上来说,这种潜移默化的影响长期会影响人们的价值观和行为方式。	3-13	1
专业需求获取	当和一个懂得很多专业领域知识的人沟通时,想了解一个品牌故事时,我就会想要获取时尚信息。	3-14	2
博主水平杂乱	目前太杂乱,博主的水平也不一致,鱼龙混杂。	4-1	2
传播力度不够	个人感觉国内的时尚传播力度不够。	4-2	3

第五章 流动与连接——时尚传播文化场域建构的影响因素分析

续表

概念范畴	访谈文本	编码	频次
大数据推送	大数据太喜欢根据用户习惯推送,干涉用户接触多元审美的可能性。	4-3	1
盲目消费	时尚传播容易导致跟风、烂大街,形成审美疲劳,容易引起盲目消费。	4-4	3
内容单一	内容上基本趋同,目光视角单一,优质的内容生产者少,想了解相关信息还是需要靠国外的二手信息,展览还需要进一步专业化,也没有形成景象。	4-5	6
品质水平	我们国内的时尚传播品质有待提高。	4-6	3
缺乏有效信息	信息过多、过杂,缺乏精品信息。	4-7	2
传播渠道系统缺失	我觉得目前国内的时尚传播缺乏全面的、系统的渠道和途径。我关注的一些公众号基本上都是通过明星来传播一些潮流的东西,但对于时尚信息的系统整合的就会比较少。	4-8	7
时尚品牌影响力缺失	本身缺少具备世界影响力的时尚品牌。	4-9	4
缺少小众品牌的传播途径	没有能够对国内的一些小众品牌给予更多的传播途径与通道。	4-10	1
投入力度不够	时尚传播投入力度不够。	4-11	3
凸显特色不足	对时尚传播自己本土特色的凸显方式不足。	4-12	5
认同意识薄弱	大部分的消费者对本土时尚品牌的认同意识都不强。	4-13	2
获取认可	气质也是提升自信的一种方法,同时也会让别人认可我们能力的一种途径。	5-1	15
传播速度快	我们现在的时尚传播速度快。	5-2	1
刺激消费需求	别人发布时尚信息有可能只是为了刺激用户的消费需求,引起消费者的共鸣,从而诱发消费行为。	5-3	3
促进经济发展	奢侈品一定程度上拉动经济的发展。	5-4	4
带动粉丝经济	明星的时尚感往往能够带动粉丝的购买力。	5-5	2
社会认同实现	时尚问题需要关注,不然容易与社会存在脱节现象。	5-6	5

流动与连接
时尚传播的文化场域形塑与建构

续表

概念范畴	访谈文本	编码	频次
交友需求	主要是为了探讨共同的兴趣爱好。	5-7	6
节约成本	社交媒体中的时尚传播节约了成本：大众不必投入很多金钱看秀、买杂志，通过社交媒体就可以收获时尚信息。	5-8	4
满足好奇心	满足了对某种时尚事物的好奇心。	5-9	3
模仿时尚	时尚普及：通过借鉴网上别人的穿搭，迅速判断出自己是否也适合。	5-10	2
提高社会地位	时尚带给人一种愉悦心情，赋予人们不同的气质和神韵，能体现不凡的生活品味，精致、展露个性。	5-11	3
生活情趣提高	我觉得它可以帮助提高我们的生活质量，并引导我们的爱好和情趣。	5-12	7
提高自身审美力	能给大家提供一些时尚方面的建议，是能提高大家审美的内容。	5-13	19
提供潜在指引	时尚信息在购买商品时可能会发挥一种潜在的指引作用。	5-14	3
推销产品	大部分是为了推销商品。	5-15	1
时尚品味教育	多多发掘和探索民族元素，尝试对市场进行多样化的时尚品味教育。	6-1	2
内容分类	时尚传播内容的分类更细致就好了。	6-2	1
筛选机制	时尚传播应该加强筛选内容机制，不然过分混乱。	6-3	4
国内品牌知名度	最重要的还是希望能有更多的国内时尚品牌走向世界吧。我的认识还比较浅薄，希望能够帮助到时尚研究爱好者。	6-4	1
关注传统文化	时尚传播也是一种文化的传播，中国应该更多关注我们自身的优秀传统文化，从中挖掘带有中国特色的元素，就像故宫口红系列，具有中国风的时尚。	6-5	1
名人效应	加大宣传，直播带货，代言人谨慎选择，利用名人效应。	6-6	2
加强跨界合作	可以多些跨界合作。	6-7	1

第五章 流动与连接——时尚传播文化场域建构的影响因素分析

续表

概念范畴	访谈文本	编码	频次
签署信誉协议	应规定所有时尚传媒自媒体 App 与用户签署信誉协议，采用积分制，一旦某位网红或明星推销的产品被消费者在 12315 举报并经审核确证违规，超过 5 次，将扣除其信用积分。	6-8	1
时尚信息的系统整合	我觉得目前国内的时尚传播缺乏全面的、系统的渠道和途径。我关注的一些公众号基本上都是通过明星来传播一些潮流的东西，但对于时尚信息的系统整合就会比较少。当然，时尚本身就无定论，如果进行一个系统整合可能也就违背了时尚的初衷。	6-9	1
探索私域流量的运营	由于受众品味越来越独特，主打线上的品牌也可探索一些私域流量的运营。	6-10	1
提高从业人员标准	时尚传播有其存在的必要，希望能够积极向上，合理且实用，内容要优质，不要什么乱七八糟的东西都有，不要随便一个没有相应理论知识和实践的人都能传播时尚方面的信息误导人。	6-11	4
提供平台与空间	时尚传播走向国际化非常必要，但现在来看良莠不齐，应该给真正用心的传播者更多平台和空间。	6-12	1
学习品牌传播经验	学习国外老牌时尚品牌的传播经验，时尚的美不仅仅只是一种美，可以通过不同类型的模特（像 Gucci 近期的一个广告一样，身材、年龄均可不同），展现多样化的时尚商品的广告。	6-13	7

（二）主轴式编码：选取主范畴

在经过以上第一阶段的开放性译码研究工作之后，我们得出的概念和范畴简化了大量的原始性资料内容，时尚传播文化场域理论建构体系中的一些独立变量逐渐呈现出来，但开放性译码阶段得出的范畴几乎都是独立的因素，其间的关系并没有得到深入探讨，而影响要素之间关系的呈现却是得出时尚传播文化场域理论体系的必要前提。为此，我们下一步要将各个独立的范畴加以类属的甄别和归类联结，将被分解的资料重新加以主轴编码之中的主范畴整合。主轴式编码的主要任务是发现和建立概念之间的各种关系，以表现资料中各个部分之间的有机关联。❶ 基于此，本书对以上开放性译码阶段得出的概念范畴根据其内在联系进一步归类并赋予类属，最终形成12个主范畴，结果如表5-2所示。

表5-2 主轴式编码信息表

主要范畴	次范畴	概念
时尚趣味形成	个人爱好	基于时尚的共同爱好与追求而建立形成的时尚趣味，涵盖了日常生活衣食住行、艺术思想、休闲方式、审美能力与情趣格调等各方面的内容
	生活方式	
	思想领域	
	艺术领域	
	满足好奇心	
	生活情趣提高	
	提高自身审美力	
时尚传播媒体使用	微信公众号	社会化媒体的发展和传播技术的合力促使时尚传播媒介接触多样化与多元化得以实现，并对时尚传播与时尚文化兴盛起着助推作用
	购物App	
	广告	
	网络媒体	
	时尚杂志电子版	
	社交网络平台	
	电视媒体	
	线下活动	
	新兴传播媒介发展	

---

❶ CORBIN J,STRAUSS A. Basic of Grounded Theory:Technique and Procedures for Developing Grounded Theory[M]. Thousand Oaks:Sage,2014:170.

续表

主要范畴	次范畴	概念
时尚引导力形成	明星效应	时尚引导力的形成意味着在时尚传播场域中时尚话语权的获得
	明星个性	
	明星热度	
	时尚引领作用	
	时尚品牌影响力缺失	
	凸显特色不足	
	提供潜在指引	
	名人效应	
	影视明星的认知	
社会资本力量	人际传播	社会资本是以客观化形式存在于时尚传播连接关系中，体现于个体的社会关系连接与社会情感连接
	受众需求	
经济资本力量	经济因素	时尚传播文化场域中，在经济资本的驱动下，交换与消费的并非是具有价值的物品，而是被赋予利益、意指与象征的符号
	刺激消费需求	
	促进经济发展	
	推销产品	
	带动粉丝经济	
	节约成本	
内容产制	内容吸引力	在时尚传播中，作为时尚传播实践的内容产制行为与模式
	信息分享	
	缺乏有效信息	
	内容分类	
	筛选机制	
自我认同	彰显个性	时尚传播实践者与参与者对于时尚认知、自我价值的心理认同与阶层区隔过程
	获取认可	
	缺乏热爱	

续表

主要范畴	次范畴	概念
社会认同	价值观引领	时尚传播实践者与参与者通过阶层区隔的确立与模仿实现的阶层跨越，以其在特定情境中获取社会认同
	博主水平杂乱	
	社会认同实现	
	交友需求	
	模仿	
	时尚	
	提高社会地位	
主体能动性	专业需求获取	时尚传播实践者与参与者所持有的基于身份认同与社会认同所进行的时尚传播实践行为
	受众需求	
	认同意识薄弱	
	提高从业人员标准	
时尚接近性	品牌效应	时尚传播实践者与参与者对时尚传播的效果实现，体现于通过主体能动性的发挥，而获得的时尚接近性
	传播力度不够	
	大数据推送	
	品质水平不足	
	品牌知名度	
	探索私域流量的运营	
	品牌传播经验	
文化资本	教育程度	时尚传播实践者与参与者体现于所受教育内化的时尚文化产品和服务
	文化差异	
	时尚品味教育	
	关注传播文化	
	加强跨界合作	
传播体系	缺少小众品牌的传播途径	时尚传播渠道的系统性建立与时尚传播策略的形成
	传播渠道系统缺失	
	传播投入力度不够	
	传播速度快	

续表

主要范畴	次范畴	概念
传播体系	签署信誉协议	时尚传播渠道的系统性建立与时尚传播策略的形成
	时尚信息的系统整合	
	提供平台与空间	

（三）选择式编码

显然，经过以上开放性编码和主轴编码过程之后，我们对时尚传播文化场域建构的范畴及其关系的理解又加深了一步，从甄别归类出的12个主范畴来看，我们不难发现，不论是文化资本的转化，还是社会认同的实现，不论是经济资本的驱动，还是主体能动性的发挥，这些主范畴之间存在着各种复杂的间性关系，因此，还需要进行选择性编码（如表5-3所示）。选择式编码是指甄别核心范畴，把它系统地和其他范畴予以联系，验证其间的关系，并把概念化尚未发展完备的范畴补充完整的过程。❶ 通过选择性编码之后，可以发展出新的实质性的理论架构，同时回到原始资料中再次验证其间的关系。选择式编码实质是在所有已经发现的概念类属中经过系统分析以后选择一个核心类属。❷ 因此，在三级编码中，我们将时尚传播文化场域的理论建构确定为影响时尚传播文化场域建构的因素及其交互作用之上，并建构出对这一理论建构过程加以解释的理论框架，即"驱动—转化—连接"的理论模型（如图5-1所示）。

表5-3 选择式编码结果

主范畴	核心范畴	概念
时尚趣味形成	时尚惯习生成	时尚惯习生成的社会情境
时尚接近度		

---

❶ STRAUSS A, et al. 质性研究概论[M]. 台北：巨流图书公司, 1997：135.
❷ 李志刚, 李兴旺. 蒙牛公司快速成长模式及其影响因素研究——扎根理论研究方法的运用[J] 管理科学, 2006, 19(3)：2-7.

续表

主范畴	核心范畴	概念
时尚传播媒介使用	时尚传播媒介体系	时尚传播媒介系统的体系建构
传播体系		
时尚引导力形成	时尚传播文化权力获得	时尚传播文化场域建构动能转化
文化资本	时尚传播文化资本转化	
经济资本	资本驱动	资本驱动力量
内容产制	时尚传播再生产	文化再生产
主体能动性		
自我认同	时尚传播社交资本	时尚传播社交资本连接
社会认同		
社交资本		

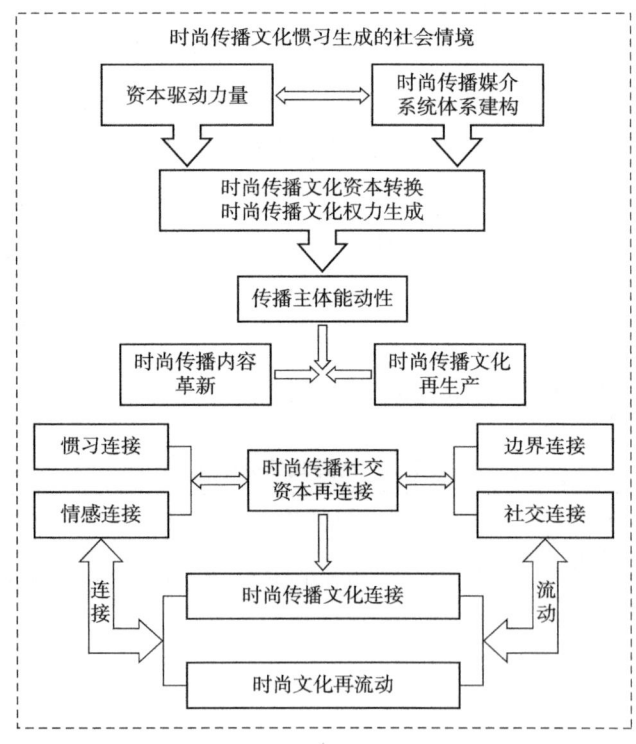

图 5-1 "驱动—转化—连接" 理论模型

第二节 "驱动—转化—流动"——时尚传播文化场域模型阐释

通过前文中扎根理论的研究发现,本书认为,以资本作为驱动力量,以传播媒介体系的系统建构作为助燃剂,时尚传播主体在时尚传播惯习生成的社会情境中,借由文化资本的转化与文化权力的获得,赋予了时尚传播实践主体以最大意义的主体能动性,在社会化媒体场域中,不断主动进行着时尚传播内容的革新与时尚传播文化的再生产。基于时尚文化再生产与社会情境之间作用而生发出时尚传播社交资本的再连接,聚合于社交连接、边界连接、惯习连接与情感连接中,最终合力推动时尚文化连接与时尚文化的再流动。接下来,我们将对这一理论模型中的核心概念加以阐释。

一、时尚传播文化场域建构的驱动力量

资本的力量和时尚传播媒介发展成为驱动时尚传播文化场域建构的主要动因,主要体现于经济资本获得与时尚传播媒介系统体系形成方面。伴随着时尚传播实践者和参与者在媒介技术发展的助力,时尚传播实践者获得了开放、平等、自由的媒介接触与使用机会,基于媒介平台的密切接触度与频繁使用度所造成的表达与传播隔阂逐渐消弭。时尚传播实践者和参与者的经济资本获取与制约,在时尚传播文化场域建构中的作用越发凸显,经济资本获得成为影响时尚传播过程中时尚接近成本与时尚可控性实现的重要因素。通过深度访谈,我们发现时尚传播实践者和参与者的经济资本掌控,成为影响时尚传播文化场域建构的主要驱动力。

一方面,经济资本的驱动力量催生着时尚传播与时尚文化的发展。正如所布尔迪厄论述,资本首先是以物质化形式存在的、被实践者和实践者群体所占有的具体化形式的劳动,正是这种劳动使物化的劳动形式得以占

流动与连接
时尚传播的文化场域形塑与建构

有社会资源。❶ 尽管布尔迪厄将经济资本、文化资本、社会资本，及作为认可形式的符号资本，用于指称名目繁多的多样形式资本分配结构。并且不论是作为理论资源概念的资本，还是作为经验工具论证的资本，本质上都是具有自主性力量的存在。然而，在布尔迪厄看来，决定所有资本的根源，终归还是要归结为经济资本的决定性力量上来。正如有受访者称：

> 我认为经济起决定因素，时尚可能是经济优胜者制定的准则，经济实力雄厚才可以去满足马斯洛需求的更高一部分，才有闲情逸致去满足精神需求。❷

也有一些访谈者认为，时尚传播实则是对时尚文化的传播，而其中文化的影响作用也不容小觑。如有受访者认为：

> 经济、文化、科技、社会、性格等各方面都会影响时尚传播。我认为大的方面可能是文化起决定性作用，如中国和国外的文化差异，时尚文化也不一样。但最主要的方面实际上是经济，经济在起决定性作用。没有经济作支撑，时尚仅限于单一传播，但不会广泛流行。❸

另一方面，正如前文中的受访者所提及的，单一传播的时尚与作为广泛流行的时尚之间的区别取决于时尚传播媒介的体系建构是否完善，换言之，社交媒体作为新技术赋权的社会结构性要素，打破了传统传播媒介的固有边界，社交媒体裹挟着时尚传播融入信息化社会媒介结构变迁的进程中，实现媒介转向与技术转向的融合，并改变着传播结构由组织化向个体化的本质转变，创造出人人皆媒的时尚文化机制。由此而言，时尚传播媒介成为影响时尚传播文化场域建构的驱动力因素。传统媒体时代，受众被动地接收报刊、电视、广播的传播内容，并接受着自上而下来自组织化、机构化与规模化统一生产而形成的单一传播的时尚。事实上，正如海德格

---

❶ 布尔迪厄.文化资本与社会炼金术:布尔迪厄访谈录[M].包亚明,译.上海:上海人民出版社,2000:189-211.
❷ 受访者F26,受访时间2018年12月19日,受访地点:广州。
❸ 受访者F12,受访时间2019年4月25日,线上访谈。

| 第五章　流动与连接——时尚传播文化场域建构的影响因素分析 |

尔所言：交流与传播绝对不是经验的运输，绝对不是把经验从一个主体的内心传到另一个主体的内心。虽然社会化媒体的广泛性和及时性扩展了传播的边界桎梏和时空局限，并给时尚传播提供了广阔的平台和无限的意义衍生，然而我国目前的时尚传播却并没有形成完善的、系统化的体系，如受访者表示：

> 我都是通过微博和小红书 App 了解时尚信息的，但是就感觉信息很多过于杂，精品的内容又太少，如果想要自己筛选需要的内容，太费时间了。❶

而在面对时尚传播形式和内容产制时，现有时尚传播的模式并不利于时尚文化的形成，这会从根源上使时尚传播形成文化场域。如有受访者谈道：

> 现在看到的时尚内容跟风严重、烂大街，形成审美疲劳，容易引起盲目消费。微信和微博等社交媒体中，经常出现的大数据太喜欢根据用户习惯推送，好像只有推送的内容和品牌才是时尚，我认为这干涉了用户接触多元审美的可能性。那些网红明星带货传播的单品鱼龙混杂，她们主要为了广告费而带货，并非真正代表她们的喜好，也并不是在传播真正的时尚内容。❷

二、时尚传播文化场域建构的动能转化

时尚传播文化场域建构的动能转化涵盖了时尚传播文化场域中文化资本的转化与文化权力的生成。根据前文对文化资本生成与逻辑的论述，可知文化资本不仅体现于以存在于身体与精神的持久性情形式而具体存在的状态，不仅存在于以客观状态的文化商品形式中，文化资本是被客观化的实体，经由文化能力、文化趣味、文化惯习等形式形塑于文化实践中。

---

❶ 受访者 F13，受访时间 2020 年 8 月 21 日，线上访谈。
❷ 受访者 F24，受访时间 2020 年 4 月 28 日，受访地点：太原。

流动与连接
时尚传播的文化场域形塑与建构

首先，布尔迪厄认为各种不同的资本形式，诸如经济资本、文化资本、社会资本之间可以进行相互转化。拥有一定文化资本的时尚传播实践者获得经济资本的可能性便更高，这便能很好地解释时尚博主们开展直播带货、淘宝销售、品牌代言等商业活动时，往往能更好地获得粉丝的追随和信任，并经由时尚传播的实践活动而获得的经济资本的转化和积累。另外，当拥有一定程度的经济资本积累时，也会更容易通过经济资本的转化而获取文化资本形成。正如受访者所述：

> 我是从 2015 年开始关注时尚博主这个行业的，当时刚来美国读书，学业繁重之余，就翻阅各大欧美博主的短视频，自己内心也逐渐有了要做名时尚博主的意愿，但是运营网站对当时学生的我来说，实在是很复杂的一件事。因此，我只是私下请同学帮忙记录每天的穿搭，直到 2016 年才上传到社交平台上。现在回头看当时的照片，像素低、质量差，因此关注者也寥寥无几。我自己也对博主这个行业几乎一无所知，只是每周勤勤恳恳拍照、发图、分享购物心得，希望关注我的人更多一些、希望能做出点什么有意义的事情。2016 年的下半年，终于在拍照发博客这件事情上开始有了商业收入，有一些品牌商找到我，希望我能接他们服饰的广告。如果说之前我只是个喜欢在业余拍拍照的小姑娘，那么从这时开始，我认为自己成为真正的时尚博主。2016 年我开设了自己的公众号，开始有品牌主动找我合作，我也开始了白天上班，晚上、周末拍照写文的兼职博主生活，非常辛苦，也非常享受。在做时尚博主的这段时间，我的自我价值得到了很大提升，不仅仅获得了商业收入的金钱价值，而且那种对自我的认可度和由此带来的满足感也很强。"❶

这种资本之间相互转化的机制与产生的影响更促使时尚传播实践者更迭辈出，并不断进行着时尚传播实践活动，以期获取更多的经济资本与文化资本。

---

❶ 受访者 F10，访谈时间 2018 年 8 月 20 日，受访地点：美国。

其次，资本与权力之间也可以相互转化，二者之间存在着相互转化的通道与现实可能。拥有资本的数量和类型决定了实践主体在社会空间即场域之中的位置所在，也决定着所获权力的生成，尤其是经过文化实践所获产物的文化权力。事实上，不论是成为特定资本的文化资本，还是作为具有决定力量的经济资本，它们都垄断、支配、形塑时尚传播实践，并对时尚文化生成所需的能力、技术、意义和标准加以界定与限制。而这些界定与限制便成为约束和规定时尚传播文化场域的权力生成，时尚传播文化场域经由资本驱动与媒介技术推进的合力作用，具有自主性和约束力的社会分化过程就会不断涌现。其中，时尚传播实践者进入场域中时，便获得了文化场域中所特有的行为约束和表达模式，并借由这些规则和制约进行位置形构的争斗活动，以获取更具效益化的权力话语权和位置图式权力占有，因此，文化权力的生成成为时尚传播文化场域运作的规律和逻辑。正如受访者所言：

> 明星和网红的个人风格和表达方式，还有对相应人群的定位，决定了她们的粉丝量，这成为她们的资源，粉丝量多的明星和网红，自然品牌和商家愿意找她们代言和传播，传播的范围越广，她们的内容和风格就会引起更多人去模仿和追随。❶

三、时尚传播文化场域建构的主体能动性发挥

时尚传播实践者的主体能动性体现于两个方面：第一，时尚传播实践者对时尚引导力形成与时尚可控力的把握，主要取决于时尚传播实践者的内容产制革新与传播意识形成。第二，时尚传播参与者对时尚接近成本的权衡与时尚话语权的追随。溯其根源，正是资本驱动与媒介体系构成合力推进的结果，也是时尚传播文化场域建构的开端。

首先，内容产制的重要性对于任何领域的信息传播而言，都是毋庸赘

---

❶ 受访者 F28，受访时间 2020 年 3 月 11 日，线上访谈。

流动与连接
时尚传播的文化场域形塑与建构

言的,在建构时尚传播文化场域的要素中,内容产制成为突出显要的方面。正如受访者所认为的:

> 我会关注一些有风格的时尚博主的微博、微信公众号,经常看她们所分享的一些当下的流行趋势,因为她们的风格、颜值、穿衣打扮的品牌会影响到我。如果她的风格基本驾驭不了,不接地气不符合我的喜好,我就不会考虑。❶

据此可知,时尚传播主体对时尚传播内容加以自我风格意义标签化和文化符号赋予化的生成过程,成为她们时尚引导力形成的关键,而时尚传播受众也据此来判断是否对其时尚话语权加以追随。正如一位受访者所说:

> 我比较喜欢的时尚微信公众号有"黎贝卡的异想世界""原来是西门大嫂""深夜发嗤"。他们会日常给我们推荐一些时尚单品和当下的流行趋势,会直接把具体的穿搭,以及各种身材肤色适用的方式进行具体分类,所以粉丝可以各取所需,获得自己想要的品牌风格搭配或者彩妆护肤品的选择。❷

其次,时尚传播实践者的传播意识形成决定着时尚接近成本的权衡,传播意识的形成属于时尚传播实践者的行为维度,包含对时尚传播方式打造和时尚传播渠道使用,这同时影响着时尚传播实践者对时尚传播可控性的把握。一位受访者讲述道:

> 早些年,接触时尚信息就是时尚杂志类。每期都买一些,比如《时尚》《时尚芭莎》等。博物馆、美术展,我是必须参观的,只要有时间就一定参观。因为我喜欢当代艺术、现代艺术、画展、设计展等,我能从其中获得审美观的形成。现在已经好久没有定时准时去买时尚类杂志了。主要现在网络太发达了,不需要特意去报刊亭买了。❸

---

❶ 受访者 F29,受访时间 2020 年 6 月 21 日,线上访谈。
❷ 受访者 F20,受访时间 2020 年 4 月 15 日,线上访谈。
❸ 受访者 F30,受访时间 2020 年 6 月 21 日,线上访谈。

众所周知，社交媒体充斥于现代人日常生活的方方面面，不仅作为改变信息获取途径与消融传播边界的传播媒体存在，而且成为形塑人们思想观念与生活方式的结构要素。可以说，社交媒体传播速度及时性和传播边界宽泛性，使受众对时尚传播的接触变得随时随地触手可及。换言之，受众对时尚传播的接近成本因此变得简单而容易，时尚传播实践者对时尚传播的可控也因此变得具有主体能动性。

四、时尚传播文化场域建构的文化意义连接

时尚传播文化场域建构的文化意义连接具体可见于时尚传播的社交资本再连接中，帕特南将社会资本划分为桥架型社会资本（bridging social capital）和聚合型社会资本（bonding social capital），这种划分是基于弱关系与强关系的区分而形成的。所谓弱关系，是基于社会情境，诸如教育、工作等异质团体形成的，缺乏情感上的密切关系和凝聚力，但却能对个体提供形成开阔视野，并具有不稳定性与临时性的社会连接。所谓强关系则是基于亲缘关系、情感连接、婚姻关系等亲密关系联结的群体，为个体提供不间断的、实质性的情感支持。对于时尚传播文化场域而言，时尚传播由多种媒介建构而成的系统体系与多元文化意义连接形成，使其文化场域兼容质性强、连接弱的桥架型社会资本与质性弱、连接强的聚合型社会资本建构，并由二者不断交互而形成文化意义连接的网络。具体来看，体现在社交边界连接、时尚惯习连接、情感连接三个方面。

第一，社交边界连接的形成源于人类真正的生存需求，正如约翰·海利（Johann Hari）所认为，人类真正的生存需求不仅局限于衣食住行的满足，而在于在社会情境中所形成的连接关系，显然，社会情境中的连接关系首先表征为社交边界的连接。美国学者雪莉·特克尔在《群体性孤独》中认为互联网和社交媒体的使用阻隔了人们真实的社交状态，让真实世界中人与人之间的社交连接变弱，加强了人与人之间的疏离感，促使社交边界的鸿沟越来越深。然而，社交媒体中的时尚传播，其存在哲学为我分享，故我在；我分享，故我们相连。被互联网赋予全新身份体验的时尚传播实

践者，不断在社交媒体中进行着基于日常表达的自我呈现与社交边界拓展。不同于互动频率较低、亲密程度较弱、互惠行动较少的弱连接本质，时尚传播实践者在社交媒体中通过文化内容的输入与输出，并对其加以文化意义的赋予与共享，使得社交媒体中的交往行为逐渐影响到现实世界中的社交连接。于社交媒体中基于时尚传播而获得的文化权力与文化资本，有利于打破现实世界中的社交连接边界和壁垒。正如一位受访者所言：

> 当我和朋友聚会时，尤其是不太熟识的朋友一起吃饭时，如果气氛很尴尬，我就会想要了解到对方的喜好，尤其是他是谁的"爱豆"，他喜欢的餐厅，他喜欢的品牌，或是他喜欢听的音乐，这会让我们能快速有了共同话题。❶

而一些受访者表示：

> 比如我和朋友一起外出时，刚好遇到或者谈到某种时尚元素或品牌时，我会用小红书去查找一下品牌或者时尚元素到底是什么内容，好让我们的话题能有更多聊下去的东西。❷

第二，时尚传播文化场域中的惯习，作为一整套感知、评判和行动的区分图式系统❸，经由文化资本的转化与文化权力的获得，根植于个体身心中，影响着场域情境而发生作用。例如，经由接受美学的系统教育，个体所获得的文化资本会内化为审美力与艺术鉴赏力提升的一整套性情系统，并影响到这一个体所进行的时尚传播实践。那么，这一整套性情系统便成为时尚传播文化场域中的惯习。当然，文化场域中的时尚惯习不会是统一的、整合的体系复制，而是作为主观性的社会结构，通过社会情境或外部条件的作用不断内化，不断被建构为实践活动中的认知、感知和意义。于此理论路径出发，时尚传播文化场域中的时尚惯习不断经由个体所开展的

---

❶ 受访者 F17,受访时间 2020 年 7 月 16 日,受访地点:太原。
❷ 受访者 F8,受访时间 2020 年 5 月 7 日,受访地点:太原。
❸ 朱国华.权力的文化逻辑:布尔迪厄的社会学诗学[M].上海:上海世纪出版集团,2016:103.

实践活动，赋予时尚传播实践以连续性的行动形式，从而强化时尚传播中的时尚惯习连接。不容忽视的是，这种连接多发生于无意识的内容说服和身体力行的劝服中，正如时尚博主所言：

> 我是一个不带货的时尚博主，所以，我会毫无顾虑，单纯以自己喜好拍照片和视频来展示日常生活中的见闻和经历，包括穿搭、旅行、美食，还有看展览、下午茶等能体现时尚观、艺术观的内容，就是希望能和更多的人产生共鸣，或者能帮更多粉丝形成更好的审美，当然也是想要得到大家的认可。❶

第三，社交媒体环境下的类社会互动（parasocial interaction）已经走向真实化，受众可以和媒介机构交朋友，建立亲密关系。❷ 不止于受众与媒介机构，受众与传播实践、传播情境之间，均可以建立起基于情感连接的关联关系。时尚传播文化场域中的实践活动被赋予以情感连接的文化意义，通过共同时尚趣味和时尚惯习的形成来与粉丝建立起基于情感意义的真实关联，依此来维系群体认同与社会认同的实现。因此，时尚传播文化场域建构的形成会加强时尚传播实践者和参与者之间的情感连接。社交媒体的开放性与普泛化更是为时尚传播实践者提供了广阔的传播情境，而基于情感动员的符号生成与文化意义指征，不断催生着互动与交流、共鸣与归属、认同与连接。

> 当我看到一位时尚博主发起的"新时代独立女性集合"的内容征集时，我就发布了"新女性主题下的家居空间"主题内容，用一镜到底的视频方式介绍了刚装修完工的新家布置，莫兰迪色系的配色和以我喜欢简约法式风格的客厅陈列，突出体现了女主人在家庭中的首要地位。没想到，一个视频增粉几万，很多粉丝留言，喜欢我独立自主的态度。❸

---

❶ 受访者 F9,受访时间 2018 年 12 月 28 日,受访地点:美国。
❷ 周葆华.从后台到前台:新媒体技术环境下新闻业的可视化[J].传播与社会学刊,2013(25):35-71.
❸ 受访者 F18,受访时间 2020 年 6 月 3 日,受访地点:太原。

流动与连接
时尚传播的文化场域形塑与建构

布尔迪厄在《区分：品味判断的社会性批判》一书中，对法国巴黎和外省的小资产阶级生活品味形成加以区分探讨，并依此来分析不同地域、不同社会情境中的阶级认同。尽管时尚传播文化场域中的实践者和参与者，都在竭尽所能地使自身与他者区分开，并有意寻求基于时尚趣缘而形成的品味区隔，但是，这种差异往往体现于内容产制中的差异，却并未体现于情感的连接中。社交媒体中的时尚传播文化场域中，具有符号功能和文化意义的表达客体，被组织到表达意义的情感系统中，从而形成情感意义上的连接实现。

五、时尚传播文化场域建构核心要素之间的关联

通过上文论述来看，由资本驱动力量、传播媒介体系建立、时尚传播文化权力与文化资本的动能转化，以及时尚传播社交资本再连接几个要素所构成"驱动—转化—连接"理论模型，其中的核心要素之间相互作用产生了动态关联性，并由此构成时尚传播文化场域文化意义再生产与再流动的作用机制。总体来看，这一作用机制基于资本力量与媒介体系之间的交互推动合力，促使时尚传播文化资本进行积极正向的转化，推动时尚传播权力资本进行动态连续的生成。二者的交互转化推动着时尚传播实践者的主体能动性不断激发，有序推进时尚传播内容革新与时尚传播意义再生产的过程，于此过程中，时尚传播社交资本得以再次连接，生发于社交关系连接、时尚惯习连接、互动边界连接及情感连接实现。时尚传播依此将不同维度的连接关系统一转化为时尚传播文化意义的再连接，进而实现时尚传播文化的再流动。当然，这一动态、延续、有机的过程离不开时尚传播文化惯习在社交媒体中正在生发的这一社会情境。

布尔迪厄对实践理论的基本分析模式加以具体化的展示，惯习、资本、场域这三者之间的结构动力相互作用，促成实践的发生。据此，他提出了该分析模式的简要公式，即：[（惯习）（资本）]+场域=实践[1]。显然，实

---

[1] 布尔迪厄.区隔：判断力的社会批判[M].刘晖,译.北京:商务印书馆,2016:375.

践被视作为惯习、资本与场域之间关系的结果,实践成为由惯习和场域相互作用并确立关系的代表。依据这一理论模式来看,时尚传播文化场域建构中的各个要素并不是独立存在的,而是在互相作用、互相转化的过程中逐渐形成的,是时尚文化意义再生产与时尚文化再流动的实践结果。舍弃任一因素及因素之间的交互作用,单纯看待时尚传播文化场域建构的整体实践,都是片面的,是一种主观认知。据此,我们尝试着提出了时尚传播文化场域模式的分析公式,即:

[(惯习)(文化资本/文化权力)(媒介)(主体能动性)]+文化再生产=[(时尚传播文化意义再连接)+(时尚传播文化意义再生产)]→时尚传播文化再流动

如上所述,时尚传播文化意义再生产与再连接成为时尚传播文化场域建构过程中,惯习、资本、权力、媒介及个体主体能动性之间相互作用,并通过文化再生产加以呈现,最终指向了时尚传播文化再流动的结果。

第三节 再生产与再流动——时尚传播文化场域建构的理论路径

布尔迪厄文化社会学所发展出的关于实践、文化、权力、资本、区隔、社会分层及社会知识相关的理论体系,在"关于结构之再生产的科学"中阐释了文化、社会结构和行为之间的关系。正如前文所述,个体实践的生成性图体现着个体实践的完型结构和主观性要素,在此基础上,存在于任何社会空间或特定语境中的客观性关系构型则体现着建构关系中各要素结构之间的场域关系。于此理论意义出发,在时尚传播文化场域中,由实践经验层面出发的时尚传播实践者,其行为基于可预见性的、被制约的规范生成,而由社会规则层面出发的时尚传播实践,其场域内在逻辑表征与外在意义拓延,均由规则与规则之间的作用力所形塑。

那么，借由经济资本生成的既得利益获取而拓展至重新进行相互转化的文化资本与文化权力，以及连接二者之间间性的惯习，他们在交互作用的过程中逐渐生发出具有特殊积累法则、交换规则和运行逻辑的场域交互形式，并逐渐积累起作为既建构又维持权力资本转换实现的资源形式。于此过程中，时尚传播场域获得了时尚文化的意义，使时尚传播实践者置身于充满竞争性与角斗力的竞争体系中，形成具有自治规则与自主运作体系的时尚传播场域。时尚传播实践者通过符号意义的分类折射，经由社会化媒体的赋权，在不自觉地再生产着时尚文化的意义再连接。由此，时尚传播文化场域不仅成为个体与群体之间的分层场域，更成为时尚传播不断建构文化再生产过程及时尚文化再生产得以重塑的场域。

一、时尚传播文化意义再生产——时尚传播文化场域的连接指向

被布尔迪厄定义为"当代社会文化结构及性质象征性"的文化再生产，已被证实在整个社会实践总体中占据决定性地位，布尔迪厄从人类学和社会学的研究视野出发，集中探讨了社会中文化再生产的运作逻辑，强调再生产与原来生产基础结构的关系，揭示了再生产过程中多元因素交错共时互动的复杂性，并不断证实着当代社会以文化实践及其不断再生产活动成为整个社会的基本运作动力。❶ 首先，在布尔迪厄的理论体系中，作为实践者内化而成的思维体系与性情系统的惯习，支配着实践者的文化资本逻辑和转化，这种转化是时尚传播实践者经过长期的惯习形塑与文化场域相互作用而得以实现的。其次，时尚传播的文化意义再生产是当今社会的象征性权力斗争对于文化再生产活动的介入，以及通过文化意义的输出调整和重构社会阶级结构、个人生活方式、思想形成、文化资源再分配、社会权力再分配和实现文化权力正当化的特殊功能实现。时尚传播文化意义再生产同时又是象征性的文化实践，其象征性主要体现在时尚文化再生产和时尚文化消费活动的双向共时变化结构和双重区分化特征。其双向共时变化

---

❶ 高宣扬.布尔迪厄的社会理论[M].上海:同济大学出版社,2004:52.

结构，在于时尚传播实践者心态结构和社会结构的共时双重分化，而时尚传播文化再生产中的区分化，作为最复杂的象征权力运作过程，成为整个社会区分化的基础，呈现出时尚文化再生产区分化同社会阶层区分化之间的关联关系。

时尚传播个体心态结构和时尚传播社会情境的共向共时变化结构，体现在充满复杂权力关系生成与资本获得的运作过程中，具体而言，时尚传播文化再生产的过程体现于时尚文化权力再生产与时尚文化意义再生产的过程中。

首先，布尔迪厄将人类的文化再生产活动与社会结构中基本权力网络的动力生成、权力再分配，及其发展运作逻辑结合于一起，认为象征性实践是人类进行文化再生产的基本活动。象征性权力之间的斗争，对于文化再生产活动的介入则体现于社会实践中，诸如社会阶级结构的重新调整；个体生活方式、休闲方式与文化思想的形成；文化资本的重构及文化权力的再分配。在这种趋势下，时尚传播实践者，同时作为"产消合一者"，作为时尚媒介的双向交互者，不仅在时尚传播实践中创造与自我认同、符号意指相关的身份统合和文化情境，并且通过时尚文化的实践行为及其不断再生产的过程，掌控着时尚接触度与时尚话语权，并通过文化权力再生产，使结构化于实践者的文化权力重组与转化，在时尚传播的文化场域中进行。如此这般，大规模的时尚传播文化权力生产和小规模的文化传播有限生产，共同实现着被呈现的表征模式。依次，文化场域中有利于资本与权力转化的位置占有，通过文化权力的生产，得以持续、有机地再生产。

其次，时尚传播的文化意义再生产的实现取决于时尚传播文化场域的普遍文化意义生成和权力性文化意义再生产。简单地说，时尚传播的文化意义基本特质便是强调符号指称意义和权力文化形式意义，二者在结构上高于时尚传播功能与表征对象意义的作用。时尚传播的文化意义具有两个层面的双重结构，不仅具有具体的时尚传播实践中所呈现的符号性结构和符号文化意义，同时具有文化场域建构过程中所包含的关系结构互动意义和场域体系形成机理。因此，时尚传播的文化意义再生产包含着主动建构与被动形塑的结合，不论是时尚传播实践自身对文化意义的推动和形成过程，还是时尚传播文化自身的结构性场域性实现过程，都归结于时尚传播

流动与连接
时尚传播的文化场域形塑与建构

的文化意义再生产。正如布尔迪厄以权力结构为着眼点,剖析了教育场域中从事者所获得的文化资本转化过程,通过教育所获得的文化资本,以内化于个体的仪态、品味等形态与结构化外显于社会制度化的形态而存在,作用于拥有不同运作法则的场域中,并经由与政治、经济、文化的衔接,而转化为文化场域之中的权力获得。[1]

质言之,时尚传播文化场域中经济资本、文化资本与权力资本的作用已毋庸赘言,这些要素化的特征显现于时尚传播文化场域中,经过彼此的决定作用与转化机制,形构着时尚传播文化场域的复合关系建构。不能忽视的是,时尚文化惯习的形成是联结文化权力生成与文化意义的间性关键点,不同于教育场域的层级结构,时尚传播场域借由社会化媒体的使用接触动能与文化资本转化形成,最终指向于时尚文化权力再生产与时尚文化意义再生产的结构化连接。此种结构化连接并非体现于社会阶层的区隔和跨越,也并非揭示了时尚惯习的差异与统合,而在于通过连接机制生成自动化再生产的机能,将时尚传播文化场域的建构推进至可持续的、流动的文化体系中。

二、时尚传播文化再流动:时尚传播文化场域的理论转向

正如前文所述,时尚传播文化场域的建构首先要形成一个如布尔迪厄所提出的具有高度自治权和自主权的社会小世界,其内部充满着文化资本与文化权力相互转化的积极互动机制,以及不断形塑惯习系统多样化发展的结构趋势。除此之外,时尚传播文化场域外部是一个边界消融、意义明确的场域,在与其他社会结构交互作用的动态过程中,不断以内部体系自我重塑,外部力量形塑着社会阶级、经济、及文化的发展。此结构的体系形成与动态演变正是基于时尚文化的流动性与时尚文化意义的连接性。

与文化再生产结构化机制不同的是,文化流动注重社会要素之间的动

---

[1] BOURDIEU P. The Field of Cultural Reproduction:Essay on Art and Literature[M]. Cambridge:Polity,1993:163.

态化发展进程,以及进程与所处的社会情境之间的交互作用。文化流动理论的提出揭示了在经济资本与阶级区隔的权力场域中,文化资本具有影响和推动流动形成的力量,这种理论取向试图对社会地位的获得与文化相关联,经由教育资本、社交资本、姻缘关系、阶级分化以及社会互动的途径,社会实践者占据着垄断性的资本积累和得利性的权力位置。然而,时尚传播文化场域所位于的社会情境以及社会因素的变革,改变着文化流动理论模式的发展,诸如技术的发展和媒介的变革,惯习的重塑和社会关系的连接,不断推动着时尚文化的场域属性与意义形态变革。这些影响着时尚传播文化场域的因素及其相互作用,成为改变了文化资本与其他资本相互转化、产生链接的中介。于此意义出发,时尚传播文化场域不仅是作为文化权力与文化意义再生产的结构存在,更是充满流动性的社会系统,时尚文化的再生产实践并不是与生俱来形成的,而是来自时尚传播实践者所拥有的结构化情境提供的资本转化,更在社会情境多元要素的作用和操演下,反映着社会、政治、文化、性别、权力、资本、阶级的情势。

综上所述,尽管文化再生产和文化流动理论模式都被社会学家运用于论证文化资本在教育场域中的不同变化模式,事实上,文化再生产和文化流动是关于文化资本作用机制的竞争性假设。然而,作用于时尚传播的文化场域建构中,这两种理论模式都经过场域特征的重新书写和场域惯习的重新作用,均被发生变化的时尚传播影响因素加以重塑,得到了再生产和再流动实现的路径建构,并不断被时尚传播文化场域的建构过程和作用机制所制约和重塑。显然,其理论路径得以拓宽,其理论指向也发生了根本性的变化,本书旨在通过这两种被延展的理论模式来揭示时尚传播文化场域的建构机制变化。

需要说明的是,时尚文化的流动不是局限于现代性意义中的文化流动和文化资本向经济资本、文化权力的线性流动,而是形成多向多元的流动性,是集跨越性别、跨越种族、跨越民族、跨越国家、跨越文化的流动体系。对于时尚文化的流动性体系结构及其与社会其他要素之间关系的研究,指涉文化与社会结构、文化与政治、文化与权力、文化与经济等文化社会学的各个领域,这显然是一项充满挑战性的探索研究。

结语与反思

通过研究，我们认为本书对时尚传播的研究呈现出两个核心表征：其一为媒介技术影响力，即关注时尚传播经由数字技术、社交媒体合力塑造所形成的广义的媒介生态环境变化，认为媒介技术在时尚传播内容产制、传播机制重塑与时尚传播消费模式嬗变中发挥着不可估量的作用。其二为时尚媒介作用力，即对时尚传播媒介在社会结构与社会系统中所发挥的作用加以揭示，认为时尚传播媒介在符号意义生成、时尚文化表征方面起着显著的推动作用。不仅于此，作为社会系统中的要素——媒介技术、社会情境、社会资本、日常交往及文化发展等对时尚传播实践加以形塑，导致时尚传播意义重塑，体现为文化权力逻辑与文化资本机理，连接这两种核心表征的是时尚传播的惯习系统形成，于此，时尚传播的场域形成机制与建构过程成为本书研究的出发点与着眼点。

可以说，随着社交媒体的普遍使用和时尚文化的兴盛发展，对时尚传播与时尚文化的研究成为文化研究的重要维度。将时尚与传播相结合，不仅再造了时尚实践的传播样态与生态，重新定义了时尚传播的意义边界，而且时尚与传播的能动作用，重塑了时尚传播文化场域的意义生成和意涵拓展。而将时尚传播与文化研究相结合，为我们拓宽将时尚传播视作传播媒介的传播学视野局限，开拓了时尚传播社会学的研究领域与未来面向。接下来，将通过以下方面来回顾总结和反思本研究主要关注的问题。

一、如何理解作为文化场域存在的时尚传播

本书在借鉴布尔迪厄社会学场域理论体系与将时尚视为传播的认知基

础上，探讨了时尚与传播的勾连关系、时尚传播作为社会结构的外在表征与内在逻辑、时尚传播历时性变化过程中所呈现的演进过程、权力转向，以及时尚传播文化场域的意义建构。尽管我们试图将时尚传播作为文化场域存在的理论依据，即布尔迪厄的场域理论体系加以方法论意义的论述，然而究竟应当如何全面地理解作为文化场域存在的时尚传播呢？主要包括外在表征、内在机制、结构三个层面。

（一）外在表征层面，时尚传播首先表现为场域体系的形式存在

同为社会结构要素的时尚与传播，二者之间的关系可谓共生共存，尽管目前对时尚与传播关系的研究多聚焦于媒介与时尚的作用关系探讨上：不论是媒介变迁对时尚的影响力，还是媒介技术发展对时尚的作用力，媒介的能动作用发挥固然对时尚的传播有推动、承载、加速与拓展的作用。然而媒介作为一种实体存在形态，与作为信息交流动态过程的传播并不能等同。时尚传播并非仅是狭义理解层面的传播媒介或传播形态，而是作社会结构的完整体系而存在，其形成机制与发展结构均是一个动态的、系统的社会情境，更成为诸如布尔迪厄所描述的具有高度自治规则与自主治理的社会空间。

随着时尚传播的落地，对其社会根源与个体实践根源的探讨逐步形成研究主流导向。齐美尔提出时尚产生的社会根源在于阶级不同和社会差别，每一个阶层有专属的时尚，并通过时尚来形成对内统一、对外排斥的集体力量。[1]"同一群体需要通过社会形式、服饰、审美判断、自我表现形成整体风格"，并视这种风格为等级荣誉进行维护。据此意义看，等级差异是时尚产生与传播的根源。[2] 然而，随着数字媒体技术的发展，社交媒体在发展过程中形成的内容产制模式和社会化关系连接发生着皮亚杰所称的"去中

---

[1] 齐美尔.货币与现代生活风格[M]//齐美尔.金钱、性别、现代生活风格.刘小枫，顾仁明，译.上海:学林出版社,2000:61.

[2] 齐美尔.时尚心理的社会学研究[M]//齐美尔.金钱、性别、现代生活风格.刘小枫，顾仁明，译.上海:学林出版社,2000:95.

心化",逐渐消弭了时尚传播的等级界限与阶层区隔,并借由时尚传播系统的动力成因,形构着时尚实践者的行为方式与交往连接。其中,最为典型的特征是时尚与传播的相互作用逐渐深入,交互影响,其形成机能不断平衡,形成结构不断完善,最终使时尚传播作为社会系统与场域结构的存在整体,成为具有自身逻辑规则和运作体系的文化场域,不仅包含时尚传播所呈现的实践过程,更涵盖了具有权力生成和资本转化机制的场域形构。

(二)内在机制层面,时尚传播是作为惯习系统形成的场域形构

如果说前文所述时尚传播作为场域结构的存在方式与构成因素,是将时尚传播视作整体的实体视角探讨,不难看出,这仅是对时尚传播外在表征的理解,仅仅停留在将时尚传播视作社会情境中的存在因子,而无法对时尚传播的内在机制作出基于时尚传播本质的解释,也无法很好地将时尚传播与其内在生发的逻辑机制耦合。这便需要我们由外及内,跳出"时尚—传播"二元研究视角下的时尚传播意义探究,将其置于"时尚—传播—文化场域"三者之间交互作用视野中来理解时尚传播。因为时尚传播不仅作为社会结构的存在方式,更是一个动态的行为过程,从这个意义上讲,对时尚传播的关注无论其内涵、传播主体,还是其理论研究进路与传播转向,都需要重新理解和界定。

事实上,在时尚的传播实践中,人类创造出极为丰富的文化意涵,并推动着社会文化、经济与日常生活实践的兴盛发展。时尚传播作为景观存在的象征体与建构体,成为形成文化传播景观的组成要素;作为实践活动的传播体与意指体,时尚传播是符号意义连结的系统体系,是真实与意象之间的架构;作为文化信息的承载体与激励体,时尚实践与传播过程充满了文化表征,呈现出文化可视化的趋势。显然,这些内化于时尚传播之中的机制要素,在相互表征与作用之中构成了时尚传播文化场域的一整套性情倾向系统,即为惯习形构的形成。因此,时尚惯习是由时尚传播实践者与参与者的资本带来的完形结构,同时依据他们自身的结构生成信仰与感知。而作为时尚传播的趋势与倾向,是时尚传播实践组织性的结果,它体

现着时尚传播外部表征与内在机理之间的彼此塑造，并调和着时尚传播个体能动性和社会实践之间的关系。我们想要全面地理解作为文化场域的时尚传播，便要对惯习是如何在时尚传播文化场域建构过程中发挥作用的，加以探究。

（三）结构层面，时尚传播文化场域意义的重构体现于多元因素的作用推进中

我们从时尚传播的内在机制与外部表征的变革中，便得以管窥诸如文化资本与文化权力、时尚惯习等场域构成要素，对时尚传播文化场域建构机制所带来的转化与形塑作用。我们逐渐意识到无论是对时尚信息解读还是自身进行时尚展演的传播者，其时尚传播实践背后呈现出更多的社交连接与情感联结。经历着结构变化的中国时尚传播，在社交媒体与资本驱动合力打造中被解构意象，在文化权力关系的生成过程中得以重塑，在文化资本的转化机制中得以再造，在时尚惯习的形成模式中得以再生产的实现。这便打造了一个由时尚传播出发，经由媒介技术与文化意涵的加工，最终归结于多元因素共形的文化场域中，而我们的时尚实践与时尚生活便将意义建构在文化场域实践存在与要素交互中。

此外，我们还应看到作为社会结构作用产物的时尚传播"场域"拓展生成的动因与生成机制，这并非一日之功，而是在社交媒体和技术发展的合力推动下，基于交往模式、连接关系形成的场域重构，时尚传播权力关系有了极大的拓延。于是，我们又将研究视角置于受到惯习制约的逻辑表征的时尚传播文化资本场域的内在机理中，时尚传播文化权力场域拓延而生的文化资本场域的生成机制和内在特征揭示了时尚传播文化权力转换的可能性与现实通道。其实，我们要想正确打开"文化权力场域—文化资本场域—文化场域"的建构逻辑，就要对时尚传播文化资本逻辑场域及时尚传播空间资本逻辑场域对文化资本场域的重构过程加以呈现。

因此，对时尚传播文化场域在社会结构中的地位与作用，要持有辩证而非二元对立的认知，时尚传播不应仅被视为造成意义符号的机械技术复制与盲目消费，更应利用有效的机制将时尚传播与文化研究结合起来，不

应仅将其视作传播模式,即"生产—文本—消费","编码—解码""生产—信息—传播—制约—消费—作用力—再传播—再生产—再消费"的过程,而更要将其视作社会情境转向中结构性因素的主体能动作用发挥来加以考究。将此研究置于宏大的社会结构、经济力量、能动因素及个体主体性的作用情境中考量,从文化再生产的权力场域建构与资本场域转化理论角度来考量时尚传播,将时尚的文化意涵与时尚传播的实践活动结合,对时尚传播如何以其主观能动性的正向发挥,满足个体品味格调惯习形成及群体间情感连接与社交关系连接形成的过程加以呈现,进而促进时尚文化场域的理性建构与正向作用发挥。

二、时尚传播研究的路径转向

通过对时尚传播文化场域建构要素——时尚传播文化权力场域与时尚传播文化资本场域的交互作用加以全面剖析,并对影响时尚传播文化建构的要素关系加以理论模型揭示,我们不禁思考:未来时尚传播的研究进路将发生哪些转向?本书认为时尚传播未来的走向主要呈现在以下几个方面。

(一) 由关注传播实践到聚焦文化意义连接

在传统媒体时代,立足于大众传播的新闻传播学以作为物质实体存在的媒介本身、作为组织机构存在的媒体能动性发挥作为研究出发点,这无形中造成了媒体主体论的盛行。而在传统的文化社会学研究中,多着眼于文化作用发挥的研究,这无形中形成了文化主义的局限。彼时,对时尚传播的研究多注重其作为媒介实体存在的功能发挥,以及对作为传播过程的内容产制、传播渠道融合、传播效果实现等传播实践的关注。而伴随社交媒体的无边界性与广泛的包容性袭来,时尚传播的实践者主体身份发生了自下而上、自个体至组织的颠覆,加之经济发展所带来的资本力量驱动和技术发展的合力,时尚传播成为整体的、系统的、动态的文化场域建构过程,时尚传播文化场域借由其自身所特有的文化权力生成和文化资本转化规则形成,不仅形塑着时尚传播的实践再生产,而且从根源上将时尚传播的话语实践推进至文化意义的连接。因此，我们应客观看待时尚传播作为媒介的实践机制与功能实现，而应转变为对被重构的文化意义连接，重塑的社会关系交往实践与关系连接。

（二）由阶层区隔工具到社交连接实现

长期以来，对时尚传播的研究多以符号学的视角，齐美尔将其认定为阶层区分的一套符号，并直接作用于社会各阶层间用于分化的过程。凡勃伦也将时尚的存在认定为有闲阶级彰显其消费的一种需要。戴维斯发现了时尚作为阶层、身份、性别等这些方面的一系列符号体系。然而，这套符号自身是矛盾的，并不具备稳定的能指与所指关系。20世纪的研究中，布鲁默开始反思齐美尔的认知局限，并从非符号的路径来看待时尚，他认为："时尚事实上具有一种不理性或者更好地表达为非理性的维度，"而时尚之所以成为时尚，是无关乎太多的社会结构及外在的各种意义的，是一种人们要时尚的意愿。❶ 因此，时尚本身就是一种用于形成社会秩序的中心机制，因为人们通过要时尚的本源性愿望，产生了一种集体选择，在这个集体选择过程中，不仅成就了时尚，而且特定的社会结构形态得以生成、维系或改变。显然，时尚传播已然成为一种借由共同旨趣而形成的集体选择。然而，这种集体选择的生发在于个体或群体对时尚的向往和追求，并试图通过时尚惯习的系统倾向来实现集体认同、社会认同。

然而，社会变迁与媒介发展的变革性力量，使时尚传播的实践意义不在于制造与形成区隔，而经由文化资本与文化权力的转化作用，基于共同认知的时尚惯习与共同身处的社会情境，社交媒体中的时尚传播消弭了传统意义上的阶层区隔，媒介的无限接触使得个体均可以成为拥有时尚话语权和引导力的实践者，并在广泛的社交媒体场景中与受众进行情感连接和惯习连接，并突破了传统的人际关系边界，建立了更广泛的边界连接与社交连接。

---

❶ BLUMER H. Fashion：From Class Differentiation to Collective Selection[J]. The Sociology Quarterly，1969：286-287.

（三）由消费主义推进到客观理性认知

时尚传播为人类带来了全新的、丰富的符号意义和文化表征，改变着人们的生活方式和行为实践，使社会的生活生产消费模式发生了巨大的改变，越来越多的人沉浸在时尚传播所营造的岁月静好与精致人生中。然而，与此同时，裹挟着巨大破坏性的时尚传播对生产与消费的过分追捧，引起一系列的环境污染、残杀动物等破坏自然生态的问题，同时造成大规模的文化复制和机械模仿，导致时尚传播内容同质化的浪费，并对消费主义的推波助澜，以致带来资源浪费与品牌溢价，并因为网红的泛滥与价值观的倾覆，给文化形成、社会治理与国家网络治理带来了巨大麻烦，因此时尚传播的正向传播实践尤为重要。

总之，时尚传播已深深嵌入到文化场域中，并由文化权力与文化资本的意义内涵对其重塑，在可预见的未来，时尚传播对传播实践的文化霸权和文化控制会越来越加深，因此，在享受时尚传播带给我们时尚文化风行的同时，要坚持理性意义的时尚传播实践审视。

（四）从强调系统机制到注重要素交互

长期以来的时尚传播研究囿于结构功能主义的理论视角，强调时尚传播作为整体结构存在的系统性和完整性，将其视作独立于社会其他要素存在的结构，认为时尚传播的实践取决于整体系统机制的建立，包括内容产制的组织化和机构化、传播渠道的一体化和融合化，显然，这种研究认知是基于各要素并存的前提。然而，影响时尚传播的要素是多元的，并不是被动依附于社会整体体系的，而是具有高度的差异性和能动性，要素之间不断影响并相互作用，不断对时尚传播文化场域的内在机理与逻辑表征加以不间断性的重塑作用，而要素之间的作用力也推动着时尚文化的再生产与再流动形成。这并不是说整体的系统机制形成不重要，而是要建立一种更宽泛、更多元的理论视野，不仅从整体体系来把握时尚传播的文化场域，而且从内部要素的着眼点来审视时尚与文化的传播，反思再生产与再流动的路径，甚至可以透视个体与文化的关联。

综上所述，时尚传播作为社会结构的存在方式，本身是一个系统的、动态的传播实践与过程体现，本书尽力将其置于动态的、宏观的社会历史情境中去研究，因为理论整体的解读不够深化与资料驾驭能力不足，故而在时尚传播文化场域建构的整体结构把握上尚存在研究不够深入与不够具象的问题。另外，时尚文化的流动不局限于现代性意义中的文化流动，也不仅仅构成于由文化资本向经济资本、文化权力的线性转向流动，而是由多向多元、整体体系的流动性形成，是集跨越性别、跨越种族、跨越民族、跨越国家、跨越文化的流动体系。对于时尚文化的流动体系结构及其与社会其他要素之间关系的研究，指涉文化与社会结构、文化与政治、文化与权力、文化与经济、文化与认同等文化社会学的各个涵盖领域研究，这显然是一项充满挑战性的探索研究，囿于研究积淀的局限未能深入开展，期望未来能从宏观研究视野出发，对此议题加以研究探索。

参考文献

一、中文文献

(一) 中文著作

[1] 斯特恩斯.世界历史上的消费主义[M].邓超,译.北京:商务印书馆,2015.
[2] 福塞尔.格调:社会等级与生活品味[M].梁丽珍,乐涛,等译.北京:中国社会科学出版社,1998.
[3] 鲍德里亚.消费社会[M].刘成富,译.南京:南京大学出版社,2000.
[4] 鲍德里亚.物体系[M].林志明,译.上海:上海人民出版社,2001.
[5] 鲍曼.流动的现代性[M].欧阳景根,译.上海:上海三联书店,2002:11-12.
[6] 罗素.权力论:新社会分析[M].吴友三,译.北京:商务印书馆,1991.
[7] 包亚明.游荡者的权力:消费社会与都市文化研究[M].北京:中国人民大学出版社,2004.
[8] 布尔迪厄.访谈录:文化资本与社会炼金术[M].包亚明,译.上海:上海人民出版社,1997.
[9] 布尔迪厄.区隔:趣味判断的社会学批判[M].刘晖,译.北京:商务印书馆,2016.
[10] 布鲁克斯.布波族:一个社会新阶层的崛起[M].徐子超,译.北京:中国对外翻译出版社,2002.
[11] 布西亚.物体系[M].林志明,译.上海:上海人民出版社,2001.
[12] 川村由仁夜.时尚学[M].陈逸如,译.台北:立绪文化事业有限公司,2009.
[13] 陈治国.布尔迪厄文化资本理论研究[M].北京:首都师范大学,2011.
[14] 库利.人类本性与社会秩序[M].包凡一,王源,译.北京:华夏出版社,1987.
[15] 凯尔纳.媒体文化——介于现代与后现代之间的文化研究、认同性与政治[M].丁宁,译.北京:商务印书馆,2004.

[16] 朗.权力论[M].陆震纶,郑明哲,译.北京:中国社会科学出版社,2001.

[17] 斯沃茨.文化与权力:布尔迪厄的社会学[M].陶东风,译.上海:上海译文出版社,2006.

[18] 布儒瓦.生命的尊严:透析哈莱姆东区的快克买卖[M].焦小婷,译.北京:北京大学出版社,2009.

[19] 凡勃伦.有闲阶级论[M].蔡受百,译.北京:商务印书馆,2007.

[20] 费瑟斯通.消费文化与后现代主义[M]//消费文化与全球失序.刘精明,译.南京:译林出版社,2000.

[21] 费斯克.解读大众文化[M].杨全强,译.南京:南京大学出版社。2006.

[22] 格罗瑙.趣味社会学[M].向建华,译.南京:南京大学出版社,2002.

[23] 高宣扬.流行文化社会学[M].北京:中国人民大学出版社,2015.

[24] 高宣扬.布迪厄的社会理论[M].上海:同济大学出版社,2004.

[25] 高宣扬.当代法国思想五十年[M].北京:中国人民大学出版社,2005.

[26] 华康德.实践与反思——反思社会学导引[M].李猛,等译.北京:中央编译出版社,1998.

[27] 海德格尔.世界图像时代[M]//孙周兴.海德格尔选集.上海:上海三联书店,1996.

[28] 胡幼慧.质性研究:理论、方法及本土女性研究实例[M].台北:巨流图书公司,2002.

[29] 胡疆锋.伯明翰学派青年亚文化理论研究[M].北京:中国社会科学出版社,2012.

[30] 加尔布雷斯.权力的分析[M].陶远华,等译.石家庄:河北人民出版社,1988.

[31] 德波.景观社会[M].张新木,译.南京:南京大学出版社,2017.

[32] 坎贝尔.求新的渴望[M]//载罗钢,王中忱.消费文化读本.北京:中国社会科学出版社,2003.

[33] 康德.实用人类学.[M].邓晓芒,译.上海:世纪出版社,2005.

[34] 史文德森.时尚的哲学[M].李漫,译.北京:北京大学出版社,2010.

[35] 詹姆逊.政治无意识[M].王逢振,译.北京:中国人民大学出版社,2011.

[36] 巴特.流行体系[M].敖军,译.上海:上海人民出版社,2016.

[37] 巴尔特.符号学原理[M].李幼蒸,译.北京:中国人民大学出版社,2008.

[38] 列斐伏尔.空间:社会产物与使用价值[M]//包亚明.现代性与空间的生产.上海:上海教育出版社,2003.

[39] 刘小枫.个体信仰和文化理论[M].成都:四川人民出版社,1997.

[40] 罗钢,王中忱.消费文化读本[M].北京:中国社会科学出版社,2003.

[41] 费瑟斯通.消费文化与后现代主义[M].刘精明,译.南京:译林出版社,2000.

[42] 费瑟斯通.消解文化—全球化、后现代主义与认同[M].杨渝东,译.北京:北京大学出版社,2009.

[43] 吉布森.文化与权力:文化研究史[M].王加为,译.北京:北京大学出版社,2012.

[44] 马胜杰.中国时尚产业发展蓝皮书[M].北京:经济管理出版社,2019.

[45] 马杰伟,张潇潇.媒体现代——传播学与社会学的对话[M].上海:复旦大学出版社,2011.

[46] 马克思.资本论[M].北京:人民出版社,1953.

[47] 中共中央马克思恩格斯列宁斯大林著作编译局.马克思恩格斯文集[M].北京:人民出版社,2009.

[48] 雅各布斯,汉拉恩.文化社会学指南[M].刘佳林,译.南京:南京大学出版社,2012.

[49] 达内西.酷:青春期的符号与意义[M].孟登迎,王行,译.成都:四川教育出版社,2011.

[50] 费瑟斯通.消费文化与后现代主义[M].赵伟文,译.台北:韦伯文化国际出版有限公司,2009.

[51] 迈克尔·格伦菲尔.布迪厄:关键概念[M].林云柯,译.重庆:重庆大学出版社,2018.

[52] 尼葛洛庞帝.数字化生存[M].胡泳,范海燕,译.海口:海南出版社,1997.

[53] 布尔迪厄.艺术的法则——文学场的生成和结构[M].刘辉,译.北京:中央编译出版社,2001.

[54] 布尔迪厄.实践与反思:反思社会学导引[M].李猛,李康,译.北京:中央编译出版社,1998.

[55] 布尔迪厄.关于电视[M].许钧,译.南京:南京大学出版社,2011.

[56] 齐美尔.时尚的哲学[M].费勇,译.北京:文化艺术出版社,2001.

[57] 齐美尔.货币与现代生活风格[M]//载齐美尔.金钱、性别、现代生活风格.刘小枫,顾仁明,译.上海:上海学林出版社,2010.

[58] 齐美尔.时尚心理的社会学研究[M]//金钱、性别、现代生活风格.刘小枫,顾仁明,李猛,译.台北:联经出版事业公司,2001.

[59] 恩特韦斯特尔.时髦的身体:时尚、衣着和现代社会理论[M].郜元宝,译.桂林:广西师范大学出版社,2005.

[60] 鲍德里亚.消费社会[M].刘成富,全志钢,译.南京:南京大学出版社,2006.

[61] 鲍德里亚.生产之镜[M].仰海峰,译.北京:中央编译出版社,2005.

[62] 任裕海.全球化、身份认同与超文化能力[M].南京:南京大学出版社,2015.

[63] 瑞泽尔.后现代社会理论[M].谢立中,译.北京:华夏出版社,2003.

[64] 凯瑟.时尚与文化研究[M]郭平建,译.北京:中国轻工业出版社,2016.

[65] 孙本文.社会心理学[M].北京:商务印书馆,1946.

[66] 凡勃伦.炫耀性消费[M]//罗钢,等.消费文化读本.北京:中国社会科学出版社,2003.

[67] 凡勃伦.有闲阶级论[M].蔡受百,译.北京:商务印书馆,1964.

[68] 陶东风.日常生活的审美化与文艺学的学科反思[M]//刘方喜.消费社会.北京:中国社会科学出版社,2011.

[69] 涂尔干.社会学方法的准则[M].狄玉明,译.北京:商务印书馆,1995.

[70] 童兵.时尚·传播·时尚传播[M]//王梅芳.时尚传播与社会发展.上海:上海人民出版社,2015.

[71] 塔尔德.模仿律[M].北京:中国人民大学出版社,2008.

[72] 马丁.我是个妈妈,我需要铂金包[M].许恬宁,译.北京:中信出版社,2019.

[73] 本雅明.发达资本主义时代的抒情诗人[M].张旭东,魏文生,译.北京:生活·读书·新知三联书店,1989.

[74] 施拉姆,波特.传播学概论[M].何道宽,译.北京:中国人民大学出版社,2010.

[75] 王宁.消费社会学[M].北京:社会科学文献出版社,2001.

[76] 夏征农.辞海.[M].上海:上海辞书出版社,2010.

[77] 许纪霖.全球化背景下上海的多元文化传统[G].交流与互动——上海、汉城(首尔).

[78] 费斯克.理解大众文化[M].王晓珏,宋伟杰,译.北京:中央编译出版社,2001.

[79] 费斯克.大众经济[M]//罗钢,刘象愚.文化研究读本.北京:中国社会科学出版社,2000.

[80] 奈斯比特.大趋势.[M].孙道章,译.北京:新华出版社,1984.

[81] 约翰.菲斯克.电视文化[M].周宪,许钧,译.北京:商务印书馆,2010.

[82] 霍尔,尼兹.文化:社会学的视野[M].周晓红,徐彬,译.北京:商务印书馆,2002.

[83] 奥斯曼.集体记忆与文化身份[M]//陶东风,周宪.文化研究:第11辑.北京:社会科学文献出版社,2011.

[84] 郑也夫.后物欲时代的来临[M].北京:中信出版社,2016.

[85] 张昆,陈雅莉.时尚传播与社会发展:问题与反思[M]//王梅芳.时尚传播与社会发展.上海:上海人民出版社,2015.

[86] 赵春华.时尚传播——媒介的力量[M].北京:中国纺织出版社,2014.

[87] 朱国华.权力的文化逻辑[M].上海:上海三联书店,2004.

[88] 张筱薏.消费背后的隐匿力量——消费文化权力研究[M].北京:知识产权出版社,2009.

[89] 张意.文化与符号权力:布尔迪厄的文化社会学导论[M].北京:中国社会科学出版社,2005.

[90] 周宪.视觉文化的转向[M].北京:北京大学出版社,2017.

[91] 周宪.文化表征与文化研究[M].上海:上海人民出版社,2015.

[92] 林品.从"李毅吧到帝吧"——一种网络社群文化的形成与嬗变[M]//媒介批评(06).桂林:广西师范大学出版社,2017.

(二) 中文期刊

[93] 蔡骐.社会化网络时代的粉丝经济模式[J].中国青年研究,2015(11).

[94] 邓玮,董丽云.布尔迪厄:用场域理论研究法律[J].学术探索,2005(5).

[95] 都市文化比较国际学术研讨会论文集[C].上海师范大学都市文化研究中心,2005(10).

[96] 郭珊.都市型男:时尚传播中媒体对新人群的构建[J].新闻大学,2005(2).

[97] 黄小嫚.时尚传播的模式与特征:时尚文化的传播学研究[J].出版广角,2017(12).

[98] 贺雪飞.论时尚文化的成因及其话语特征[J].当代传播,2007(3).

[99] 孔令顺.时尚传播:身份的体认与学科的拓展[J].现代传播,2016(12).

[100] 罗德尼·本森.比较语境中的场域理论:媒介研究的新范式[J].新闻与传播研究,2003(10).

[101] 刘清平.论时尚文化的审美意蕴[J].学术论坛,2004(3).

[102] 刘海龙.当代媒介场研究导论[J].国际新闻界,2005(2).

[103] 李晓兰,陆亚男.论时尚文化及其流行[J].牡丹江师范学院学报(哲学社会科学版),2011(6).

[104] 马庆.时尚传播研究什么?——兼论时尚传播研究的五个方向[J].现代传播,2015(3).

[105] 毛萍.从存在之思到"技术展现"——论海德格尔技术理论的本体论关联[J].科学技术哲学研究,2004,21(3).

[106] 宁晓.标出性理论对时尚传播的解读[J].当代传播,2015(3).

[107] 娜塔莎.绿色是新的"黑色":可持续发展作为奢侈品产业发展的新道路[J].艺术批评研究,2012(2).

[108] 裴仁伟.走进"习性"、"资本"和"场"[J].贵州师范大学学报,2001(1).

[109] 苏状,陈中雨.试论时尚传播中的媒介功能——以新媒介技术下的网络时尚传播为例[J].新闻爱好者,2014(6).

[110] 孙沛东.论齐美尔的时尚观[J].西北师大学报(社会科学版),2008,45(6).

[111] 汤喜燕.布鲁默与齐美尔的时尚观比较[J].装饰,2012(10).

[112] 邬晶晶.个人微信公众号的时尚传播模式[J].当代传播,2014(6).

[113] 汪建新,吕小康.时尚消费的文化心理机制分析[J].山东大学学报,2005(2).

[114] 王梅芳,程沛.时尚传播的日常生活演变及未来[J].当代传播,2015(4).

[115] 王宇.新媒体时代的微时尚传播[J].现代传播,2014(7).

[116] 王宁.时尚杂志封面设计的符号化特征[J].当代传播,2018(9).

[117] 萧俊明.布尔迪厄的实践理论与文化再生产理论[J].国外社会科学,1996(4).

[118] 于德山.布尔迪厄的新闻场域理论及其现代意义[J].新闻知识,2005(5).

[119] 周晓虹.时尚现象的社会学研究[J].社会学研究,1995(3).

[120] 赵岚.时尚:在实际意义上是一种大众审美主义—解读齐美尔时尚的哲学的文化意义[J].新闻界,2010(2).

[121] 赵云泽.时尚传播与女性政治—中国时尚杂志历史发展的一点启示[J].国际新闻界,2008(10).

[122] 张玲.互联网+时代我国时尚电视媒体的转型创新探索[J].现代传播,2016(7).

[123] 张广力.关于布尔迪厄反思性的几个问题[J].湖南大学学报,2000(3).

[124] 张辉.论时尚文化的三个基本要素[J].沈阳师范大学学报,2007(2).

[125] 赵高辉.时尚传播变革的内在逻辑与社会动因[J].当代传播,2015(3).

[126] 朱国华.习性与资本:略论布尔迪厄主要概念(上)[J].东南大学学报(哲学社会科学版),2004(1).

[127] 周宪.文化工业—公共领域—收视率:布尔迪厄的媒体批判理论[J].国外社会科学,1999(2).

[128] 郑也夫.论时尚[J].浙江社会科学,2006(2).

[129] 周宪.视觉文化的消费社会学解析[J].社会学研究,2004(5).

(三) 学位论文

[130] 陈静茜.表演的狂欢:网络社会的个体自我呈现与交往行为[D].上海:复旦大学,2013.

[131] 廖瞄婧.场域理论视角下的东方卫视节目生产研究[D].上海:上海大学,2015.

[132] 周娟. 消费精英空间生产:权力场域中的媒介拟态消费环境建构[D]. 武汉:武汉大学,2010.

二、英文文献

[133] ARNOLD J. Victorian Jewelry, Identity and the Novel[M]. Alder shot and Burlington: Ash gate,2011.

[134] ROCAMORA A. Hyper textuality and Remediation in the Fashion Media: the Case of Fashion Blogs[J]. Journalism Practice,2012.

[135] BAUDRILLARD J. For a Critique of the Political Economy of the Sign[J]. St Louis, MO:Telos,1981.

[136] BAODRILLARD J. Fashion, or the Enchanting Spectacle of the Code[M]. Loundon: Routledge,2007.

[137] BLUMER H. Fashion:From Class Differentiation to Collective Selection[J]. The Sociology Quarterly,1969.

[138] BOURDIEU P. Outline of a Theory of Practice[M]. Cmbridge:Cambridge University Press,1970.

[139] BELL Q. On Human Finery[M]. London:Hogarth Press,1976.

[140] BERGER J. Ways of Seeing[M]. London:Penguin Books,1977.

[141] BREWARD C. The Culture of Fashion:A New History of Fashionable Dress[M]. Manchester, UK:Manchester University Press,1995.

[142] BOURDIEU P. Les trois états du capital cultural[J]. Acts De La Recherche En Sciences Socials,1979,30(1).

[143] BOURDIEU P. Distinction:A Social Critique of the Judgement of Taste[M]. Cambridge, Massachusetts:Havard University Press,1998.

[144] BAUDRILLARD J. Simulations[M]. New York:Semiotext,1983.

[145] BELL Q. On Human Finery[M]. London:Hogarth Press,1976.

[146] BARNARD M. Fashion as Communication[M]. London:Routledge,2002.

[147] BUTLER J. Gender Trouble:Feminism and Subversion of Identity[M]. London:Routledge,1990.

[148] CRANE D. Fashion and it's Social Agendas:Class, Gender and Identity in Clothing[M]. Chicago:University of Chicago,2000.

[149] CAMPBALL C. When the Meaning is not a Message: A Critique of the Consumption as Communication Thesis [M]//BARNARD M. Fashion Theory: a Reader. London, New York: Routledge, 2017.

[150] CRAIK J. The face of Fashion[M]. London: Routledge, 1993.

[151] GEERTZ C. The International of Cultures[M]. New York: Basic Books, 1973.

[152] WILSON E. Reforming Women's Fashion, 1850-1920: politics, health, and art[M]. Kent Ohio: Kent State University Press, 2003.

[153] CHRISMAN-CAMPBELL K. From Baroque Elegance to the French Revolution 1700-1790 [M]. In Linda Welters & Abby Lillethun (eds). The Fashion Reader. New York: Berg, 2007.

[154] CRANE D. Fashion and it's social Agendas: Class, Gender and Identity in Clothing [M]. Chicago: The University of Chicago Press, 2000.

[155] GILBERT D, Urban Outlifting: the city and the spaces of Fashion Culture[M]. Fashion Culture: Theories, Explorations and Analysis. London, New York: Rontledge, 2000.

[156] DAVIS F. Fashion, Culture and Identity[M]. Chicago: The University of Chicago Press, 1992.

[157] DAVIS F. Fashion, Culture, and Identity[M]. Chicago: The University of Chicago Press, 1992.

[158] DAVIS F. Fashion, Culture and Identity[M]. Chicago: The University of Chicago Press, 1992.

[159] DOUGLAS M, ISHERWOOD B. The World of Goods: Towards an Anthropology of Consumption[M]. London: Allen Lane, 1978.

[160] DAVIS F. Fashion, Culture, and Identity[M]. Chicago: The University of Chicago Press, 1992.

[161] DAVIS F. Fashion, Culture, and Identity[M]. Chicago: The University of Chicago Press, 1992.

[162] DAVIS F. Fashion, Culture and Identity[M]. Chicago: The University of Chicago Press, 1992.

[163] KELLY M. Encyclopedia of Aesthetics[M]. Oxford: Oxford University Press, 1998.

[164] EDWARDS T. Contradictions of Consumption: Concepts, Practices, and Politics in Consumer Society[M]. Philadelphia, PA: Open University Press, 2000.

[165] EDWARDS T. Men in the Mirror: Men's Fashions and Consumer Society[M]. London: Cassell, 1997.

流动与连接
时尚传播的文化场域形塑与建构

[166] EDWARDS T. Men in the Mirror: Men's Fashions and Consumer Society[M]. London: Cassell, 1997.

[167] EWEN S. Captains of Consciousness: Advertising and the Social Roots of the Consumer Culture[M]. New York: McGraw-Hill, 1976.

[168] ABRUDAN E. Postmodern Identity: Image, Fashion and New Technologies[J]. Journal of Media Research, 2012, 1(12).

[169] GERSHUNY J, MILES I. The new service economy: the transformation of employment in industrial societies[M]. London: Pinter, 1983.

[170] ELIAS N. The Civilizing Process. Volume 2: State Formation and Civilization[M]. Oxford: Basil Blackwell, 1982.

[171] FOUCAULT M. The Archeology of Knowledge[M]. New York: Random House, 1972.

[172] FOUCAULT M. Michel. Discipline and Punish—The Birth of the Prison[M]. trans. A. Sheridan, Harmondsworth, Middlesex: Penguin, 1979.

[173] FOUCAULT M. The History of Sexuality—Volume1[M]. London: Penguin, 1981.

[174] Flugel J C. The Psychology of Clothes[M]. London: Hogarth Press, 1930:118.

[175] FEATHERSTONE M. Lifestyle and consumer culture[J]. Theory, Culture and Society, 1987.

[176] GROSSBERG L. Cultural Studies in the Future Tense[M]. Durham, DC: Duck University Press, 2010.

[177] GOFFMAN E. Symbols of class status[J]. The British Journal of Sociology, 1950.

[178] GERSHUNY J. MILES S. the New Service Economy: The Transformation of Mercer, C. "A Poverty of Desire: Pleasure and Popular Politics", in T. Bennett et al. (eds), Fonnations of Pleasure[M]. London: Routledge & Kegan Paul, 1983.

[179] GRONOW J. The sociology of taste[M]. London: Routledge, 2002.

[180] HIRSHMAN A. Shifting Involvements[M]. Oxford: Basil Blackwell, 1982.

[181] BAUDIEU. Distinction: a social critique of the judgement of taste[M]. Cambridge: Harvard University Press, 1998.

[182] JAMESON F. Postmodernism and the Consumer Society [M]. Foster H. Postmodern Culture. London: Pluto Press, 1984.

[183] SUSAN B. "Mixing Metaphors in the Fiber/Textile/Apparel Complex: Toward a More Sustainable Fashion System." In Sustainable Fashion: Why Now? [M]. New York: Fairchild Publications, 2008.

[184] LIU H. Social Network Profiles as Taste Performance[J]. Journal of Computer-mediated Communication, 2007, 13(1).

[185] LURIE A. The Language of Clothes[M]. New York: Random House, 1981.

[186] LUKACS G. History and Class Consciousness[M]. London: Merlin Press, 1971.

[187] JAYNE M, FERENCUHOVA S. Assemblages and Context Comfort, Identity and Fashion in the Post-socialist City[J]. Materialities, Journal of Consumer Culture, 2013.

[188] DOUGLAS M, ISHERWOOD B. The World of Goods: Towards an Anthropology of Consumption[M]. London: Allen lane, 1979.

[189] MILES. S. Consumerism: As a Way of Life[M]. London: Sage Publications, 1998.

[190] MARX E. Thinking Though Fashion——A guide to Key Theorists[M]. Edited by Agnes Rocamora A, Smelik A, I. B. Tauris & Co. Ltd: London: 1973.

[191] Mercer C. A Poverty of Desire: Pleasure and Popular Politics[M]. Bennett T, et al. Foundations of Pleasure. London: Routledge & Kegan Paul, 1983.

[192] MORT E. Paths to Mass Consumption: Historical Perspectives, Commercial Cultures, Economies, Practices and Spaces[M]. Oxford: Berg, 2000.

[193] MILES S., Consumerism as a Way of Life[M]. London: Sage, 1998.

[194] DUFRENE M, et al., Main Trends in Aesthetics and the Sciences of Art[M]. New York: Holmes & Meier, 1979.

[195] MIRZOEFF N. An Introduction to Visual Culture[M]. London: Routledge, 1999.

[196] HODGE N. We Are All Losers in the Global Casino: the March of the Monoculture[J]. The Ecologist, 1996.

[197] PARTINGTOR A. Popular Fashion and Working-Class Affluence[M]. A Fashion Reader. London: Pandora, 1992.

[198] BOURDIEU P. Distinction: a Social Critique of the Judgment of Taste[M]. Cambridge: Harvard university Press, 1984.

[199] PAOLETTI B, CLAUDIA B. Men and Women: Dressing the Past[M]. Washington, DC: Smithsonian Institution, 1989.

[200] PHELAN P. Unmarked: The Politics of Performance[M]. London: Routledge, 1993.

[201] POSTER M. The Mode of Information: Poststructuralism and Social Context[M]. Chicago: University of Chicago Press, 1990.

[202] ROSE G. The Melancholy Science: An Introduction to the Thought of Theodor W Adorno [M]. London: Macmillan, 1978.

[203] RITZER G. Enchanting a Disenchanted World: Revolutionizing the Means of Consumption[M]. Thousand Oaks, CA: Pine Forge, 1999.

[204] POGGIALI R. The Theory of the Avant-Grade[M]. Cambridge: Harvard University Press, 1968.

[205] SIMMEL G. The Philosophy of Fashion, In Simmel on Culture: Selected Writings[M]. FRISBY D. Mike Featherstone. London: Sage, 1997.

[206] SIMMEL G, LEVINE D. Fashion On Individuality and Social Forms[M]. London: University of Chicago Press, 1971.

[207] STEVEN B, KELLNER D. The Postmodern Turn[M]. New York: Guilford, 1997.

[208] STALLY B, WHITE A. The Politics and Poetics of Transgression[M]. London: Methuen, 1986.

[209] POLHEMUS T, PROCTER L. Fashion and Anti-fashion: An Anthropology of Clothing and Adornment[M]. London: Thames and Hudson, 1978.

[210] WILSON E. Adorned in Dreams: Fashion and Modernity[M]. London: Virago, 2003.

[211] WILSON E. Adorned in Dreams: Fashion and Modernity[M]. London: Virago, 2003.

[212] MAX W. Class, Status, Party: In Social Stratification: A Reader[M]. New York: Harper & Row, Publishers, 1974.

附　录

附录一　深度访谈提纲

尊敬的朋友，您好！

感谢您在百忙之中拨冗接受本课题研究的访谈，您的大力协助对课题研究的顺利开展起着至关重要的作用。本研究是关于"时尚传播与时尚文化"方面的一项学术研究。本人是从事时尚传播、文化传播研究的博士研究生。在访谈开始前，需要向您说明的是：本课题采用质性研究方法，运用深度访谈的形式获取信息。本课题严格遵循学术研究伦理和规范，对受访者的个人隐私加以保护，使用编号来代替姓名，不会给您带来任何影响，请您在访谈中畅所欲言，直抒己见。谢谢您的配合！

一、基本信息

1. 年龄：
2. 性别：
3. 居住国家与城市：

二、关于时尚的认知

1. 您了解时尚吗？您认为时尚是什么？

流动与连接
时尚传播的文化场域形塑与建构

2. 如果了解，是通过什么途径了解的？如果不太了解，为什么？

3. 您如何看待生活中的时尚？您认为时尚包括生活中的哪些方面？时尚是您生活中的必需品吗？时尚在您生活中占据什么地位，起着什么作用？

4. 您认为奢侈品是时尚吗？您认为艺术品是时尚吗？

5. 您是如何看待奢侈品的？您通常会购买奢侈品吗？如果有，进入奢侈品品牌店中，最先吸引您的是什么？如果没有，为什么？

6. 请列举几个您最喜欢的时尚品牌和几个您最不喜欢的时尚品牌。是什么原因让您喜欢这些品牌？或者不喜欢的原因是什么？

三、关于媒介与时尚传播

1. 您是通过哪些媒体或渠道获取时尚信息的呢？

2. 您有观看时尚展览、时尚秀、参观博物馆、阅读时尚杂志和书籍的行为吗？如果有，您是如何看待这些展览和杂志的？

3. 您有固定订阅并阅读一些时尚类微信公众号或是小红书博主/Ins博主吗？如果有，是哪些因素影响您选择这些公众号或博主？

4. 您有通过自媒体发布时尚信息吗？在使用自媒体时，您是出于哪些因素考虑并选择的呢？您是出于什么目的发布时尚信息和内容的？

5. 在通过社交媒体发布时尚信息时，在内容选择与制作的过程中，您考虑最多的是什么？

四、关于时尚传播的文化权力深化

1. 日常生活中有哪些情境会让您想起去使用或借助时尚传播的社交媒体？

2. 通过时尚信息的获得或发布，您最想获得的回报是什么？

3. 您觉得别人发布时尚信息主要是为了什么？对于别人发布的信息内容，出于什么原因考虑，您会进行点赞、转发和评论？

4. 对您平时了解到的国内的时尚传播信息，和您看到国外的时尚传信息有什么不一样？

5. 您觉得目前国内的时尚传播有什么优势和劣势？应该如何改进？

五、关于时尚传播文化资本拓展

1. 您认为谁（哪位博主/微信公众号主/哪位朋友/其他）对您认知时尚传播的影响最大？请具体谈一下这些影响表现在哪些方面？

2. 通过时尚传播信息的获取和认知，对您的日常生活有哪些改变？

3. 如果您是一名时尚博主，您会分享哪些方面的内容和信息？为什么？

4. 您如何看待时尚传播？对我国的时尚传播能否提一些建议和意见？

5. 您觉得哪方面的因素会影响到时尚的传播？其中，哪种因素起着决定性作用呢？请具体说一下原因。

附录二 访谈名单

F1：暨南大学某学院讲师，受访时间2019年10月20日，受访地点：广州。

F2：广州央企房地产公司品牌策划部职员，受访时间2018年5月6日，受访地点：广州。

F3：奢侈品牌专卖店店员，受访时间2019年12月22日，受访地点：太原。

F4：微博彩妆类时尚博主，受访时间2020年5月18日，线上访谈。

F5：天津某医院医生，受访时间2019年10月26日，受访地点：太原。

F6：深圳跨境电商公司职员，受访时间2019年11月18日，线上访谈。

F7：广州某自媒体公司职员，受访时间2018年6月19日，受访地点：广州。

F8：山西某医院护士，受访时间2020年5月7日，受访地点：太原。

F9：小红书时尚博主、某电视台主持人，受访时间2018年12月28日，受访地点：美国。

流动与连接
时尚传播的文化场域形塑与建构

F10：美国宾夕法尼亚大学视觉艺术专业留学生，受访时间2018年8月20日，受访地点：美国。

F11：微博时尚博主，受访时间2019年11月5日，线上访谈。

F12：北京某公立幼儿园教师，受访时间2019年4月25日，线上访谈。

F13：深圳某化妆品公司职员，受访时间2020年8月21日，线上访谈。

F14：美国密苏里大学新闻专业在读留学生，受访时间2019年7月8日，受访地点：美国。

F15：兰州大学传播学专业在读研究生，受访时间2019年6月12日，受访地点：太原。

F16：广州工商银行职员，受访时间2019年11月2日，受访地点：广州。

F17：山西某国企职员，受访时间2020年7月16日，受访地点：太原。

F18：山西某公立高中英语教师，受访时间2020年6月3日，受访地点：太原。

F19：深圳某跨境电商公司财务部职员，受访时间2020年4月10日，线上访谈。

F20：深圳某互联网公司职员，受访时间2020年4月15日，线上访谈。

F21：深圳某工厂物流部员工，受访时间2019年11月3日，受访地点：广州。

F22：美国旧金山大学商学专业在读留学生，受访时间2018年8月19日，受访地点：美国。

F23：东北师范大学某学院副教授，受访时间2019年5月26日，受访地点：美国。

F24：抖音时尚博主、太原某服装店老板：受访时间2019年4月28日，受访地点：太原。

F25：北京某综合性大学新闻学专业在读博士，受访时间2020年4月11日，线上访谈。

F26：时尚品牌电商公司职员，受访时间2018年12月19日，受访地点：广州。

F27：北京某综合性大学广告学在读硕士，受访时间2020年3月11日，线上访谈。

F28：中央电视台融媒体制作部内容运营负责人，受访时间2020年3月18日，线上访谈。

F29：安徽某综合性大学新闻学在读硕士，受访时间2020年8月22日，线上访谈。

F30：中央电视台摄影记者，受访时间2020年6月21日，线上访谈。

后　记

　　2016年，正是木棉花开的季节，踏着缤纷落英，怀着满腔热忱，我又一次回到母校，又一次回到温暖如初的新闻传播学院。人生而立之际，放弃了优厚待遇的工作，将孩子安置于长辈手中，在众人的不解和疑惑中，我毅然重新开启了学生生涯。我汲取名师学者的学术养分、穿梭于满是真知灼见的学术讲座、投身于静谧丰富的馆藏图书阅读，探索浩瀚广阔的文献资料。只为当再次站在讲台上时，能更坦然更胸有成竹地面对台下那一双双求知若渴的眼睛；只为当再次面对真知争议感到不惑时，能更科学更客观理性地看待这个世界的是非论争；只为当再次面对来自师长、亲人与朋友一如既往的支持与帮助时，能够成为更优秀的自己。

　　本书是在博士论文的基础上修改而成的。在论文撰写的数个日日夜夜中，曾无数次想象过写下后记的这一刻，想象中的自己大概会热泪盈眶，满身轻松。然而，当时间沿着努力过、艰辛过、纠结过、疑惑过、放弃过、挣扎过、自我否定过、开心过、满足过、自我鼓励过的痕迹消逝，终于来到结束的这一刻时，我却满是深深的怀念和意外的平静。怀念过去的来路，犹如游戏中升级打怪的经历，关关难过关关跌跌撞撞，时时努力时时不敢停歇；感悟过去的经历，虽人到中年，承负柴米油盐的疲惫折磨，却仍然能葆有一颗澄静、纯粹、执着的学子心；怀念读书的时光，身居绿意环绕的清净校园中，体验着被庇护、被呵护的纯净简单时光。

　　最令我不舍的，便是来自学识渊博、人品高洁、性情敦厚的恩师，在学术探索艰难摸索路途中，点亮我的那些时刻。感恩我的导师，以淳朴性情激励我、以做人风范引导我、以学术追求点化我，让我勇于自省，致力于成为如他那般的澄明智者。感恩学院的各位老师，以学识积淀启迪我、以为人沉淀感化我,让我敢于相信自己,追寻更广阔更灿烂的远方。感恩我的同学、挚友,茫茫尘世中有幸得遇,彼此扶持守望相助,相携相伴相互激励,共同度过人生最美好最艰难的读书生涯。感恩我的家人、我的爱人,悉心照料孩子和我的生活起居、解除我的后顾之忧,让我得以放心放手地去实现梦想。

奥斯卡·王尔德说:"你把自己谱成曲,你的光阴就是十四行诗。"感谢在实苦的人生中,从未沉溺于眼前得失的自己;感谢那个没有安于现状,努力跳出舒适圈的自己;感谢那个在无数个暗夜里,拥抱压力从未放弃的自己。感谢岁月,日复一日,赐予了我最好的收获:一份一直在努力的坚持、一个充满新生希望的二宝,以及一份遗憾颇多的拙作。

本书从选题至今,犹如误入一个歧路丛生的庞大迷宫,面对诸多文献资料与理论要义,常常迷茫疑惑难以找寻出口。然而,自硕士期间对时尚传播产生浓厚兴趣,以及时尚传播兴盛的现状,我虽感困难却更觉研究的意义。在导师和各位老师的悉心指导之下,我渐渐厘清文献资料的头绪,慢慢琢磨理论要义的逻辑,并在不断阅读社会学、消费社会学、符号学、新闻传播学等学科的相关著作之后,关于时尚传播的知识体系逐渐建立起来,最终将文化社会学与新闻传播学相结合,开启了一扇研究时尚传播与时尚文化的小门。然而,仅有微弱光亮透过这扇门照射进来,尚未能建构更完整更科学的时尚传播理论体系,充满颇多不足与研究遗憾,期冀在未来的研究生涯中,能对此研究议题整合完善继续深化。

也愿我自己,能一直葆有一份对学术至诚的追求心,能做一个精神明亮的读书人。